PSICOLOGIA DAS MINORIAS ATIVAS

Coleção Psicologia Social

Coordenadores:
Pedrinho Arcides Guareschi – Pontifícia
 Universidade Católica do Rio Grande do
 Sul (PUCRS)
Sandra Jovchelovitch – London School of
 Economics and Political Science (LSE) –
 Londres

Conselho editorial:
Denise Jodelet – L'École des Hautes Études en Sciences Sociales – Paris
Ivana Marková – Universidade de Stirling – Reino Unido
Paula Castro – Instituto Superior de Ciências do Trabalho e da Empresa
 (Iscte) – Lisboa, Portugal
Ana Maria Jacó-Vilela – Universidade do Estado do Rio de Janeiro (Uerj)
Regina Helena de Freitas Campos – Universidade Federal de Minas Gerais (UFMG)
Angela Arruda – Universidade Federal do Rio de Janeiro (UFRJ)
Neuza M.F. Guareschi – Pontifícia Universidade Católica do Rio Grande do Sul (PUCRS)
Leoncio Camino – Universidade Federal da Paraíba (UFPB)

Dados Internacionais de Catalogação na Publicação (CIP)
(Câmara Brasileira do Livro, SP, Brasil)

Moscovici, Serge
  Psicologia das minorias ativas / Serge Moscovici ; tradução
do Grupo de Leitura "Ideologia, Comunicação e Representações
Sociais" ; responsável Pedrinho A. Guareschi. – Petrópolis, RJ :
Vozes, 2011. – (Coleção Psicologia Social)

  Título do original francês: Psychologie des minorités actives
  Bibliografia

  1ª reimpressão, 2025.

  ISBN 978-85-326-4194-6

  1. Conformismo 2. Influência (Psicologia) 3. Luta de classes
  4. Mudança social I. Guareschi, Pedrinho A. II. Título. III. Série.

11-07391   CDD-302

Índices para catálogo sistemático:
 1. Processos psicossociais : Psicologia social
   302

Serge Moscovici

PSICOLOGIA DAS MINORIAS ATIVAS

Tradução do Grupo de Leitura "Ideologia, Comunicação
e Representações Sociais"
Programa de Pós-Graduação em Psicologia Social e
Institucional da UFRGS
Responsável: Pedrinho A. Guareschi

EDITORA
VOZES

Petrópolis

© Presses Universitaires de France, 1979

Tradução do original em francês intitulado
Psychologie des minorités actives

Direitos de publicação em língua portuguesa – Brasil:
2011, Editora Vozes Ltda.
Rua Frei Luís, 100
25689-900 Petrópolis, RJ
www.vozes.com.br
Brasil

Todos os direitos reservados. Nenhuma parte desta obra poderá ser
reproduzida ou transmitida por qualquer forma e/ou quaisquer meios
(eletrônico ou mecânico, incluindo fotocópia e gravação) ou arquivada
em qualquer sistema ou banco de dados sem permissão escrita da editora.

CONSELHO EDITORIAL

Diretor
Volney J. Berkenbrock

Editores
Aline dos Santos Carneiro
Edrian Josué Pasini
Marilac Loraine Oleniki
Welder Lancieri Marchini

Conselheiros
Elói Dionísio Piva
Francisco Morás
Gilberto Gonçalves Garcia
Ludovico Garmus
Teobaldo Heidemann

Secretário executivo
Leonardo A.R.T. dos Santos

PRODUÇÃO EDITORIAL

Aline L.R. de Barros
Jailson Scota
Marcelo Telles
Mirela de Oliveira
Natália França
Otaviano M. Cunha
Priscilla A.F. Alves
Rafael de Oliveira
Samuel Rezende
Vanessa Luz
Verônica M. Guedes

Editoração: Maria da Conceição B. de Sousa
Projeto gráfico: Sheilandre Desenv. Gráfico
Capa: Graph it
Tradução da edição espanhola: Aline Reis Calvo Hernández
Revisão da tradução: Aureliano Calvo Hernández
Cotejamento com a edição francesa: Aline Accorssi
Cotejamento com a edição inglesa: Pedrinho Guareschi
Colaboradores: Cláudia Galante, Cristiane Redin Freitas, Denise Amon,
Graziela Werba, Hélio Possamai, Márcia Pedroso, Marcos Santos,
Samantha Torres

ISBN 978-85-326-4194-6 (Brasil)
ISBN 2-13-047745-3 (França)

Este livro foi composto e impresso pela Editora Vozes Ltda.

SUMÁRIO

Apresentação da edição brasileira, 7

Parte I – Consenso, controle e conformidade – A influência social a partir da perspectiva funcionalista, 11

1 Dependência e controle social, 13

2 As pressões em direção à conformidade, 28

3 O confronto entre a lógica das teorias e a lógica dos fatos, 48

Parte II – Conflito, inovação e reconhecimento social – A influência social do ponto de vista genético, 71

4 Minorias, maiorias e normas sociais, 73

5 O ponto crucial da mudança: o conflito, 100

6 Os estilos de comportamento, 116

7 Normas sociais e influência social, 162

8 Conformar, normatizar, inovar, 177

9 Minorias desviantes e reações das maiorias, 210

Conclusões, 235

Apêndice – A dissidência de um só: com respeito a Soljenitsyne, 239

Referências, 267

Índice, 285

APRESENTAÇÃO DA EDIÇÃO BRASILEIRA

Este livro nasceu com dois nomes. Em inglês chama-se *Social Influence and Social Change*. Em francês e espanhol, *Psicologia das minorias ativas*. Por que assim?

É que Moscovici se dirigiu a públicos diferentes. Com os colegas dos Estados Unidos, Moscovici estabelece um diálogo tendo como ponto central a discussão sobre o funcionalismo e seus pressupostos. Quais são esses *pressupostos*? São os de que o mundo é um sistema fechado, que caminha inexoravelmente para o equilíbrio, que há forças e leis determinantes por detrás dos fenômenos e que o mundo, a sociedade e os seres humanos se regem por tais leis.

E quais as consequências disso? Em poucas palavras e indo diretamente ao ponto: que é impossível mudar, que temos de nos sujeitar a tais leis, que é impossível inovar, transformar. Poderão existir movimentos esporádicos, desequilíbrios passageiros, mas, cedo ou tarde, tudo retornará ao caminho já traçado e predeterminado. Tudo está de uma forma ou outra, regulado por leis subjacentes aos fenômenos da natureza, da sociedade, dos seres humanos.

É por isso que Moscovici coloca no título do livro as duas temáticas: a *influência social*, um processo importantíssimo e crucial na sociedade moderna; e a questão da *mudança*. Mas essas duas realidades serão compreendidas e vão se relacionar de maneiras completamente diversas, dependendo da teoria que é usada: se tivermos como referencial os pressupostos da teoria funcionalista, estamos aceitando que a influência vem de cima para baixo, que os de cima e a maioria são sempre os bons e os corretos, e os debaixo, quando não se conformarem a essas normas, serão desviantes, perigosos e terão de ser contidos. O *equilíbrio* da teoria depende da maioria e dos de cima. Agora, se emprego outra teoria, como a teoria genética e da inovação, a questão da influência muda completamente de figura: estaremos supondo que é possível *mudar*, e que essa mudança pode vir de minorias e de baixo.

Assim, reiteramos que as teorias não são observações neutras de verdades *a priori*. Elas surgem como respostas a algo vigente, mas não eterno. É nesse sentindo que Moscovici sublinha que a realidade e o meio social são as matérias-primas das quais o conhecimento é feito, em resposta a um modelo cartesiano e funcionalista que tem como base a neutralidade e a impessoalidade.

Em *Psicologia das minorias ativas* ele empreende um esforço árduo e de mão dupla: no caminho de ida, faz uma exaustiva revisão dos experimentos clássicos criticando os modelos dominantes na psicologia social (da conformidade, da norma emergente, da estabilidade) e a superficialidade da "realidade" simulada no laboratório. No caminho de volta, resgata um a um aqueles conteúdos negligenciados pela psicologia: o conflito, os processos de influência social, a mudança e os elementos psicossociais da ação coletiva (estilo de comportamento, consistência e inovação).

Moscovici se preocupa com uma ciência do desenvolvimento e da mudança, em contraponto a uma ciência da conformidade, da estabilidade. Conforme seus argumentos o poder das minorias está na definição de uma luta, na construção de um espaço de participação, representação e negociação; em sua capacidade de influência social, um processo contínuo que depende de estilos de comportamentos consistentes e ações que provoquem os conflitos percebidos.

Uma das teses centrais da *Psicologia das minorias ativas* é que os processos de influência estão intimamente ligados à produção e reabsorção de conflitos, na apresentação de contradições que, muitas vezes, estão silenciadas pelas maiorias dominantes. A luta entre maiorias e minorias é simbólica, cognitiva e comunicativa, é uma *luta cultural*[1] que coloca cosmovisões em oposição, é uma luta por modos diferentes de pensar.

Desde seu surgimento, na década de 70 do século XX, esta obra vem sendo considerada uma teoria polêmica por seu caráter rigoroso de revisão científica e seu tom contestador, marcando um divisor de águas diante das teses oriundas dos estudos norte-americanos clássicos. É de forma brilhante e mediante um rigoroso trabalho de revisão científica que Moscovici contesta o espírito da época marcado por um profundo autoritarismo acadêmico, manifestado através de uma concepção de conhecimento neutro e impessoal que negava enfaticamente os saberes do senso comum.

---

1. *Kulturkampf* (MOSCOVICI, 2003).

Neste sentido, esta obra pode ser lida como um exemplo de uma minoria ativa, já que Moscovici é a minoria que faz a diferença, pois, convicto de seus argumentos, ele confronta com consistência e clareza as teorias deterministas e autoritárias que não abriam espaço para outras possibilidades de ser e estar no mundo. Como argumenta o autor, a mudança depende, sempre, de um posicionamento inquieto, desejante e descontente que questione a ordem e a uniformidade das normas, condutas e opiniões.

Para Moscovici a influência social converte-se em fator genuíno de mudança quando a minoria influencia a maioria por seu *estilo de comportamento* e pela consistência deste estilo. Em outras palavras, o poder da minoria é influenciar e transformar a maioria mediante um comportamento consistente que acaba criando conflito e dúvida entre os membros da maioria, conduzindo-os a examinar e re-avaliar sua própria postura, cognitiva e, por conseguinte, valorativa. Assim, os *intransigentes* aparecem como um *novo tipo de minoria*, até agora pouco estudada. Dentro deste contexto, o autor soube ressaltar os aspectos ideológicos implícitos à psicologia social; concretamente, no estudo da influência social. A influência emprega meios de tipo ideológicos, psíquicos, conseguindo atuar desde dentro, sem supor desigualdade de recursos entre as partes. Diferentes minorias ativas já conseguiram, através de suas lutas, problematizar e dissolver a consciência negativa em relação ao "marginal", manifestando que a intransigência, a resistência e a diferença são potencialidades de alternativa social

Declaradamente Moscovici se consagra como pioneiro de uma psicologia social comprometida e próxima ao contexto social, e esta foi uma de suas preocupações táticas: distanciar-se, sempre que necessário, dos modelos clássicos, importados na sua maioria dos Estados Unidos, a fim de conseguir um melhor estudo dos processos psicossociais. "No mundo social, fora do laboratório, existem inovações, há revoluções, há lutas simbólicas entre maiorias e minorias etc. E não conheço ninguém que possa realizar a proeza intelectual de demonstrar que inovar, lutar etc., reduz-se à mesma estrutura de respeitar a ordem, manter a uniformidade de condutas e opiniões etc." (MOSCOVICI, 1980).

Porto Alegre, agosto de 2010.
Equipe central de tradução
Aline Accorssi, Aline Hernández, Denise Amon, Márcia Pedroso, Pedrinho Guareschi

Parte I

CONSENSO, CONTROLE E CONFORMIDADE
A influência social a partir da perspectiva funcionalista

Para ilustrar um princípio é necessário exagerar muito e omitir muito.
Walter Bagehot

1
DEPENDÊNCIA E CONTROLE SOCIAL

Se não me engano, a maior parte dos estudos relativos à influência social analisou principalmente as razões pelas quais as pessoas se conformam e os meios utilizados com êxito para induzi-las a conformarem-se. Duas perguntas essenciais determinam o pensamento e pesquisa atual.

• Por que e como um grupo tenta impor seus pontos de vista a um indivíduo ou a um subgrupo?

• Por que e como um indivíduo ou um subgrupo aceita os pontos de vista de um grupo e dos (líderes, peritos etc.) que o representam?

As proposições que seguem constituem as hipóteses fundamentais nas quais nos apoiamos para responder a estas perguntas.

1ª proposição: A influência social em um grupo está desigualmente repartida e é exercida de modo unilateral.

A ideia expressa nesta proposição é muito clara e apela ao bom-senso. A influência pode intervir quando há, de um lado, uma *fonte* e, de outro, um *alvo*. Utilizando uma analogia com os processos de comunicação (ROMMETWEIT, 1954), poder-se-ia dizer que a fonte é o emissor de informações normativas e o emissor de influência, enquanto que o alvo é o receptor de informações normativas ou o receptor de influências. Em contrapartida, cabe fazer um importante esclarecimento: a influência, como a transmissão de informação, processa-se de modo assimétrico. Ela é exercida da fonte para o alvo da interação, mas não no sentido inverso.

Encontraremos estes conceitos de fonte, alvo e direcionalidade em todos os modelos de influência. O que distingue os modelos são as regras seguidas na definição e na combinação destes conceitos. No modelo que acabo de descrever – o modelo funcionalista – o papel da fonte de influência, o emissor, e o papel do alvo de influência, o receptor, estão delimitados e estabelecidos com precisão. As descrições do emissor se referem sempre ao grupo, aos seus representantes legítimos (líderes, delegados etc.) ou às pessoas que, de um modo ou de outro, detém o poder e os recursos (a competência, por exemplo). As descrições do receptor se limitam aos indivíduos, ou subgrupos, que não ocupam nenhuma situação privilegiada, que não possuem poder nem recursos e que, por uma ou outra razão, tendem a desviar-se. Estando posta esta atribuição de papéis, segue que *a fonte de influência não é jamais considerada como um alvo potencial, nem o alvo de influência como uma fonte potencial.*

A consequência desta assimetria fundamental é que o ponto de vista da maioria goza do prestígio da verdade e da norma e expressa o sistema social em seu conjunto. Correlativamente, o ponto de vista da minoria, ou qualquer opinião que reflita um ponto de vista diferente, é considerado como um produto do erro ou do desvio. Daí a definição que, supõe-se, todo estudante conhece:

> *O desviante* é um indivíduo que se comporta de maneira diferente do previsto pelo grupo ou pela cultura em que se desenvolve. Quando se trata de pesquisas sobre a comunicação e o consenso nos grupos de discussão, o termo desviante se aplica a todo indivíduo cujos pontos de vista são nitidamente diferentes dos da maioria, denominados pontos de vista modais (JONES & GERARD, 1967: 711).

Por que os indivíduos e os subgrupos somente são considerados como receptores de influência? Fundamentalmente, porque se supõe que vivem em um sistema social fechado. Segundo Asch,

> cada ordem social apresenta a seus membros uma seleção limitada de dados físicos e sociais. O aspecto mais decisivo desta seletividade é que ela oferece condições às quais não há alternativa visível. Não há possibilidade de alternativa para a linguagem do grupo, para as relações de parentesco que pratica, para seu regime alimentar, para a arte que preconiza. O campo do indivíduo, sobretudo numa sociedade relativamente fechada, encontra-se em grande medida circunscrito pelo que está incluído no marco cultural (1959: 380).

Tudo se encontra, pois, concentrado em torno do polo das relações sociais onde se reúnem aqueles que determinam os elementos desta cultura. São os que estão autorizados a decidir o que é verdadeiro e bom. Toda opinião divergente, todo juízo diferente, representa um desvio em relação ao que é real e verdadeiro. Inevitavelmente, é o que ocorre quando o juízo emana de um indivíduo ou de um subgrupo minoritário.

Nestas condições, é evidente que o grupo produz também referências relativas à origem das informações. Mas é evidente também que os membros do grupo que se forma não possuem nada próprio para produzir, já que não dispõem dos meios que lhes permitiriam conceber alternativas válidas. Daí a convicção tácita de que as opiniões mais correntes e menos extremas da maioria têm um valor positivo, possuem um peso psicológico maior. Correlativamente, as opiniões menos familiares e mais extremas da minoria, ou das pessoas que não foram investidas de autoridade, possuem um valor negativo e um peso psicológico menor.

Na linguagem ordinária, como no plano experimental, isto se reflete na hipótese segundo a qual um indivíduo, conduzido a escolher entre duas séries de opiniões, uma atribuída à maioria ou a um *líder* e outra a um desviante, ou a um indivíduo não especificado, optará espontaneamente pela primeira. Na realidade, não está em questão a escolha autêntica. Como nós observamos anteriormente, o ponto de vista da maioria é a única opção justa, normativa; o ponto de vista da minoria não é simplesmente outro ponto de vista, é um vazio, uma não opinião, definida como não majoritária, como anômica (e, portanto, contrária à evidência etc.). Em outros termos, a relação se concebe como unidirecional; o grupo, a fonte de influência, toma sua própria decisão sobre a base dos estímulos, do código e dos juízos que ele instaurou, enquanto que os juízos, o código e os estímulos da minoria, ou dos indivíduos, que são evidentemente alvos de influência, estão determinados pelo grupo.

Isto não é tudo. Uma vez que essa assimetria tenha sido posta de início, um dos pares sociais é definido como ativo e aberto à mudança e o outro como essencialmente passivo e submetido à mudança. Tudo o que constitui um direito ou um ato positivo para o primeiro, torna-se uma obrigação ou uma privação para o segundo, e esta complementaridade dos papéis afasta toda possibilidade de interação real. Confinado nesta situação, o indivíduo, ou o subgrupo minoritário, tem somente uma saída: o desvio ou a independência, ou seja, a retirada, que implica a ameaça de afastamento do seio do grupo e diante do mesmo. Em tal contexto, a passividade conformista assume o matiz positivo da adaptação conquistada, enquanto que a atividade, a inovação, a atitude individualista, conotam pejorativamente a não adaptação.

Deve-se lamentar que ao lado desta conformidade relativamente estéril, fundada na submissão e na repressão de reações e atitudes autênticas, não se tenha levado em consideração a existência de uma conformidade produtiva baseada na solidariedade, na satisfação advinda de reações e atitudes autênticas que se orientam em direção a um objetivo ou marco comum. É muito lamentável que se tenha ressaltado a aceitação passiva da norma do grupo e não sua conformidade ativa. O certo é que as hipóteses que servem de base a este ponto de vista não poderiam ter desembocado em nenhum outro resultado.

Do mesmo modo, a independência é considerada, antes de tudo, como uma resistência à pressão coletiva, como uma espécie de passividade ativa ou de negação obstinada, e não em termos de iniciativa, ou de desafio às atitudes e decisões do grupo. A não conformidade é igualmente considerada como um protesto, uma ruptura das relações e não como uma atitude que leva a modificar estas relações: "O anticonformismo implica um movimento sistemático de afastamento em relação às expectativas sociais" (HOLLANDER, 1964: 423).

Isto equivale a estabelecer uma distinção rigorosa entre os que impõem a conformidade e os que a aceitam: os primeiros podem utilizar o poder da conformidade contra os segundos. Na realidade, em se tratando de independência, ou anticonformismo, um indivíduo define seu eu em referência ao grupo ou às expectativas sociais, e não pelo que ele espera do grupo ou da sociedade. Isto é, no mínimo, o que se extrai dos textos citados. Estes mostram que, além de algumas observações gerais, outorgou-se pouco interesse ao significado da independência, ao modo de enfocá-la ou à maneira como uma pessoa chega a tornar-se independente. Em outras palavras, a independência como forma de afirmação de si, de ação coletiva ou individual, apesar de estar presente em numerosos fenômenos observáveis nos pequenos grupos (grupos de sensibilização, ou grupos de diagnóstico, por exemplo), foi totalmente negligenciada no campo da pesquisa científica.

Alguns psicólogos sociais tiveram consciência deste fato. Asch, por exemplo, afirmava que "não está justificado, concretamente, supor de antemão que uma teoria da influência social deva ser uma teoria da submissão às pressões sociais" (1956: 2). Há alguns anos, Kelley e Shapiro (1954) sustentaram que a conformidade pode inclusive constituir um obstáculo à adaptação de um grupo a uma realidade em transformação; que os não conformistas podem ser indivíduos populares tendo a simpatia de seus pares, sem a reputação de marginais ou desviantes. E lamentavam que, em psicologia social, não se desse a devida atenção à independência, sinal, nas opiniões deles, de um desconhecimento da importância que possui na vida real.

Estas observações não tiveram praticamente nenhum efeito. E, sem negar a existência de algumas opiniões divergentes, a primeira proposição parece expressar um amplo consenso.

2ª proposição: A influência social tem a função de manter e reforçar o controle social.

Supõe-se que "os indivíduos só podem cumprir uma ação deliberada, ou constituir um grupo, mediante alguma forma de controle social" (HARE, 1965: 23). Deve-se postular (e muitos autores o fazem) que, para que exista tal controle, é preciso que os indivíduos possuam os mesmos valores, as mesmas normas, os mesmos critérios de juízo e que todos os aceitem e a eles se refiram. Supõe-se, ainda, que o ambiente é único e semelhante para todos. Em tal contexto homogêneo, é fácil imaginar que os indivíduos e os subgrupos sabem o que se espera deles e que a significação, o grau de verdade ou de erro atribuído a suas ações, a suas percepções e aos seus juízos, não pode interpretar-se de várias maneiras. Além disto, quando se passa para a realização destes objetivos, a existência de diferenças é considerada como um obstáculo pelos membros do grupo: estes tendem a eliminar as diferenças, a estabelecer as fronteiras do grupo para excluir os indivíduos que recusam aceitar a mudança. Mas não há controle sem controladores. Como se supõe que tais controladores são detentores de uma sabedoria superior e um nobre desinteresse, não é estranho que exerçam o poder para seu próprio proveito.

A influência que visa persuadir os outros a aceitar o ponto de vista que convém aos controladores, também tem a maior probabilidade de êxito. Não fiz mais que parafrasear a Secord e Backman, mas é melhor ceder-lhes a palavra:

> Os controles normativos aparecem na zona de comportamento onde os membros tornam-se dependentes do grupo para a satisfação de suas necessidades. As atitudes e os comportamentos necessários à satisfação das pessoas mais poderosas do grupo são os que têm maiores possibilidades de levar à formação de normas (1964: 351).

As normas denominadas "comuns" são, inevitavelmente, as normas da maioria, ou da autoridade. Em consequência, todo desvio em relação a estas normas implica duas coisas ao indivíduo: por um lado, uma resistência, uma não conformidade que ameaça o movimento do grupo; de outro, uma carência: o indivíduo não conhece a resposta adequada, não é capaz de descobrir quais são as boas respostas. Em ambos os casos, o afastamento em relação à maioria, ao *especialista*, ao líder, por exemplo, é sintoma de inferioridade ou de marginalidade. Implica um tratamento diferencial dos indivíduos no interior do grupo; em outros termos, implica desvio.

Repetidamente, em algumas experiências, o indivíduo é levado a crer que está errado, que seu comportamento é anormal; chegando a ficar ansioso etc. Foi demonstrado, ainda, que tal indivíduo não pode exigir a estima e o afeto dos demais: é impensável que possam escolhê-lo para desempenhar qualquer tipo de função, independentemente de sua inteligência, da exatidão de suas opiniões, ou do esforço que realizou para compreender sua situação.

A consequência é clara. Se as exigências de controle social situam a autoridade legítima em uma extremidade e o suspeito desviante ou dissidente em outra, elas determinam igualmente as condições de funcionamento ideal do grupo, a saber, a redução ao mínimo das divergências entre seus membros. Na teoria de Festinger, à qual fiz alusão anteriormente, a pressão que se exerce sobre a uniformidade nos grupos informais corresponde à necessidade de realizar este ideal. A teoria não especifica de forma explícita que a pressão deve exercer-se inevitavelmente sobre o indivíduo ou sobre o subgrupo minoritário. Ela poderia pesar também sobre a maioria ou sobre a pessoa que exerce a autoridade.

Não obstante, o próprio Festinger (1950), seus colaboradores, e a maior parte dos psicólogos sociais, entenderam e utilizaram esta teoria como se a uniformidade devesse estar instaurada contra o *desviante*. Esta orientação influenciou autores que tentaram demonstrar experimentalmente a existência de dois tipos de influência social (DEUTSCH & GERARD, 1955; THIBAUT & STRICKLAND, 1956): o primeiro que se denomina "informacional" ou "centrado na tarefa", referente à relação com o objeto. O segundo, nomeado influência "normativa" ou "centrada no grupo", remete à necessidade de orientar-se sobre opiniões idênticas. Esta influência está determinada pelas relações entre os indivíduos e não pelas propriedades do objeto. É reforçada pela coesão do grupo e por outras vantagens ligadas à coesão, que servem para atrair membros no grupo. Assim, a coesão e a atração atuam para reduzir toda distância que possa separar os membros de um grupo que sustentam pontos de vista diferentes. A coesão e a atração colocam um obstáculo interno à tendência de afastar-se do grupo e entrar em um grupo diferente, buscando, por outro lado, a solução de seus problemas e a satisfação de suas necessidades.

Torna-se claro que todo um conjunto de conceitos – movimento de grupo, coesão, influência social normativa etc. – fornece, de diversas maneiras, uma expressão concreta para a ideia de controle externo ou interno do grupo sobre seus membros. Estes conceitos, como se sabe, foram objeto de estudos detalhados e profundos em condições experimentais diversas. Revelam também o que, nesta perspectiva, constitui o objetivo final dos processos de influência: a recuperação dos desviantes. Seu mecanismo específico consiste em igualar a todos, em bloquear a particularidade e a individualidade das pessoas ou dos subgrupos. Quanto mais longe se leva o processo de identificação e des-individualização, melhor será a adaptação de cada indivíduo aos demais e ao ambiente.

Por exemplo: como se trata, habitualmente, a coesão do grupo na vida real e nas experiências? Dizendo às pessoas ou aos sujeitos ingênuos que, baseados em sua inteligência, nos testes de personalidade, nos votos e nas enquetes etc., todos são semelhantes. A hipótese que sustenta esta manipulação é bem conhecida:

a coesão, ou a atração, das pessoas é maior quando elas se consideram semelhantes e mais fraca quando se consideram diferentes. Tal é a força compulsiva do "nós" ou do "grupo". Por sua vez, a importância quantitativa da influência se mede, na maior parte das experiências, pelo afastamento da opinião do desviante em relação à opinião do grupo. Ela reflete simultaneamente a submissão aos outros e a perda da individualidade.

Raramente o movimento inverso foi levado em consideração e transformado em objeto de pesquisas. Ocasionalmente, notaram-se certos efeitos *boomerang*: eles implicam uma notável divergência entre o desviante e o grupo. De modo curioso, estes efeitos nunca foram seriamente interpretados como efeitos de influência, nem submetidos a um exame atento. Por que, depois de tudo, perder-se-ia tempo com tais fenômenos acidentais, já que eles não parecem ligar-se aos aspectos essenciais da sociabilidade? Não é necessário demonstrar até que ponto estes conceitos determinaram a ideia que o estudante forma da realidade, sua concepção mesma da psicologia social e de seus métodos. De todas formas, nota-se claramente em que medida a importância concedida à não diferenciação, à coesão e à pressão normativa do grupo é função da interpretação da influência como meio de integração da parte no todo, do indivíduo na coletividade.

3ª proposição: As relações de dependência determinam a direção e a importância da influência social exercida em um grupo.

É difícil compreender por que a psicologia social foi tão obcecada com o conceito de dependência. O conceito em si não é claro, nem evidente. Além disto, ali onde se exerce a influência, há múltiplas tentativas que tendem a modificar as opiniões e o comportamento entre iguais, sem falar da regra de ouro dos agentes de publicidade e dos propagandistas políticos, que é evitar tudo o que poderia dar a impressão de que eles representam interesses poderosos, ou que eles querem interferir na autonomia da pessoa ou do grupo.

O certo é que a dependência adquiriu a condição de variável independente relevante no estudo dos processos de influência.

Poder-se-ia dizer também que a dependência *explica* os efeitos da influência. Admite-se sua ação cada vez que se observa uma mudança de opinião ou de juízo. O estudante que utiliza o manual de Hollander aprende que "a conformidade de congruência, como a conformidade de movimento, implicam uma aceitação da influência que revela a dependência" (1967: 57). Os franceses dizem *cherchez la femme*[1], e os psicólogos sociais dizem "procurem a dependência e tudo se explicará". Mas examinemos as coisas mais de perto: os detalhes são sempre significativos.

Pode-se de fato observar que, quando falamos de "minorias", não fazemos referência ao número (as minorias são, às vezes, do ponto de vista demográfico, tão importantes quanto a maioria), mas à desigualdade na distribuição do poder, à lógica da dominação. A hierarquia social expressa diretamente esta desigualdade. Por um lado, a atribuição de "situação" (o clérigo na Idade Média, o senador do século XIX, o secretário do partido comunista hoje, ocupam situações-chave) garante certa autoridade sobre os que não gozam dela. Por outro lado, a superioridade outorgada ao especialista, ao conselheiro do príncipe, ou ao que reivindica uma área do saber na divisão do trabalho deve, em princípio, assegurar a superioridade sobre aqueles que carecem desta reputação. Em todos casos, o resultado é que os situados no cume da hierarquia possuem maior influência que os que se encontram embaixo. Ao mesmo tempo, os indivíduos ou subgrupos que possuem uma condição elevada, encontram-se submetidos a uma influência menor que os que possuem uma condição inferior.

Diversas observações experimentais demonstram que os sujeitos que possuem um *status* social elevado influenciam os que possuem um *status* social inferior (HARVEY & CONSALVI, 1960; BACK & DAVIS, 1965). Em contrapartida, o estudo de Jones (1965) mostra que a relação entre a influência e o *status* social é mais complexa; cada indivíduo, independentemente de seu *status*, aceita a influência e tende a conformar-se para obter a aprovação dos outros.

Além disto, outros fatores, como a competência, asseguram a autoridade do indivíduo no seio do grupo e o destacam como

---

1. Expressão francesa que conota um ato que se supõe ser de origem passional.

agente de influência (BACK & DAVIS, 1965; HOCHBAUM, 1954). As experiências de Milgram sobre a obediência (1965) constituem a mais impressionante ilustração deste aspecto da realidade. É publicamente notório que, sem o menor incentivo econômico ou moral para executar as instruções, algumas pessoas foram persuadidas a obedecer às ordens de um experimentador que lhes pedia para provocar choques elétricos, supostamente dolorosos, a pessoas desconhecidas e com as quais não tinham relação alguma. O fato de que o experimentador lhes pedisse para agir em nome da ciência era uma justificativa aparentemente suficiente. Prisioneiro na rede da autoridade, representada, neste caso, pela competência do cientista, e excessivamente impressionado pela legitimidade da pesquisa científica, um homem tortura cegamente o outro.

Outras experiências menos sensacionalistas mostraram indivíduos de *status* social inferior obedecendo a indivíduos de *status* social superior, indivíduos incompetentes se submetendo a indivíduos competentes. A convergência destes estudos é tão surpreendente que teriam sido mais significativos, em minha opinião, se, em vez de confirmar, eles tivessem denunciado o caráter errôneo da máxima, segundo a qual a força é mais importante que o direito, adotada em política e no senso comum. Em outras palavras: os estudos teriam tido maior relevância se, em lugar de tentar mostrar que a máxima era exata, tivessem ligado as circunstâncias – tão estranhas, por outro lado – àquelas em que não se aplicavam. Não formulo um juízo de valor, mas quero chamar a atenção sobre a existência de uma ideia preconcebida.

A dependência instrumental também foi objeto de pesquisas em profundidade. Enquanto a dependência institucional mostra o indivíduo conflitando-se com o sistema social, esta outra forma de dependência está mais ligada à satisfação de certa "necessidade dos demais". As perguntas que aqui se apresentam são práticas: Quem se submete à influência e quem a rejeita? Em quais situações se intensifica a necessidade de adotar as atitudes de outro, tornando a influência mais fácil? Em resumo: precisamos saber quem é conformista e quem é independente; como nos tornamos conformistas e como nos tornamos independentes.

Considera-se sempre como verdade estabelecida que, em um grupo, as pessoas que se desviam erram muito mais devido à mudança do que as pessoas que estão de acordo entre elas e com as normas do grupo (FESTINGER et al., 1952). As razões desta tendência à mudança se reduzem a duas subcategorias de dependência:

a) A dependência de efeito que se observa nas situações em que indivíduos desviantes ou outros membros do grupo têm problemas de personalidade (JONES & GERARD, 1967). As necessidades de afiliação, de aprovação social, de autoestima, são diferentes aspectos sobre os quais se manifesta a necessidade dos demais, que parece estar estreitamente ligada à influência. Os indivíduos que experimentam, de forma intensa, estas necessidades de afiliação, de autoestima etc., são mais propensos a conformar-se do que aqueles que experimentam estas necessidades em menor grau. Em certo sentido, estão menos capacitados para resistir à pressão social e sentem-se mais inclinados a seguir a maioria e os líderes, esperando assim serem aceitos e amados.

Os estudos empíricos confirmaram estas previsões. Em particular, dois estudos evidenciaram o fato de que, quanto maior é a necessidade de aprovação de um indivíduo, maior é seu conformismo (MOELLER & APPLEZWEIG, 1951; STRICKLAND & CROWNE, 1962). Por sua vez, Dittes (1959) demonstrou que os sujeitos que eram encorajados a acreditar que eram aceitos por um grupo, sentiam-se atraídos por ele e que, quanto mais fraca era sua autoestima, mais possibilidades tinham de submeter-se às pressões do grupo. Muitos outros estudos mostraram o papel da ansiedade (MEUNIER & RULE, 1967; SMITH & RICHARDS, 1967; MILLMAN, 1968). A importância da necessidade de filiação também foi objeto de estudo (HARDY, 1957).

Em suma, certos indivíduos estão destinados à submissão, outros à independência, e outros, enfim, à oposição.

Até certo ponto, estas experiências são supérfluas. Todas elas tendem a mostrar que certos traços de personalidade geram, seja a dependência, seja a independência, de acordo com uma necessidade profundamente vivida: a necessidade dos demais. Na realidade, e apesar do grande número de estudos existentes, não é possível compreender com clareza o mecanismo que regula esta necessidade; tudo o que se fez até aqui foi inventariar uma grande variedade de situações nas quais este mecanismo entra em jogo.

b) A dependência de informação corresponde à tendência que têm os indivíduos de buscar a exatidão objetiva de seus juízos sobre os fenômenos, de procurar a validação de seus julgamentos e, desta maneira, adaptar-se ao ambiente. Quando creem não poder alcançar este objetivo por si mesmos, veem-se obrigados a recorrer a outros indivíduos para julgar e para validar seus próprios juízos. A passagem inevitável da adaptação individual à adaptação social, da dependência direta do ambiente à dependência através dos outros, abre o caminho para a influência. As circunstâncias – e elas são numerosas –, nas quais este apoio social torna-se indispensável, foram também objeto de estudos experimentais. Poder-se-ia mencionar, entre outras, a incerteza referente à confiança que se pode ter nos seus sentidos e nas suas capacidades (HOCHBAUM, 1954; DI VESTA, 1959; ROSENBERG, 1963), as dúvidas sobre a sua inteligência, a falta de fé em seu próprio juízo (ALLEN & LEVINE, 1968). O grau de autonomia, ou de heteronomia, é diretamente proporcional ao fato de possuir, ou de crer, que se possuem estas qualidades.

A partir destes estudos foram elaborados os retratos da personalidade dependente, disposta a submeter-se, e da personalidade independente, que recusa submeter-se. Escreve Steiner:

> Foi dito que os conformistas se caracterizam por seu espírito convencional, responsável, cooperativo, paciente, sincero e flexível na vida social. A autoavaliação destas pessoas punha a ênfase no sentimento maternal, na afiliação, na humildade e na ausência de sintomas psiquiátricos. Estas interpretações concordam estritamente com as averiguações de Di Vesta e Cox, segundo as quais o indivíduo que se conforma é moderado, introspectivo, dócil e solícito com os demais. Segundo Vaughan, os conformistas se classificam em nível inferior no plano da inteligência, da segurança, da resistência nervosa, da extroversão, do realismo e da importância da teoria (1960: 233).

No extremo oposto, situam-se as características que fazem com que os indivíduos sejam menos suscetíveis de ceder à influência:

> Estes indivíduos possuem um grau elevado de certeza em relação a sua própria percepção; sentem-se mais competentes ou mais poderosos que os demais, ou bem se consideram pertencentes a uma classe superior; contam com uma ou várias pessoas no gru-

po que estão de acordo com eles, contra o juízo da maioria; consideram os demais, quem sabe a diferença de si mesmos, como fontes de informação carentes de atrativo, e, enfim, quase não veem vantagens no conformismo para a satisfação de seus próprios objetivos pessoais essenciais (HOLLANDER, 1967: 558).

É evidente que estes retratos-robô não devem considerar-se ao pé da letra. O retrato da pessoa menos dependente é "mais simpático" do que o da pessoa mais dependente, algo menos surpreendente que contraditório. Se o conformista é habitualmente "fraco", como é possível que os independentes, ou desviantes, considerados como "fortes", sigam a maioria, que costuma estar composta de conformistas? A relação entre os traços da personalidade e o conformismo está longe de ser estabelecida. Os fatores situacionais intervêm constantemente (GOLDBERG & RORER, 1966). Eu duvido que o estabelecimento de tal relação apresente um grande interesse. Por um lado, ela não explicaria nada: nem a personalidade, nem a influência; ela somente revelaria apenas covariações de fatores, não relações de causa e efeito. De outro, se realmente estas diversas "necessidades" pudessem explicar fenômenos sociais, já não seria necessário analisar os fenômenos de um ponto de vista psicossociológico, ou mesmo sociológico. Bastaria conhecer os tipos fundamentais de personalidade e sua distribuição em um grupo dado, ou na sociedade, para poder predizer os acontecimentos. Sendo assim, a psicologia diferencial substituiria com vantagem a psicologia social.

Em contrapartida, estes estudos das "necessidades" não demonstram nada em psicologia social, nem no campo da influência social, nem em nenhum outro. Por isso não me referirei a eles na presente obra, nem como provas, nem como estudos empíricos, mas como sintomas de uma convicção segundo a qual a pressão sobre os desviantes está sempre justificada porque responde a certas necessidades que existem neles e, em certa medida, é por eles provocada. Os desviantes se prestam à influência, como os outros se prestam à exploração. O paralelismo não é acidental; o que Bramel (1972) escreveu a propósito dos explorados, aplica-se também aos desviantes:

> A observação frequente, segundo a qual a exploração é seguidamente associada a atitudes hostis dirigidas às vítimas, poderia significar, à primeira vista, que os grupos fracos e depreciados

atraem a exploração. Poder-se-ia apoiar esta hipótese em fatos como este: os animais parecem atacar e explorar os membros mais fracos de seu grupo; os grupos humanos repudiam e castigam igualmente seus companheiros desviantes; os nazistas exploraram e assassinaram os judeus porque os consideravam inferiores e, também, perigosos; e os brancos exploraram os escravos negros porque, para eles, os negros formavam parte de uma raça inferior, selvagem, à qual convinha os trabalhos duros e penosos. A investigação psicossociológica forneceu recentemente uma excelente explicação em favor de uma explicação menos evidente, porém mais interessante e mais importante, da associação entre exploração e hostilidade – a saber: acaba-se depreciando as vítimas *porque são vítimas*. Em outros termos, o desprezo das vítimas é o resultado do fato de que estas são exploradas e maltratadas, e não o inverso. Ainda que a ideia não seja em absoluto nova, as ciências sociais se interessaram por ela com surpreendente atraso (p. 220).

Mas, mesmo recentemente, a psicologia social atual não se interessou ainda pelo comportamento dos desviantes considerados como produto de um grupo, ou de um sistema que obriga os indivíduos ou os subgrupos a ocupar uma situação social inferior ou marginal. Esta ideia nos permitiria, sem grandes dificuldades, descrever o processo de influência social em função dos seguintes modelos de submissão:

- submissão dos indivíduos situados abaixo da hierarquia de *status* e de poder em relação às pessoas que estão no cume da hierarquia;

- submissão dos indivíduos que não podem adaptar-se ao seu ambiente de modo autônomo em relação aos indivíduos capazes de adaptar-se de modo autônomo;

- submissão dos indivíduos cuja organização psicológica está orientada para os outros e que são virtualmente desviantes em relação aos indivíduos que não são virtualmente desviantes.

Pode-se ilustrar a relação em cadeia que leva um subgrupo a submeter-se a outro do seguinte modo:

Aumento da dependência → Aumento da pressão social
ou interpessoal

↓

Aumento do controle social
ou da uniformidade

↓

Diminuição da resistência,
da tendência à autonomia

↓

Aumento do conformismo

Este esquema, cujo significado revela-se de imediato, explica-se por ele mesmo. Como as diferenças de hierarquia, de personalidade, de capacidades psicológicas e intelectuais, transformam-se em uma convergência de opinião e de juízo? A resposta a esta pergunta é que o fato de fundir a dependência no crisol mágico das relações humanas transmuta milagrosamente o vil metal das dúvidas, as idiossincrasias e os desacordos, em ouro de certezas, semelhanças e acordos. Evidentemente, o segredo desta receita consiste em saber onde se encontra a certeza e o acordo antes de começar o processo. Se todos os homens são iguais, alguns deles o são mais que outros, como os animais de *Animal Farm* de Orwell. Como a decisão foi tomada, em determinado momento, de concentrar a atenção sobre aqueles que são mais iguais, não é surpreendente que a dependência tenha sido o catalisador escolhido para favorecer as transmutações requeridas pela influência social.

2
AS PRESSÕES EM DIREÇÃO À CONFORMIDADE

4ª proposição: As formas adotadas nos processos de influência são determinadas por estados de incerteza e pela necessidade de reduzi-la.

Nos seus primeiros estudos sobre a influência social, Sherif postulou que vivemos geralmente em um ambiente fluido e instável. Chegou inclusive a afirmar que esta fluidez e instabilidade constituem aspectos fundamentais de todo estímulo social. As normas nascem e se modificam quando há interação entre os indivíduos nestas condições de possibilidades múltiplas, de numerosas respostas potenciais e de ambiguidade. Estas são suas palavras:

> Em condições em que algum aspecto essencial não está objetivamente estruturado, o indivíduo se sente invadido de incerteza e sua possibilidade de ser sugestionável vai aumentando. Em outras palavras, é mais propenso a ser influenciado pelas palavras, ações ou diversas comunicações de outros indivíduos, de outros grupos e dos meios de comunicação social (SHERIF, 1969: 71).

Um aumento da ambiguidade, ou uma supressão dos critérios objetivos, traduz-se por um estado de incerteza interna nos indivíduos. A partir deste momento, estão predispostos a submeter-se à influência dos demais.

As proposições familiares que se seguem são formuladas com base nesta interpretação, e elas foram várias vezes verificadas:

a) Quanto menos estruturados são o estímulo, o objeto ou a situação em que se exerce a influência, maior será a influência.

b) A influência é muito maior quando está em jogo um estímulo social complexo, ou um juízo de valor, do que quando se trata de um estímulo material simples, ou de um juízo de fato.

Mas a incerteza pode ser provocada pelo estado interno do indivíduo. Acabamos de enumerar algumas das possíveis causas de tal estado: aptidões intelectuais, sensoriais ou características fracas. Outras pessoas se interpõem entre o indivíduo e o meio e atenuam estas fraquezas.

Kelley e Thibaut apresentaram bem o tema:

> Quando o problema em questão requer opiniões e juízos que não podem ser validados pela lógica, ou por testes empíricos, as pessoas tendem a buscar no acordo com os seus associados um apoio a suas opiniões. Parece que podem existir ao menos dois tipos gerais de relação entre o emissor e o destinatário de uma sugestão poderosa, determinando em que medida este último está de acordo com a sugestão e a aceita. Em certos casos, o destinatário pode ser considerado do ponto de vista instrumental como um "mediador de fato", em virtude de sua evidente habilidade, de sua credibilidade ou de sua honestidade. Em outros casos, o destinatário pode ser incitado a desistir do acordo com o emissor sem que intervenha sua "retidão". O acordo pode tornar-se um motivo independente. A força deste motivo parece depender, em parte, da força do apego positivo e da afeição pelo emissor. Assim, A pode ocasionar uma mudança de opinião em B, se B tem afeição por ele ou se ele fornece a B os meios de satisfazer algum desejo importante. Quando o membro do grupo sentir um forte apego positivo pelo grupo e seus membros, ele se orientará em direção à opinião modal expressa no núcleo do grupo (1968: 743).

Retornarei a esta declaração mais tarde. Neste momento, quero simplesmente chamar a atenção ao fato de que a intervenção de um "mediador" entre o indivíduo e seu ambiente é impensável quando esta pessoa é incapaz de dar conta da realidade. Mas, dever-se-ia levar em conta que no caso descrito por Sherif o "terceiro" é a norma, enquanto que no citado por Kelley e Thibaut o "terceiro" é um indivíduo ou o grupo... No primeiro caso, a influência mútua que se exerce equivale a procurar uma solução comum. No segundo caso, influenciar alguém significa utilizar o próprio papel – de *especialista*, por exemplo – para modificar o ponto de vista, ou a opinião do outro. Esta interação, contudo, seja externa ou interna, não está determinada por si mesma: é a relação com o objeto e com o ambiente que a determina.

Podemos acrescentar agora outras duas proposições às já expostas:

a) quanto mais insegura se sente uma pessoa em suas opiniões e juízos, maior é sua propensão a ser influenciada;

b) quanto menos segura se sente uma pessoa de suas aptidões sensoriais e intelectuais, mais disposta está a aceitar a influência de alguém a que atribui capacidades sensoriais e intelectuais superiores.

Tentou-se especificar qual destes efeitos pode ser atribuído à incerteza do sujeito e qual pode ser atribuído à ambiguidade do objeto, mas sem obter resultados conclusivos.

Não há razão para pôr em dúvida a exatidão destas afirmações. Gostaria de destacar algumas de suas conclusões, às quais dever-se-ia prestar, a meu entender, uma maior atenção:

a) numa situação em que as duas partes se sentem seguras de seus julgamentos e de suas opiniões, a influência social não tem lugar, pois ela não pode intervir de forma alguma, já que não existe uma incerteza a ser reduzida;

b) quando um grupo, um subgrupo ou um indivíduo estão seguros de algo, não se pode utilizar a influência para induzi-los a modificar suas opiniões ou seus julgamentos;

c) quando não há ambiguidade no estímulo, ou quando não é possível referir-se a um critério objetivo, não pode haver influência.

O indivíduo que tem um ambiente a seu favor, se estiver bem adaptado e puder reagir a ele corretamente, é capaz de resistir às pressões sociais e de escapar do incômodo resultante de sua interação com outros. Quando não possui um ambiente favorável, não se adapta nem reage corretamente, cede às pressões sociais e não pode escapar dos incômodos da interação. Em suma, quando alguém harmoniza com a natureza, não tem necessidade da sociedade; quando alguém não harmoniza com a natureza, tem necessidade da sociedade. É assim que se representa a interação em função das relações com esta parte do mundo material considerada como essencial.

Neste modelo teórico, a noção de incerteza desempenha um papel análogo àquele conceito-chave de promiscuidade em antropologia, àquele de escassez em economia, no sentido que ela representa para a sociedade, ao mesmo tempo, uma condição prévia e um motor inicial. Como se sabe, os antropólogos explicam a aparição da organização social pela necessidade de formular regras (a proibição do incesto, por exemplo), a fim de evitar as lutas e as desordens que existem entre os animais em estado natural. Da mesma maneira, os economistas veem no comportamento e na regulação do mercado uma espécie de necessidade imposta pela escassez e pela partilha desigual dos recursos na natureza. Do mesmo modo, para o psicólogo social a certeza é um recurso difícil de obter e, a fim de obtê-la, uma pessoa se associa ou se submete a outras.

A presença ou a ausência desta certeza determina o contraste entre as diferentes formas de influência. Se o indivíduo ou o subgrupo está inseguro, busca o apoio de um "mediador de fato". A influência está justificada. Mas se ele *não está* inseguro e se conforma, apesar de tudo, entram em jogo outros motivos (subjetivos): o desejo de ser aceito pelo grupo, o poder da autoridade etc.

Este tipo de análise inspirou as distinções antes mencionadas entre a influência social informacional e a influência social normativa, e entre a conformidade centrada na tarefa e a conformidade centrada no grupo. Cohen (1964: 106) escreve: "particularmente importante é, então, a distinção entre a necessidade de *status* e a necessidade de informação". A influência social pode ser aceita, seja na medida em que ela evoca o desejo do indivíduo de conservar seu *status* diante dos outros, seja na medida em que ela implica sua dependência com respeito aos outros no que se refere à informação relativa a si mesmo e ao mundo circundante. Podemos chamar o primeiro conjunto de motivos de adesão ao grupo: determinantes "normativos" ou "motivacionais"; e ao segundo conjunto: determinantes "informacionais" ou de "incerteza". Na situação normativa, a imagem que a pessoa forja de si mesma é um reflexo da relação referente às recompensas e às punições que ela pode receber dos outros. "Na situação informacional, a pessoa aceita os outros como fonte de influência porque ela os utiliza como fontes estáveis de informação para avaliar o mundo que lhe rodeia". Assim, neste caso, o desenvolvimento e a forma da influência social correspondem à necessidade do indivíduo: ele se submete devido a sua dependência. Se o indivíduo se submete devido a sua dependência, segue-se que o indivíduo não tinha necessidade do grupo e nenhum grupo poderia ter influência sobre ele.

Chegou, quem sabe, o momento de expressar a minha surpresa. O que nos disseram da diferença entre a realidade física e a realidade baseada no consenso social é plenamente convincente e foi verificado várias vezes. Mas o fato de que a convicção tenha sido tão espontânea e a verificação tão fácil deveria fazer-nos *mais* céticos e alertar nosso senso crítico. Por que razão uma pessoa, que não é capaz de tomar uma decisão exata por falta de instrumentos adequados de avaliação, suporia que as outras pessoas, que partilham da sua difícil situação, estão em melhores condições que ela para emitir um julgamento mais pertinente? Quando não existe certeza sobre a realidade física ou objetiva para qualquer indivíduo particular, também não há para nenhum outro. Se não existe relógio para marcar a hora, ou o martelo para provar a dureza de uma substância, a tentativa de um indivíduo de indicar a hora referindo-se à posição do sol, ou de estimar a dureza pelo tato ou visão, não será nem mais nem menos exata que a de qualquer outra pessoa que use os mesmos métodos. O conceito de ambiguidade dá lugar a observações similares. Se os indivíduos perceberem um estímulo como ambíguo, ou escasso, de objetividade, segundo a expressão de Sherif, e se sabem também que é assim, então a diversidade das avaliações é lícita e normal. Não se vê razão alguma para a qual eles deveriam se apressar em tentar entrar em acordo, nem como tal acordo os poderia tranquilizar sobre a validade de suas opiniões e de seus juízos. A natureza arbitrária dos resultados de suas trocas deve ser-lhes perfeitamente evidente. Inclusive, podem sentir-se aliviados ao constatar que não são os únicos a cometer um erro. Mas nada os autoriza a afirmar que eles tenham razão, ou que os outros a tenham. Neste momento, não é necessário dizer mais nada sobre o assunto, pois nós o abordaremos novamente mais tarde.

Retomando a questão da incerteza, está claro que a sua redução determina a fronteira entre a conformidade real e a simples submissão. Não existe relação necessária entre nossa convicção sobre o grau de verdade da opinião do grupo e o fato que nós aderimos a este, se somos pressionados a segui-lo, ou se nós sentimos o desejo de pertencer a ele. Podemos muito bem pensar uma coisa e dizer outra se vemos nisto uma vantagem, se desejamos obter a aprovação dos nossos semelhantes ou se temos alguma outra boa razão para comportar-nos deste modo. Correlativamente, quando acreditamos no que nos dizem, aceitamos o julgamento do grupo unicamente porque o nosso é incerto, ou muito difícil de verificar, ou por alguma razão deste tipo. No primeiro caso, trata-se de submissão; no segundo, trata-se de uma conformidade concreta. Ao menos é isto que afirma a teoria.

Uma das interpretações mais comuns sobre as experiências de Asch está de acordo com esta ideia. Tomemos, por exemplo, um indivíduo que compara uma linha modelo com outras três linhas. A dúvida interna é impossível, e a ambiguidade externa praticamente inexistente. A certeza é, pois, total. Por outro lado, sendo os juízos dos outros indivíduos que participam da experiência indubitavelmente falsos, o sujeito ingênuo, nosso indivíduo tipo, encontra-se diante de uma escolha clara. Se ele diz o que vê e o que ele sabe ser verdadeiro, ele está em acordo consigo mesmo e com a realidade. Mas ele arrisca desagradar aos indivíduos que constituem a maioria e que esperam que ele concorde com eles. Muitas vezes não é conveniente dizer ou ouvir a verdade; é possível que desperte na maioria a malevolência ou inclusive a hostilidade. Para evitar este risco o indivíduo dá uma resposta que é falsa, mas que parece conveniente. O conformista resolve seu dilema expressando publicamente uma opinião contrária à sua e ficando convencido da verdade de sua própria opinião.

Nem esta interpretação, nem as outras, foram objeto de verificações sérias. Esta é particularmente interessante, já que a interpretação é deduzida de uma proposição que descarta a possibilidade de mudança quando não há incerteza. Se, apesar de tudo, e para surpresa geral, fosse constatada uma mudança quando não deveria acontecer, a única saída era atribuí-la a circunstâncias externas e considerá-la como uma mera submissão superficial.

Recapitulemos algumas perguntas e as respostas pertinentes:

- Por que as pessoas sentem incerteza?

Resposta: Por que o estímulo é ambíguo, ou por que falta informação, confiança em si etc.

- O que justifica a existência da influência social?

Resposta: A redução da incerteza no estado interno do sujeito ou no estado interno do objeto.

Existe uma exceção relevante em tudo isto. E ela está indicada no trabalho de Asch. O autor não deu grande importância a estes estados de certeza ou de incerteza. Não tentou demonstrar que, em caso de incerteza, as pessoas tornam-se influenciáveis, ou que, quando se conformam ao grupo, devem pagar o preço da incerteza em suas próprias crenças e juízos. Contudo, quando suas pesquisas entraram na corrente geral (DEUTSCH & GERARD, 1955; JACKSON & SALTZENSTEIN, 1958), não se levou em conta seu caráter excepcional.

Já vimos algumas consequências às quais conduziram as perguntas e as respostas mencionadas. Mas ainda não fiz alusão às três hipóteses fundamentais:

a) A incerteza existe só no alvo, nunca na fonte.

b) A incerteza é percebida mais como um *dado* do que como um *resultado* da interação social; nasce no organismo, ou no marco ambiental, mas nunca no grupo.

c) A influência está motivada por fatores *pré*-sociais ou não sociais[1]: ela satisfaz a necessidade de um indivíduo reduzindo sua incerteza, e ela permite ao indivíduo adaptar-se ao ambiente, sem mais.

No conjunto, pode parecer que as condições sociais levam os indivíduos a se conformarem. Quando isto sucede, a intervenção do sistema social se limita ao restabelecimento do equilíbrio psicológico dos indivíduos e de suas transações com o mundo exterior. Em todos os demais casos, o conformismo não é desejável e é sempre puramente hipócrita. Trata-se a dar a César o que é de César. Mas isto, infelizmente, não se faz impunemente. Podemos começar submetendo-nos por cortesia, para logo passar a verdadeiros e amplos compromissos nos planos emocional e intelectual. Como dizia Diderot, os homens acabam acreditando nas opiniões que se veem obrigados a expressar em público. Em última análise,

---

1. "Um dos maiores determinantes da incerteza, e por isso da aceitação da influência social informacional é, pois, o quanto de habilidade uma pessoa percebe que possui para realizar o julgamento exigido. A habilidade, então, pode ser um dos principais fundamentos para a realização de comparações sociais diretas: a fim de reduzir a incerteza, uma pessoa sente a necessidade de aumentar sua própria habilidade" (COHEN, p. 113).

torna-se difícil distinguir entre a submissão e a conformidade autêntica. Mas essa é outra história.

5ª proposição: O consenso buscado através da troca de influência se fundamenta na norma de objetividade.

Provavelmente, esta proposição não é muito explícita, mas sempre intervém na análise das interações sociais, ao menos devido a suas consequências. Primeiramente, ela reflete a ideia do consenso social como adaptação ao mundo externo. Nenhum grupo, nenhuma sociedade, nenhuma ação pode ser concebida sem a existência de um acordo, um contrato entre os indivíduos participantes (ASCH, 1952; FESTINGER, 1950). Regras de conduta, preços de mercado, proibições, métodos científicos, padrões de julgamento, todas elas são instâncias de tal consenso, cada uma a seu modo. Elas intervêm nas interações humanas tanto como precondições quanto como finalidades.

Por que são elas procuradas e como sua busca influencia o intercâmbio? A citação que segue traz uma resposta a essa pergunta dentro da perspectiva adequada:

> Uma exigência fundamental do homem parece ser a necessidade de validar suas opiniões. Ainda que as informações inequívocas oferecidas pelo mundo físico contribuam à satisfação desta necessidade, o comportamento das outras pessoas constitui também uma fonte de verificação. Especialmente quando experimenta um sentimento de incerteza ou de confusão – quando não sabe como reagir –, uma pessoa pode observar os comportamentos de outras a fim de descobrir neles um mundo estável. Esta realidade social proporciona a eles um ponto de referência para seu próprio comportamento. Quanto mais ambígua for a situação não social que serve de estímulo, mais verossímil será que a pessoa se apoie na realidade social para orientar-se (SECORD & BACKMAN, 1964: 331).

A dicotomia usual entre a sociedade e o ambiente se expressa aqui de um modo explícito. Pode-se ler nas entrelinhas a acentuada oposição entre as relações com os objetos e as relações com as pessoas. O indivíduo está no centro da oposição: de um lado, tenta emitir um juízo correto e avaliar suas aptidões para fazê-lo. De outro, é-lhe dada a realidade que deve julgar e à qual deve adaptar-se. A realidade assim percebida corresponde à realidade física. É também uma *realidade solipsista*[2], posto que o sujeito não tem necessidade de ninguém para determinar suas dimensões, nem para identificá-la. Tudo o que é preciso para definir a cor de um tecido, a dureza de uma mesa, a hora, é olhar o tecido, bater na mesa, e dar uma olhada no relógio, ações que o indivíduo pode fazer por si só.

Mas, em outras circunstâncias, por ter de lidar com opiniões não verificáveis e objetos cujas características não são estáveis, somos incapazes de emitir um juízo imediato. Faz-se então necessário recorrer aos demais, a fim de que nos ajudem nos nossos julgamentos. Portanto, a visão da "realidade" que adquirimos deste modo pode ser qualificada de convencional, ou de comunicativa. É, evidentemente, uma visão social, por ser ao mesmo tempo produto do grupo e porque o indivíduo a aceita com a única condição de que é admitida pelos outros. Estabelecer o grau de democracia de um país, a beleza de um quadro, ou a hora numa sociedade tradicional pressupõe uma consulta e um acordo coletivo entre os membros do grupo sobre a base das diferentes observações que eles poderiam fazer a fim de fixar suas opiniões.

Supõe-se, pois, que os homens vivem em dois tipos diferentes de realidade, que sua existência fragmentada e heterogênea corresponde à fragmentação e à heterogeneidade existente entre o indivíduo e a sociedade. Esta distinção expressa a estrutura dos objetos e a disposição do ambiente. Definem-se assim as forças externas que obrigam o indivíduo a fazer transações e a chegar a um consenso com os outros.

Existem forças internas que atuam no mesmo sentido? Tais forças derivariam da atitude do "juiz" em relação as suas próprias capacidades. Festinger considera o desejo de avaliar corretamente as suas próprias capacidades como uma necessidade fundamental: uma necessidade individual e não social. Se o indivíduo está seguro de suas próprias capacidades, ele não sente a necessidade de levar em conta o juízo, ou as opiniões dos demais. Consequentemente, quando lhe falta esta certeza, vê-se obrigado a

---

2. Solipsista (do latim *solus ipsi* = por si só). Seguidor de uma doutrina filosófica segundo a qual o sujeito pensante não pode afirmar nenhuma existência, salvo a sua [N.T.].

comparar-se com outra pessoa próxima ou semelhante a ele. A teoria da comparação social, que acabo de evocar brevemente, trata de explicar por que tendemos a permanecer em um grupo, ou a dirigir-nos a ele e a afiliar-nos a outros.

Eu não contesto a bem fundada distinção entre a realidade física e a realidade social, nem mesmo a teoria da comparação social. Meu único objetivo é mostrar que tais distinções e teorias só têm sentido quando consideramos a hipótese de que a norma de objetividade regula o comportamento na sociedade. A hierarquia e a diferença entre estas duas realidades, a primeira dada por um mundo exterior e a segunda engendrada pela sociedade, apoiam-se no fato de que a primeira supõe que é mais objetiva que a segunda. O consenso, o acordo do grupo, são mecanismos de reposição nos quais é preciso apoiar-se sempre e quando a objetividade resulta inacessível. Não se pretende que os homens, diferindo em suas experiências e em seu grau de conhecimento, busquem uma verdade comum, tratem de descobrir um aspecto desconhecido da realidade ou de resolver um problema, e cheguem a uma solução por métodos sobre os quais previamente se puseram de acordo. O que se afirma é que, quando nenhuma realidade objetiva se apresenta por si mesma, as pessoas não têm outra opção senão buscar a verdade convencional que possa servir de substituta.

Isto vem esclarecer simultaneamente a noção de dependência. Em poucas palavras, a dependência é coextensiva às relações sociais e as relações sociais engendram a dependência. De fato, e como vimos repetidas vezes, segundo este modelo, a convergência, ou o intercâmbio, entre os indivíduos somente é necessário quando não há realidade objetiva, quando as circunstâncias são tais que a realidade objetiva não pode ser diretamente determinada. Por outro lado, a independência acompanha uma correta apreensão da realidade, com a possibilidade de determinar imediatamente seus *status* essenciais e com a certeza que possui o indivíduo de dispor de capacidades pessoais suficientes.

A oposição entre as relações com os objetos e as relações com as outras pessoas reflete simplesmente o contraste entre uma relação na qual o indivíduo é independente e encontra em si mesmo força suficiente para resistir à pressão social e uma relação na qual o indivíduo é obrigado a comparar-se com os outros e sofrer uma influência considerando a diversidade dos pontos de vista. Em consequência, na maior parte das experiências sobre a conformidade, considera-se que a autonomia se encontra reforçada quando se pede ao sujeito que formule uma afirmação precisa e diga o que vê, enquanto que se define e se manipula a pressão social como se representasse um obstáculo para a exatidão e uma fonte de erro. Aderir ao grupo, esperar chegar com ele a um consenso, equivale a tornar-se dependente dele e abandonar a independência garantida pelo mundo físico. É significativo a este respeito que Milgram (1965) se tenha sentido obrigado a inventar uma experiência mostrando que o grupo pode, às vezes, ser um fator de independência e de recusa social. Se a opinião contrária, a saber, que toda interação de grupo conduz necessariamente à dependência, não estivesse tão difundida, tal experimento dificilmente poderia ter sido imaginado como necessário e, *a fortiori,* publicado.

Esta fragmentação em um mundo social e um mundo não social, cada um com suas próprias realidades e relações, esta divisão em um mundo em que o consenso e a influência, graças à qual este se realiza, são indispensáveis e em um mundo onde ambos são supérfluos, reflete, falando em termos gerais, a ausência ou presença da objetividade: nesta concepção, a objetividade constitui, pois, a consideração fundamental. Mas o próprio consenso se considera como submetido à norma da objetividade, como provam os estudos nos quais o processo de influência social está diretamente ligado ao grau de estrutura do estímulo. Se os indivíduos se conformam, não é porque não possam suportar a ambiguidade, senão em grande parte porque julgam que a diversidade é inconcebível e que deve haver apenas uma única resposta à realidade objetiva. Se assim não fosse, que motivos teriam para adotar uma opinião diferente da sua? Em uma experiência de Sperling (1946), foi dito aos sujeitos que o fenômeno autocinético era uma ilusão ótica, ainda que tivessem direito a emitir seus juízos subjetivos. Não se produziu convergência nenhuma nem, portanto, influência alguma. Poder-se-ia afirmar a mesma coisa em relação às experiências de Asch. Insistindo na exatidão necessária das respostas e na objetividade dos estímulos, força-se, de certo modo, o sujeito a submeter-se ao grupo, em vez de resistir a ele, já que não pode haver, para um objeto físico e geométrico, realidade individual. "Em certas condições", escreve Asch, "como as que estão presentes na maior parte das situações descritas neste capítulo, a tendência a chegar a um acordo com o grupo é uma *exigência dinâmi-*

ca da situação. Fundamenta-se principalmente numa concepção clara e razoável das condições: cada um supõe que vê o que os outros veem. Partindo daí, todo indivíduo espera aproximar-se do grupo. Este esforço, longe de ter sua origem em tendências cegas à imitação, é o produto de exigências objetivas" (1952: 484).

Podemos agora compreender melhor por que um indivíduo, diante de um estímulo estruturado e diante de outros indivíduos que estão em desacordo com ele, ou que não estão melhor situados que ele para formular um juízo externo, começa recusando acreditar em seus próprios olhos e tende a aproximar-se aos demais aceitando em parte, ou totalmente, as respostas deles, em lugar de permanecer em sua própria posição e fiar-se de seu próprio juízo. Posto que se trata de fenômenos físicos, e é uma questão de medida, as respostas múltiplas e complementares ficam descartadas e o acordo só pode produzir-se em torno a uma única resposta. É muito improvável que o acordo tenha por base sua própria resposta, já que os outros estão totalmente, ou em parte, de acordo; daí a tendência de certos indivíduos a ceder. A exigência dinâmica da situação a que se refere Asch é precisamente este consenso; não obstante, trata-se de um tipo especial de consenso, a saber, um consenso a propósito do que é verdadeiro ou falso.

A norma de objetividade desempenhou um papel importante nos trabalhos teóricos e experimentais sobre a influência social. Com sua relevância em um plano cultural, ela tornou-se parte integrante do comportamento e dos princípios que definem as relações interpessoais e intergrupais. A norma de objetividade foi inclusive reificada como uma dimensão intrínseca das relações e dos comportamentos sociais, fazendo, com isso, que ela se mostrasse

- como uma necessidade *quase* biológica: a necessidade de avaliação;

- como uma propriedade *quase* física do meio ambiente, através da oposição entre ambiente estruturado e ambiente ambíguo (o primeiro sendo mais objetivo que o segundo).

A perspectiva fica assim reduzida, em primeiro lugar, porque não se levou em conta o que se passa nos casos de julgamentos e pontos de vista múltiplos, que são todos igualmente exatos e plausíveis. Teoricamente, tal pluralidade é inconcebível, no momento em que tomamos consciência que a objetividade implica um juízo único. Em segundo lugar, a perspectiva foi restringida porque nos recusamos a abandonar a ideia segundo a qual a influência social não pode exercer-se sobre juízos de "preferência", senão unicamente sobre juízos de "atribuição".

"Tais preferências pessoais", escreve Crutchfield, "estando muito afastadas da importância dada aos padrões grupais, parecem tornar-se mais imunes às pressões grupais" (1955). Sem uma verificação experimental clara, a maior parte das explicações que foram dadas apoiam-se na ideia de que os juízos de atribuição têm um fundamento objetivo que faz falta aos juízos de preferência. Se as diferenças entre os indivíduos são intoleráveis quando se referem a um atributo físico, elas passam a ser perfeitamente aceitáveis quando se trata de preferência, pois "de gostos e de cores não há o que discutir". É uma maneira indireta de admitir que inclusive os gostos e as cores podem dar lugar a conflitos, mas que o acordo social permite evitá-los. Poderíamos acrescentar que, de fato, discutimos mais de gostos e cores que de pontos em movimento ou de linhas de longitude igual.

Finalmente, os psicólogos sociais, com algumas exceções (KELLEY & SHAPIRO, 1954), adotaram o ponto de vista segundo o qual a verdade tem mais possibilidades de ser apreendida pelo grupo ou indivíduo que possuam os recursos sociais e materiais necessários para fazê-lo. Prestou-se pouca atenção às condições em que a verdade não se apresenta diretamente, ou nas que aparenta ser um erro ou uma aberração (como parece ter ocorrido com a maior parte das grandes teorias e dos descobrimentos científicos).

Concebeu-se, pois, o processo de influência como associado à norma de objetividade. Como não é esta a única norma que rege os intercâmbios sociais, penso que esta concepção é o reflexo de uma certa opção, de um modo particular de definir estes intercâmbios. Avançando mais, esta opção implica que as relações com os outros estão subordinadas às relações com os objetos. Ainda assim, implica que se atribua a estes últimos um papel decisivo, ativo, deixando somente aos primeiros um papel derivado ou reativo no que concerne o desenvolvimento e o comportamento individuais. Este papel é, na realidade, de uma insignificância irrisória, posto que, segundo esta análise, o grupo ou a sociedade só entram em jogo em caso de deficiência ou de impotência. O ser humano autêntico, completo e bem adaptado, encontra soluções por si só sem depender dos demais.

Mas tal escolha teórica não tem nada de novo nem de surpreendente. Reflete, como observamos antes, a adoção pela psicologia social da teoria segundo a qual os homens criaram normas e relações sociais para suprir as imperfeições da natureza, e da teoria epistemológica segundo a qual a verdade objetiva é independente de nossas ideias ou teorias. Pensava-se, e ainda se pensa, às vezes, que o indivíduo adquire informações através dos seus sentidos, que tem acesso direto aos dados e que, a partir destes dados, tira conclusões objetivas que realmente se impõem a ele. Essa situação se modificou um pouco faz vinte anos. A epistemologia genética, de um lado, nos ensinou que os dados são fruto de operações intelectuais e da ação do que percebe e, consequentemente, não estão isentos de ambiguidade. Neste sentido, Piaget fala do "mito da realidade dada". Por outro lado, a história da ciência chegou à conclusão de que tudo que é considerado verdadeiro, real ou objetivo, é em função do paradigma (KUHN, 1962), ou do sistema de disciplinas dos grupos de cientistas e pesquisadores. O que significa que a objetividade é um produto, ao mesmo tempo, individual e social, e que nenhuma realidade pode ser física sem ser, em boa medida, social. A evidência de nossos sentidos se torna, assim, a evidência de nossa cultura. Ainda, a etologia demonstrou que o elemento social constitui parte e parcela do que é individual e biológico. A sociedade não existe só para encher um vazio da natureza, mas para ser seu complemento. Não há, pois, razão alguma para opor o indivíduo à sociedade, nem para pensar que existem áreas da vida onde a influência social é impossível ou ineficaz.

Não desejo me aprofundar no terreno da metafísica e tampouco insistirei mais neste amplo problema. Mas voltarei sobre ele mais adiante, a fim de emprestar a esta discussão uma base científica e empírica.

6ª proposição: Todos os processos de influência são considerados a partir do ângulo preferencial do conformismo e se supõe que o conformismo seja a única base de suas características essenciais.

Trata-se do que denominarei de viés do conformismo na reflexão sobre a influência social e, de forma mais geral, no conjunto da psicologia social. Pode parecer que exagero o problema. Seria mais honesto e, quem sabe, até mais eficaz, minimizá-lo. Não vou negar que existe certa divergência de opiniões neste tema. Mas, no conjunto, estou convencido de que esta proposição é verdadeira e corresponde ao modo em que as pessoas, cientistas ou não, veem o processo de influência.

A análise atenta do trabalho efetuado neste campo deixa pouco lugar à dúvida. Supõe-se que a influência social, qualquer que seja, conduz ao conformismo, e que o conformismo é o único fenômeno de interação ligado à influência. Uma vez colocada esta identificação como ponto de partida, não é estranho que todo movimento deva ser considerado como afastando-se do indivíduo e movendo-se em direção ao grupo, e que as variações esperadas sejam mudanças de opinião da parte do indivíduo. Tal como expressa Kiesler (1969), depois de ter revisado a bibliografia especializada: "Quando estudamos o conformismo" (emprega este termo para resumir tudo o que se refere à influência social), "estudamos a mudança em direção ao grupo, isto é, o movimento que intervém nas crenças e nos comportamentos e que os faz mais conformes àqueles dos outros membros do grupo" (p. 3). Declara que a influência se manifesta por "uma mudança de comportamento ou de crença em direção ao grupo, mudança resultante da pressão real ou suposta do grupo" (p. 2).

Partindo desta perspectiva, a pesquisa neste campo se limitou exclusivamente a explorar:

a) a natureza do indivíduo e os fatores sociais que determinam a submissão de um indivíduo ao grupo;

b) o papel das pressões para a conformidade sobre o equilíbrio psicológico, individual ou coletivo;

c) as condições internas – ansiedade, necessidade de afiliação etc. – que tornam um indivíduo dependente (mais que as que o tornam independente);

d) as condições externas – ambiguidade do estímulo, hierarquia etc. – que tornam o indivíduo mais (em vez de menos) sensível à influência.

Este programa de pesquisa assume como ponto de partida o modelo funcionalista, ao que se acrescentam alguns axiomas, a saber:

a) O consenso com o grupo e seus representantes é, em todas as circunstâncias, não só necessário, mas também preferível ao isolamento.

b) A conformidade é favorável ao desenvolvimento social e individual. O desvio é nocivo, perigoso e prejudicial a este desenvolvimento.

c) A socialização bem-sucedida e a aprendizagem levam à conformidade, enquanto que o desvio é o sintoma do fracasso – uma prova de que as recompensas e os castigos não foram corretamente administrados: "Esses e outros achados", escreve McGinnies, "tomados em conjunto, sugerem que a relativamente alta incidência de vários tipos de não conformidade, que comumente deveriam produzir reações que afastam de outros, é atribuível à irregularidade com que tal comportamento é concretamente punido. Por exemplo, os reforços para um comportamento criminoso (dinheiro, propriedade, vingança) são geralmente imediatos e contínuos, enquanto que as sanções negativas (multas, prisão) são feitas apenas algum tempo depois, quando são feitas" (1970: 104).

d) A conformidade é o mediador das trocas entre o grupo e o indivíduo: "Em geral, a conformidade é considerada como o 'bem' ou o produto da troca, e a aprovação social como elemento de reforço ou intermediário da troca. Com isto quer-se demonstrar que entre a aprovação social e a conformidade existe uma troca análoga à dos bens econômicos" (NORD, 1969: 183).

O viés de conformidade não determinou somente o programa de pesquisa. Influiu, igualmente, no modo de enfocar as ações dos indivíduos e a inovação nas raras ocasiões em que estes temas foram estudados. Jones (1965), por exemplo, perguntava-se como uma pessoa com pouco poder podia modificar a atitude de outra que detinha um poder superior. A única estratégia que lhe veio à mente foi a de ganhar o favor do outro. A pessoa que ocupa uma posição social mais desfavorável deve, a fim de contrabalancear a assimetria da relação, recorrer à amabilidade e às adulações de modo a apresentar-se com uma imagem mais favorável ante a pessoa mais poderosa que ela. À medida que o indivíduo dependente se torna mais agradável, o indivíduo poderoso pode sentir-se disposto a outorgar-lhe favores, antes de restringi-los. Como se vê, faz-se uso de uma espécie de conformidade para possibilitar uma influência recíproca que permite a modificação das relações, das opiniões e dos comportamentos existentes. Sabemos que há outros modos de enfocar as coisas; mas é significativo que ninguém os tenha levado em consideração.

A mesma mentalidade presidiu o estudo da inovação. Não se pode esquecer que em certas teorias sociológicas, especialmente a funcionalista e a utilitarista, olha-se para a inovação como um tipo de desvio, e aos inovadores como uma subcategoria da categoria geral dos desviantes. Com semelhante definição da inovação e semelhante classificação dos inovadores não é estranho que as pesquisas tenham se concentrado no seguinte problema: em quais condições pode uma minoria ser desviante, ou não conformista, sem ser expulsa do grupo ou submetida a suas sanções? Isto equivale a perguntar-se quem tem direito a desviar-se e a afirmar seu desvio em uma sociedade dada. A resposta é óbvia: aqueles que já possuem o poder.

Hollander (1958) expôs este ponto de vista de maneira mais detalhada que Kelley e Shapiro (1954), Ziller e Behringer (1960), ou que Harvey e Consalvi (1960). Ele lançou a hipótese segundo a qual, em um grupo, cada indivíduo possui certo "crédito idiossincrático" (*idiosyncrasy credit*) que representa uma acumulação de disposições favoráveis dos demais para com ele. Quanto maior é seu crédito, maior é a confiança que lhe outorgam seus semelhantes e em melhores condições se encontram para desviar-se e agir sem levar em consideração a maioria. Hollander demonstrou em várias experiências que o indivíduo, seja por sua competência, ou por sua adesão aos objetivos do grupo, adquiriu um amplo "crédito específico", pode permitir-se atuar de modo não conformista e continuar exercendo uma influência.

Os resultados destas experiências e a hipótese que os sustenta parecem estar em contradição com outras experiências e com a opinião geral de que os líderes devem habitualmente seguir mais de perto as normas do grupo que os demais membros e devem respeitá-las mais estritamente. Hollander tentou conciliar os dois conjuntos de fatos, demonstrando mediante experiências que se trata de uma sequência temporal de fenômenos. O indivíduo deve começar sendo conformista, deve alcançar um *status* elevado, uma situação de domínio, ou tornar-se popular. Então pode exigir mudanças, afastar-se da norma, e isto em proporção à dependência que impôs aos outros em relação a si mesmo e a competência que estes lhe reconhecem.

Todas estas pesquisas pressupõem, pois, que:

a) é possível adotar uma iniciativa inovadora quando o movimento se realiza de cima para baixo da escala social ou psicológica;

b) a minoria pode influenciar a maioria, com a condição de já possuir poder ou recursos (o termo "crédito específico" engloba, em geral, tudo o que concerne à competência, à afeição etc.), e pode desviar-se impunemente;

c) não há conflito entre o agente social que está na origem da mudança e o grupo que a aceita. Ao contrário, o agente social deve estimular e recompensar, se quer ter êxito: "Diríamos que seu comportamento deve ter-se tornado positivamente reforçador aos outros membros do grupo se ele quiser se tornar um modelo para o desempenho deles" (McGINNIES, 1970: 173).

Estas suposições têm um aspecto paradoxal no sentido em que explicam como se chega, mediante a conformidade, ao resultado objetivo da inovação. Isto aparece de forma evidente quando se examinam mais de perto as diferentes fases do processo que acabamos de descrever:

1ª fase: um indivíduo adquire autoridade sobre o grupo tratando de aderir às suas normas e aos objetivos;

2ª fase: o indivíduo modifica as normas e os objetivos do grupo, e os outros lhe seguem inevitavelmente porque dependem dele e porque ele agora representa o grupo.

Tanto na primeira quanto na segunda fase, só entra em jogo o conformismo. Não deixa de ser surpreendente que em nenhuma das duas fases exista propriamente um desviante, a não ser, quem sabe, o próprio grupo. O líder, o indivíduo dotado de poder ou de competência, começa por fazer o grupo tomar consciência destas qualidades. Logo, tudo o que resta fazer é utilizar o poder exorbitante que implicitamente se outorgou para modificar os juízos ou as atitudes. O habitual esquema teórico e empírico de denominação e controle social pesa sobre os dois casos de inovação antes mencionados: o da pessoa que, possuindo pouco poder, busca influir em outra pessoa mais poderosa agradando-a para obter seus favores, e o do indivíduo que utiliza seu "crédito específico" para fazer inovações.

Mas por que uma pessoa age assim? Que motivos pode ter para utilizar a fundo seu crédito? Quais pressões podem incitar-lhe a promover a mudança? Evidentemente, existem indivíduos e líderes de mente aberta que avançam motivados por seus próprios "discípulos". Mas não é esta uma situação típica. Além disto, é frequente que a atitude dos indivíduos e dos grupos que tiveram um grande impacto sobre nossas ideias e nossa conduta se caracterize por uma estrita intransigência e uma negação total a conformar-se. Temos, sobre este fato, exemplos ilustres: Copérnico em astronomia, Galileu em mecânica, os milenaristas na história religiosa, os igualitaristas na história social, Robespierre e De Gaulle em política etc. É sintomático que em psicologia social se apresente a inovação, ou o não conformismo, como uma consequência natural da liderança e do poder, que contribui à manutenção do predomínio do líder e das relações de poder existentes; não se leva em conta que as inovações conduzem à substituição dos antigos líderes por outros novos, ou a uma mudança nas relações de poder. Esta ocultação é, a meu juízo, um sintoma claro do viés do conformismo.

As seis proposições que apresentei interferem entre si, como era de esperar, já que derivam umas das outras e formam parte de um sistema coerente único. Contudo, era necessário formular cada proposição separadamente, porque cada uma delas esclarece um aspecto diferente do mesmo fenômeno e, de modo mais geral, do comportamento social tal como é concebido atualmente. Os trabalhos de pesquisa e as teorias nem sempre assumiram como ponto de partida as proposições simultaneamente nem outorgaram a mesma importância a cada uma delas.

Consideradas em conjunto, estas proposições refletem um modo de apreender a realidade social e a escolha, nesta realidade, de um segmento ou nível considerado como digno de interesse.

Tais proposições devem sua popularidade aos manuais que as cristalizaram e transformaram em elementos relevantes do sentido comum. Quando se examina de perto seu sentido exato, como fizemos aqui, é mais fácil precisar seu alcance e seus limites. Reconhecemos que refletem fenômenos que correspondem a nossa experiência e que merecem ser conhecidos. Não podemos, de modo algum, declarar como falsas ou inoportunas tais proposições.

Não obstante, temos a impressão inequívoca de que, ao limitar-nos a estas proposições, deixamos de lado outros aspectos de nossa experiência que merecem, também, ser conhecidos. Parece que uma parte, ou um nível da realidade, situa-se fora do alcance destas proposições. Dito de modo mais preciso, um bom número de problemas, ou de elementos essenciais, concernentes à influência social se encontram enquadrados de modo fortuito na mesma categoria, ou ficam totalmente ignorados. A segunda parte da presente obra tratará mais a fundo de algumas destas confusões, imprecisões e enigmas. Para tal me concentrarei nos elementos mais construtivos deste estudo, o que nos ajudará a ampliar nosso ponto de vista e abrir novas perspectivas.

3
O CONFRONTO ENTRE A LÓGICA DAS TEORIAS E A LÓGICA DOS FATOS

1 Por que certos aspectos da realidade foram excluídos de nosso campo de pesquisa?

Em toda sociedade científica o objetivo das teorias e dos métodos é sondar em profundidade uma parcela significativa da realidade. É necessário reconhecer que as teorias e os métodos correntes da psicologia social tiveram, em muitos casos, que ficar na superfície da realidade. A psicologia social abordou apenas superficialmente o fenômeno do desvio, considerando-o somente em relação ao conformismo. Poucos estudos examinaram as condições em que uma minoria pode tomar iniciativas inovadoras e mudar as normas do grupo. A função da independência dentro do grupo tampouco foi objeto de pesquisas. Já dissemos, e repetiremos, que esta seletividade não é função dos fundamentos teóricos da ciência, senão, simplesmente, o reflexo das preferências dos que trabalham neste campo. A eleição dos temas de pesquisa é, finalmente, questão de gosto e inspiração.

Na verdade, serei o último a recusar uma das raras liberdades que restam aos pesquisadores, cujo número vai se restringindo. Gostaria, no entanto, de protestar contra a coerção implícita, a sutil tirania do modelo que esbocei acima e que proíbe a exploração da realidade em toda sua riqueza e toda sua diversidade. Porque, se houve opção, esta opção esteve determinada pelas restrições do modelo, que impôs limites nas questões que podiam ser feitas e nas respostas que podiam ser buscadas. Para prová-lo, tomarei dois exemplos em domínios que são particularmente familiares para mim: o desvio e a inovação.

O desviante sempre foi descrito como um indivíduo que tinha necessidade dos demais; privado de recursos psicológicos independentes, ele está pronto para consentir com as opiniões e com as decisões da maioria e da autoridade. O estado de desvio, o fato de ser diferente, é considerado como uma situação incômoda, com conotações puramente negativas. Os exemplos que são habitualmente mencionados são os da delinquência, da perversidade, da inferioridade psicológica e intelectual. Há alguém que possa, em certa medida, colocar em dúvida a exatidão destas hipóteses? Temos de admitir que o desviante aparece com tais características quando considerado um conformista em potencial. Se o consideramos de um outro ângulo, é possível ver nele um indivíduo que se esforça em ser independente, que se inclina a rejeitar a influência e a autoridade do grupo, que tende a impor seu próprio ponto de vista. Em outras circunstâncias, o fato de ser diferente reflete uma necessidade de diferenciar-se dos outros e o desejo de afirmar o que ele crê e julga importante.

O fato de ser diferente traz consigo problemas e tensões. De certo modo, é preciso ser mais forte e mais firme para superar as concepções convencionais e enfrentar a maioria, do que para seguir as opiniões do grupo e se amparar atrás da maioria. Quando se teve conhecimento dos trabalhos de Freud, ele e seus discípulos foram considerados, no início, "não só como perversos sexuais, mas como psicopatas, obsessivos ou paranoicos, e se viu neles um verdadeiro perigo para a comunidade" (JONES, 1961: 299). Seus colegas, neurologistas, psiquiatras e psicólogos, indignaram-se; as críticas e as discussões hostis proliferaram nas revistas e nas obras profissionais. Estimou-se que a psicanálise não era de origem germânica (que ironia quando se lembra quem foram os primeiros psicanalistas!). Freud permaneceu impassível diante de tais atitudes. "A única resposta que se dignou dar a este dilúvio de críticas foi a mesma de Darwin: publicar outras provas em apoio de suas teorias. Depreciava a estupidez de seus adversários e deplorava sua infâmia" (JONES, 1961: 306).

No terreno da política, pensemos no ataque do Senador Fulbright contra as cassações de comunistas do período sombrio do maccarthismo. Nos anos de 1950 começou uma campanha de difamação contra os comunistas, uma caça às bruxas que, de modo geral, adotou como alvo todos os que professassem ideias da esquerda ou inclusive tivessem tendências liberais. O processo Oppenheimer é ainda uma lembrança recente. Fulbright foi o único senador que se opôs a destinar 214.000 dólares ao subcomitê

McCarthy e que teve a ousadia de negar-se a votá-lo. Os demais senadores se dobraram ante o medo desatado por McCarthy nos Estados Unidos. Esta posição "desviante" e isolada adotada por Fulbright não deixava de ser perigosa. Ameaçaram-no, atacaram-no, foi acusado de comunista. Estes ataques não o desanimaram. Em muitos discursos denunciou o perigo que representava o maccarthismo para os princípios democráticos. Como consequência, e graças às audiências televisivas, pôs-se fim à carreira política de McCarthy.

Tais exemplos nos oferecem a prova de que o não conformismo e a marginalidade expõem os indivíduos às duras experiências do insulto, ao ostracismo e, inclusive, à perseguição pela defesa de uma crença, de um comportamento, de um setor do saber. Mas estes esforços têm sua recompensa. Do contrário, não teriam existido tantas personalidades e subgrupos religiosos, políticos, artísticos e científicos capazes de afrontar fortes pressões durante longos períodos para levar, finalmente, a bom termo determinadas mudanças essenciais. As monografias históricas, a correspondência de personalidades excepcionais ou de importância secundária, a biografia de tantos sábios ou combatentes da liberdade e justiça, mostram que se trata de uma situação que pode ser vivida como psicológica e socialmente positiva.

Limitemo-nos no momento à bibliografia especializada. Pretendeu-se que os desviantes tivessem mais possibilidades de ceder do que os conformistas. As provas experimentais sobre este tema são muito insignificantes e foram aceitas com excessiva precipitação. Kelly e Lamb (1957) tiveram oportunidade de observar que os indivíduos mais extremos eram também os menos influenciados. Jackson e Saltzenstein (1958) descobriram que os membros que mais estritamente se identificam com o grupo são mais conformistas que os membros marginais. Mas a obra citada anteriormente de Freedman e Doob (1968) nos oferece um material particularmente abundante. Estes autores trataram de comprovar experimentalmente como o desvio, percebido como tal, influenciava no comportamento. Conseguiram estabelecer claramente a diferença que separa os indivíduos que se consideram desviantes dos que não se consideram como tal. Para isso pediram aos sujeitos submeter-se a testes de personalidade e lhes ofereceram os resultados, aos que agregaram dados falsos, supostamente obtidos, passando a outras quatro ou cinco pessoas os mesmos testes. Esta informação desempenhou um papel de retroalimentação (*feedback*): o sujeito foi classificado ou como desviante, ao final da curva de probabilidade, ou como fazendo uma pontuação média. Em consequência, o sujeito foi levado a considerar-se como semelhante ao grupo, ou como diferente em certos traços de personalidade. Logo, numa segunda experiência, os autores tentaram medir o impacto desta autoavaliação no sujeito.

Estes foram os resultados: em primeiro lugar, os sujeitos identificados como desviantes mudaram com maior facilidade quando a fonte de comunicação era um de seus iguais, do que quando se tratava de uma personalidade que representava a autoridade, enquanto que os não desviantes reagiram em sentido inverso. Em segundo lugar, numa situação em que se esperava a submissão, os desviantes se submeteram com maior facilidade aos não desviantes, que aos outros desviantes. Mas os não desviantes se submeteram mais facilmente aos desviantes que aos outros não desviantes. De forma geral, é certo que os desviantes se conformaram menos que os não desviantes.

Para evitar as conclusões prematuras não vou afirmar que os desviantes sejam menos influenciáveis do que os não desviantes, coisa que não teria nada de estranho, já que um grupo inclui indivíduos e subgrupos que já se conformaram uma vez e não têm motivo algum para o não seguir fazendo. Por outro lado, o respeito aos fatos nos obriga a sublinhar a ideia que brota deles, a saber, que a relação entre desvio e dependência não está claramente definida, e que a propensão do desviante à conformidade não é maior, em todo caso, que sua propensão à autonomia. Os indivíduos desviantes resistem à influência e tendem a se mostrar impermeáveis às ordens que vêm de cima. Podem também ter uma influência nos não desviantes, quer dizer, sobre os membros do grupo que constituem a maioria.

Estas conclusões não têm nada de surpreendente. Mais surpreendente é que foram julgadas como evidentes sem que ninguém tenha reparado que estavam em contradição com as teorias correntes. Sem dúvida era difícil estabelecer, por um lado, uma correlação entre o desvio e a independência e, por outro, entre a conformidade e a independência. Se os autores tivessem chamado a atenção para a relação existente entre desvio e independência, ver-se-iam obrigados a examinar mais atentamente os conceitos de "mau" e de "bom"; o desvio diante do grupo é considerado como disfuncional e insuportável, enquanto que o desejo de ser fiel a si mesmo, de ser um indivíduo único, é estimado em nossa sociedade como um alto valor moral. Por outro lado, a independência nunca é considerada como um desvio, nem o desvio como uma forma de independência, pois a primeira fica dentro dos limites das normas e da decência, enquanto que a segunda subverte os fundamentos da sociedade e tende à anomia. Em relação à conformidade, a independência constitui uma fronteira, uma barreira levantada contra a sociedade, uma aliança com a realidade física contra a realidade social, uma tendência a observar uma situação e extrair dela conclusões objetivas em lugar de seguir a massa. A conformidade representa a "fraqueza" e a independência representa a "força" – dificilmente pode-se imaginar que elas coexistam em um mesmo indivíduo.

Há, em tudo isto, implicitamente, uma filosofia generosa, ainda que discutível: razoável, ainda que habitualmente não de acordo com a vida. Na vida real, a independência contém uma grande porcentagem de não conformismo, de desejo de ser diferente; os indivíduos verdadeiramente independentes tendem a expressar-se, a esforçar-se por influenciar nas opiniões do grupo. Mais interessados pelos valores que pelas situações reais, e preocupados pelas relações de dependência, os que estudaram a influência social somente viram no desvio o aspecto que se apresenta como o inverso da dependência.

Vejamos agora como se tratou o tema da inovação. É um fato bem conhecido que a inovação foi objeto de escassas pesquisas e suscitou poucas tentativas de análise teórica. A razão pela qual dedico uma atenção especial à inovação não é tanto, ou não unicamente, devido a sua importância como fenômeno social determinante de numerosas relações sociais. A inovação ocupa um lugar especial porque ela permite – na realidade, nos impõe – revisar todo o contexto empírico e teórico de nosso trabalho e ver os intercâmbios sociais com outros olhos. Pode-se ou não estar de acordo com o enfoque sociológico de Homans, mas há que reconhecer-lhe o mérito de ter expressado claramente uma concepção muito difundida, e de ter suscitado a única tentativa sistemática que se fez em psicologia social de estudar a teoria da inovação de Hollander. Homans se esforçou em precisar por que encontramos menos conformismo em ambos os extremos da escala social. Os indivíduos que gozam de um *status* social elevado, sentem-se livres para dar respostas diferentes das da maioria e de não considerar a maioria quando agem, porque, ainda que cometam um erro (por exemplo, não reagindo como a maioria nas experiências em que a manipulação tratava de induzir a maioria a dar uma resposta em parte falsa, mas que era correta), não serão penalizados. Uma rápida perda de prestígio não tem importância para eles. Correlativamente, se sua independência se traduz em uma opção correta, o prestígio destes indivíduos será reforçado e seu *status* superior confirmado. Assim, pois, para indivíduos que possuem um *status* ou categoria superior, a balança se inclina a favor do não conformismo.

O que ocorre com um indivíduo de *status* inferior? Ainda que ele siga o grupo, ou que escolha uma linha de conduta independente, não tem muito a perder porque já está na parte inferior da escala. Mesmo que cometa um erro, que anuncie algo contrário ao que vê, ao que pensa, simplesmente para estar de acordo com o grupo, ele não chama muito a atenção. Desgraçadamente, se ele conforma sua conduta àquela do grupo e este último tem razão, ele ganha menos ainda, se isto for possível, pois não faz nada mais do que agir como todo mundo. Por outro lado, se tal indivíduo adota uma linha de conduta independente e resulta que sua resposta é a certa tem, quem sabe, uma oportunidade de que sejam reconhecidos pelo grupo seus talentos e aptidões. O não conformismo e a rebeldia contra a maioria oferecem algumas vantagens evidentes; as pessoas ou os subgrupos com um *status* inferior, igual ao proletariado (se recordamos a Marx), não tem outra coisa a perder senão seus próprios grilhões.

Esta análise de Homans (1961) explica por que o não conformismo e as iniciativas impulsivas e a oposição às normas do grupo podem ser observadas nos dois extremos da hierarquia social. Esta análise, contudo, é precária. Não leva em conta as crenças dos indivíduos e os grupos, suas aspirações a transformar, por exemplo, as relações de poder da sociedade ou os dogmas de uma ciência. Tampouco leva em conta o fato de que, apesar dos riscos que correm, os indivíduos e os grupos se oporão às maiorias e tentarão modificá-las. O lema de Guillermo de Orange ilustra este ponto: "Não é necessário esperar para empreender, nem triunfar para perseverar".

Mas aceitemos, por enquanto, a análise de Homans. Se o fizermos, será bem interessante ver como aqueles que o seguiram somente se preocuparam em estudar o comportamento inovador e o não conformismo no topo da escala social. Por exemplo, Hollander pesquisou somente o comportamento do indivíduo que deseja vivamente ser aceito e amado pelos membros do grupo, a fim de acumular os "créditos" necessários para ser um líder, "mostrando sua competência e conformando-se a suas expectativas" (HOLLANDER, 1964: 195). Uma vez alcançado este objetivo, o indivíduo, que agora se encontra no topo, pode provocar mudanças se assim o desejar, pode permitir-se desvios, sem perder nada de sua influência. Parece existir um consenso em apoio à ideia de que, em um grupo, a inovação vem do líder.

A este propósito citarei duas passagens muito similares, mas que foram extraídas de manuais cuja orientação geral é muito diferente. "Por outro lado, outro aspecto do papel do líder exige que este se afaste, às vezes, da norma. É ele quem mantém maior contato com os elementos do sistema social exterior ao grupo. Em certas circunstâncias o grupo deve mudar se quer funcionar com eficácia. O papel do líder é então introduzir modificações na norma" (SECORD & BACKMANN, 1964: 345). "Uma das responsabilidades do papel do líder é a inovação, o estabelecimento de novas normas e a experimentação de novos métodos que permitem dar conta do mundo exterior ao grupo. Assim, o líder ganha crédito ainda que se distancie do modo de agir habitual. Às vezes se espera que os líderes não se conformem e seu conformismo instalaria uma perda de posição" (JONES & GERARD, 1967: 416).

Se tomássemos estas proposições ao pé da letra, precisaríamos dizer que

• as pressões que levam à inovação nascem fora do grupo;

• esta pressão à inovação se exerce somente sobre o líder, por ser o único membro do grupo que está em contato com o mundo exterior;

• a inovação pressupõe, geralmente, o risco de uma perda de popularidade ou de uma redução do "crédito específico" etc.

O caráter restritivo da proposição fundamental, na qual se apoiam estas afirmações, salta aos olhos. A história das inovações e das revoluções demonstrou, sem dúvidas, que os indivíduos de posição pouco elevada ou marginal mantém, por razão de sua situação na periferia do grupo, um contato mais estreito com o mundo exterior que os indivíduos de posição elevada, que se encontram no centro do grupo. Mesmo no caso dos primatas, observou-se que as iniciativas de coleta de alimentos, por exemplo, nascem no subgrupo dos machos "solteiros", que se mantém na periferia do grupo. A motivação dos indivíduos marginais para introduzir mudanças, seu alto grau de receptividade à mudança, são fatos tão conhecidos de todos que não é preciso insistir neles. Ademais, uma iniciativa original, um comportamento inovador, implicam riscos evidentes para todo indivíduo cuja posição na sociedade está bem estabelecida, enquanto que é também evidente que tal iniciativa, ao vir de um indivíduo ou de um subgrupo que espera avançar da periferia ao centro do sistema social, supõe tantas, senão mais, vantagens quanto riscos. Por último, não se pode esquecer que quando os líderes inovam, o fazem, com frequência, em resposta a uma pressão interna que exercem subgrupos ou indivíduos situados numa posição inferior.

Estas análises: "o cálculo social" de Homans e o "sistema de crédito" de Hollander teriam uma real importância na explicação da influência e da inovação? Um estudo de Wahrman e Pugh (1972) nos mostra que, ao menos até agora, elas não têm. Na experiência destes autores, estabeleceu-se a um grupo composto de quatro sujeitos ingênuos e um cúmplice, uma tarefa que exigia uma escolha de grupo a propósito de uma estratégia. Pediu-se que chegassem a um acordo sobre uma linha de uma matriz 7 x 7 que maximizaria seus lucros se eles previssem igualmente com exatidão a coluna escolhida pelo experimentador. Por exemplo, se os sujeitos pensassem que o experimentador ia escolher a coluna amarela e sua estimação era exata, sua escolha da linha "George" maximizaria seus lucros, quer dizer, lhe somaria dez pontos. Se escolhessem a coluna "George", achando que o experimentador escolhesse a coluna "amarela", mas, de fato, o experimentador escolhia a coluna "preta", perdiam oito pontos. Os sujeitos acreditavam que o experimentador tinha um "sistema" que eles deviam descobrir para vencê-lo. Ainda que estivessem isolados em cabines, tinham a possibilidade de comunicar-se mediante microfones e fones de ouvido.

Figura 1– Matriz utilizada na tarefa de grupo

	Verde	Vermelho	Azul	Amarelo	Marrom	Laranja	Preto
Able	-1	-12	+5	-1	-2	+15	-4
Baker	+10	-1	-2	-7	+4	-3	-1
Charlie	-5	+5	-3	+3	-11	-1	+12
Dog	+5	-7	+10	-2	-5	+1	-2
Easy	-4	-1	-1	+1	+13	-10	+2
Fox	-6	+15	-5	-1	-3	-1	+1
George	-1	-1	-2	+10	+4	-2	-8

Reproduzida segundo HOLLANDER, E.P. "Competence and conformity in the acceptance of influence". *Journal of Abnormal Psychology*, vol. 61, n. 3, 1960, p. 365-639.

Em quatro condições o cúmplice fazia uma escolha correta em onze provas sobre quinze. Nessas provas o cúmplice escolhia uma linha que não tinha sido escolhida por nenhum dos outros sujeitos, e o experimentador escolhia sua coluna, assegurando um lucro elevado ao grupo se este havia adotado a escolha do cúmplice como resposta comum. Assim, se três sujeitos ingênuos sugeriam "Able" e o quarto sugeria "Charlie" o cúmplice podia escolher, por exemplo, "Dog". Se dizia "Dog", o experimentador escolhia a coluna "azul", o que significava que a escolha de "Dog" pelo cúmplice (+10 pontos) era a melhor.

No decorrer dos ensaios, o comportamento desviante do cúmplice se manifestava em observações sobre o fato de que a lei da maioria era menos eficaz que sua escolha, que deveria ter maior participação nos lucros, pela importância de suas contribuições e por ser o único que recusava a escolha das outras pessoas. Interrompia também aos outros e expressava sua escolha antes da sua vez. Numa primeira condição, adotava um comportamento desviante na primeira prova e o mantinha ao longo das quinze provas. Como média, intervinha duas vezes por prova, mediante observações ou mediante gestos. Numa segunda condição, manifestava seu desvio na sexta prova e a mantinha até a décima quinta. Na terceira condição, o desvio aparecia na décima primeira prova e se manifestava até a décima quinta. Na quarta condição, o cúmplice se conformava, quer dizer, não manifestava comportamento desviante algum em nenhuma das quinze provas. Havia uma quinta condição, na qual o cúmplice adotava um comportamento desviante nas quinze provas (como na primeira condição), mas a maior parte de suas escolhas eram inexatas: só acertava em quatro provas sobre quinze.

A influência exercida pelo cúmplice foi medida pelo número de provas nas quais o grupo aceitou a escolha da linha feita pelo cúmplice. Os resultados mostram que, entre as quatro condições nas quais o cúmplice era "competente" (ou seja, tinha feito a melhor escolha em onze provas sobre quinze), era naquela em que ele tinha manifestado desde o princípio um comportamento desviante mantido ao longo das provas, que ele tinha tido a maior influência. Há um fato ainda mais interessante, a saber, que, quanto antes intervenha o desvio nos quinze ensaios, mais influente é o cúmplice. A influência alcança seu grau mínimo quando o cúmplice se submete às regras durante as quinze provas (condição 4). Na realidade, inclusive quando o cúmplice é incompetente, quer dizer, quando só faz uma escolha correta em quatro das quinze provas, e se mostra desviante desde o princípio, sua influência é tão grande como a do conformista competente. Até o momento em que os outros veem que as escolhas do cúmplice não aumentam seus lucros, este exerce muito mais influência que o conformista.

Os autores deste estudo concluem: "Está claro que, quando o grupo optava por uma escolha, ele não punha entre parêntesis as sugestões do cúmplice não conformista. Era o contrário o que ocorria. Ao que parece, o não conformismo do cúmplice ou seu autoritarismo desagradável aumentava sua influência. O conformista que era igualmente competente pagou as consequências de sua virtude" (WAHRMAN & PUGH, 1972: 380). Em outras palavras, o conformismo (créditos acumulados) de nada serve. Na realidade, o raciocínio de Hollander e Homans pretende levar-nos à conclusão de que, se uma pessoa se desvia muito cedo, sua influência será drasticamente diminuída em comparação com uma situação na qual ela desvia após ter-se tornado popular, depois de ter sido reconhecida como líder etc. Mas não acontece assim. Como vimos, o fenômeno inverso, ainda que esteja excluído pela teoria psicossociológica, não é impossível no mundo real. Fazemos estas observações preliminares com o único objetivo de recordar o fato bem conhecido de que a inovação não está ligada à posição, e menos ainda à posição elevada. Neste caso, por que os autores continuaram estudando as inovações que vêm de cima? A razão é evidente quando consideramos o modelo teórico corrente. O modelo adota como princípio que o processo de influência é assimétrico. A fonte possui necessariamente uma posição superior ao alvo. A autoridade, a maioria, o grupo, são sempre os defensores da norma; a minoria, o indivíduo, deve contentar-se em submeter-se a ela: "O que adquiriu uma importante soma de créditos goza da mais ampla liberdade para agir como bem lhe pareça, enquanto que aquele cujo crédito é inferior deve olhar o que faz, por medo de perder o pouco que tem. Uma pessoa não é considerada um membro ativo do grupo quando seu saldo zera" (JONES & GERARD, 1967: 442).

Este é precisamente o ponto que eu queria sublinhar. A razão pela qual a psicologia social ignorou determinados fenômenos não se deve a que estes fenômenos sejam insignificantes ou carentes de interesse, mas incompatíveis com a posição teórica adotada.

2 A incerteza merece ocupar sua posição central no modelo teórico?

Digam o que queiram os filósofos, a coerência não é uma virtude fundamental da reflexão científica. Por outro lado, a incoerência no pensamento não científico tem um limite. Quando lemos livros sobre as relações entre incerteza e influência, tropeçamos constantemente com afirmações que, ou se contradizem, ou são refutadas pela experiência. É inegável que a noção de incerteza desempenha um papel crucial na análise contemporânea da influência, no sentido de que se supõe que a influência reduz sempre a incerteza. Ainda assim, a eficácia de uma fonte de influência se mede por sua capacidade para reduzir a incerteza. A dependência informacional de um indivíduo em relação aos outros deriva diretamente da incerteza, e Jones e Gerard (1967) censuraram o fato de Lewin não ter levado isto em conta: "Por várias vezes em seus escritos, ele reconhecia a existência da incerteza no espaço vital de uma pessoa, mas ele não a integrava como um elemento essencial de ação" (p. 189).

De fato, Lewin nunca fez referência a tal conceito, e também é certo que não viu esta necessidade. Em todo caso, esta passagem coloca em evidência o fundamento suspeito da incerteza: a falta de informação, a falta de saber. Ele esclarece a utilidade deste conceito, que é explicar o comportamento da influência enquanto comportamento de comunicação de informações. Assim, *parece que a influência não está ligada à necessidade do emissor (ou fonte) de modificar o comportamento do receptor (ou alvo). Ao contrário, a influência provém da necessidade sentida pelo receptor de obter informações para fazer frente a seu meio ambiente. Em outros termos, a existência da incerteza não só torna um indivíduo, ou subgrupo, mais receptivo, como também transforma a significação das relações e dos comportamentos associados à influência.*

Isto suscita numerosas questões. Mas vamos deixá-las de lado neste momento, assumindo a inocência geral. As seguintes preposições, como já indiquei, são aceitas por todos:

• quanto maior é a incerteza de uma pessoa, mais facilmente também esta pessoa é influenciável;

• quanto mais ambíguo é o objeto, maior é a necessidade de influência e/ou maior a influência efetiva.

Estas proposições têm dois resultados:

• quando uma pessoa tem certeza, não há influência nem necessidade de influência;

• quando o objeto não é ambíguo, o consenso de outras pessoas é irrelevante e por isso não se registra aí influência alguma.

Cabe também precisar com clareza os três postulados que sustentam estas proposições e seus resultados:

• o estado de incerteza é um dado interno à pessoa, e determinado, seja pelos meios de que dispõe para obter informação, seja pelas suas características psicológicas;

• a ambiguidade ou a não ambiguidade do ambiente é uma característica que é diferente do organismo que a enfrenta;

• a incerteza e a ambiguidade existem antes que a influência e a interação com os outros se desencadeiem: elas são as condições prévias para a influência e a interação.

Supõe-se que estas proposições são verificadas pela experiência. Mas é difícil acreditar que tenham sido examinados seus resultados com rigor suficiente.

Consideremos em primeiro lugar a ambiguidade do estímulo. Sherif e seus discípulos procederam nos seus estudos a uma completa exploração desta dimensão. No entanto, as experiências de Asch e, mais recentemente, as nossas (MOSCOVICI et al., 1969) revelaram a possível existência de uma forte influência ainda quando os estímulos estão absolutamente livres de ambiguidade. Conclui-se, pois, que a ambiguidade e, por conseguinte, o caráter mutável e instável do meio ambiente não são uma condição necessária para que se instaure uma norma ou se exerça uma influência sobre as opiniões. Não está absolutamente esclarecido por que esta proposição sobre a relação entre o grau da estruturação do estímulo e a incerteza seja aceito como algo confirmado. Ninguém nega que se dê maior divergência nas respostas quando os estímulos são mais ambíguos do que quando são menos ambíguos. Mas não há que confundir a *possibilidade* de exercer uma influência, de passar do estado de movimento, com a facilidade ou a *dificuldade* para exercer uma influência, quer dizer, com o grau mais ou menos elevado de aceleração, pois não são coisas idênticas.

Na realidade, o problema só se torna interessante quando se recusa esta proposição e isto pela seguinte razão: nada nos assegura que tenhamos aí uma dimensão contínua. Tanto do ponto de vista psicológico quanto do vista social, influenciar alguém sobre um objeto ambíguo não é o mesmo que influenciar alguém sobre um objeto não ambíguo. No primeiro caso, nos esforçamos em limitar a gama dos valores que o objeto pode possuir, por reduzir o número de dimensões em função das quais pode ser avaliado. No segundo caso, ao contrário, nos esforçamos em ampliar a gama e aumentar o número das dimensões. A submissão não possui o mesmo sentido em ambos os contextos. Uma diferença de decisão igualmente frágil é perceptível em relação a um objeto não ambíguo, mas pode ficar invisível quando o objeto é ambíguo. Portanto, a submissão numa situação em que o desvio é evidente delata uma mudança psicológica mais clara que a submissão quando o desvio não é tão perceptível. Um sujeito que diz ver verdes os dispositivos que são azuis e ver como iguais linhas objetivamente desiguais sofreu realmente uma mudança e adotou uma resposta que não era parte de seu repertório. Correlativamente, um sujeito que pretende que o ponto luminoso, na ilusão autocinética, desloque-se 5 centímetros em vez de 3, decide por uma resposta que já existe em seu repertório. É enganoso comparar o grau de submissão em ambos os casos, pois pode acontecer que os resultados que se comparam derivem de dois processos psicológicos diferentes. É preciso levar em conta esta possibilidade porque, segundo alguns estudos, as pessoas que se conformam em relação a objetos ambíguos possuem, ao que parece, perfis psicológicos diferentes das pessoas que se conformam em relação a objetos não ambíguos (ALLEN, 1974).

Além disso, ainda supondo que os dois processos sejam idênticos, depende a influência da condição do objeto, da clareza dos critérios em função dos quais avaliamos, quer dizer, do grau correspondente de certeza? Nada nos autoriza a formular esta hipótese. Nas experiências de Sherif, os sujeitos fixam uma norma pessoal, uma estimação relativamente estável de deslocamento da fonte luminosa antes que haja interação. Nas experiências de Asch, os sujeitos possuem, assim mesmo, uma norma, uma ideia muito precisa da igualdade ou desigualdade das linhas que lhes são mostradas. Qual é a diferença entre os dois grupos de sujeitos que faz o primeiro aparentemente ser mais fácil de influenciar que o segundo? É a ambiguidade do estímulo? Em absoluto. É o fato de que a norma aplicável à igualdade ou desigualdade das linhas foi reforçada muitas vezes pela sociedade, enquanto que a norma aplicável ao deslocamento de um ponto luminoso é nova para os sujeitos e não foi previamente reforçada. Uma das experiências de Mausne (1954) mostra que, ao realizar-se o reforço, as respostas não convergem e não há submissão. Tudo induz, portanto, a pôr em dúvida que exista um nexo causal direto entre as propriedades físicas do estímulo (ou do meio ambiente) e a influência, quer dizer, que a influência seja função da instabilidade do estímulo.

O que dizer do *status* mais geral, da incerteza? É uma condição necessária e suficiente da influência? A incerteza é tão insuportável que os indivíduos vão tentar em todas as circunstâncias reduzi-la? Existem verdadeiramente razões para considerá-la como uma condição prévia da interação social e acreditar que sua redução resulta unicamente de tal interação? Pode-se tratar destas questões em vários níveis diferentes. Em nível prático há numerosas situações em que os indivíduos ou os grupos com opiniões, normas e crenças bem definidas são influenciados por outros indivíduos ou grupos. Os exemplos de conversações religiosas, políticas, científicas e estéticas abundam. Ainda que se tratasse de exemplos excepcionais, não por isso seriam menos interessantes e menos contrários à afirmação de que ali onde há certeza, não pode haver influência. Em nível experimental, um grande número de estudos sobre a mudança de comportamentos e de atitudes solidamente estabelecidos dá fé de que a dúvida não constitui um elemento indispensável do fenômeno que nos interessa. As experiências de Lewin sobre a modificação das preferências alimentícias, as experiências fundadas na teoria da dissonância – nas quais os sujeitos a que se solicitou defender opiniões contrárias às suas, ou inclinar-se a favor delas, acabam modificando suas opiniões; as experiências de desempenho de papéis em que as improvisações ocasionam mudanças similares –, estas experiências não estão tão afastadas das experiências de influência social como se poderia pensar. Em todos estes casos, solicita-se aos sujeitos que imaginem um ponto de vista diferente do seu, ou adotem soluções complementares as suas soluções habituais. Apesar das vacilações iniciais, os sujeitos se submetem.

Parece existir uma falta de comunicação entre os teóricos e os experimentadores. Os primeiros sustentam que a influência se deve à *redução* da incerteza; os segundos tratam de influenciar aos sujeitos a fim de *aumentar* sua incerteza. Crutchfield (1955) observou atentamente o que acontece numa sala de experimentação e evidenciou, que quando os sujeitos entram no recinto, eles não duvidam de suas aptidões intelectuais ou sensoriais, como tampouco se perguntam se possuem o saber necessário para julgar se duas linhas são ou não iguais. Só quando os sujeitos se enfrentam com as decisões unânimes do grupo é que surgem estas dúvidas. Crutchfield escreve: "Inicialmente, muitas pessoas tendem a eliminar sua divergência com outros, atribuindo a falha a elas mesmas. Expressam dúvidas sobre a exatidão de sua própria percepção ou de sua própria decisão; confessam que provavelmente tinham interpretado ou percebido mal os diapositivos" (1955). No início, portanto, o sujeito pensa que é como os demais, mas pouco a pouco chega a ver as coisas de outro modo, a considerar-se como desviante em relação ao grupo. Outro efeito notável, continua Crutchfield, "era a sensação de que a distância psicológica entre a própria pessoa e o grupo tinha aumentado. O sujeito tinha a impressão de ser raro ou diferente, ou via o grupo muito diferente do que pensava. Isto ia acompanhado, na maioria dos sujeitos, da aparição de uma grande ansiedade, que, em alguns, manifestava-se de modo muito vivo. A existência destas tensões nos sujeitos e entre os sujeitos se revelava de modo impressionante quando, pouco depois de terminar a prova, o experimentador confessava o truque que tinha usado e explicava a situação real. Havia sinais evidentes e audíveis de respiro e alívio [...]" (1955).

Está claro, pois o efeito do grupo é, antes de tudo, produzir a incerteza e a ansiedade. Caso contrário, dificilmente se vê como podiam modificar-se as percepções e as respostas. Não temos, pois, razão alguma para supor que a influência seja sempre uma consequência da *redução* da incerteza e não de sua *produção*. Contudo, segue em pé a questão teórica, que consiste tanto em saber como e por que se supõe que a reduz.

Poder-se-ia pensar que tudo isto tem pouca importância, mas, do ponto de vista científico, não é assim. Quando se supõe que a incerteza ou a ambiguidade (ou o desvio em geral) são *dados*, pode-se pensar que a influência foi provocada; a influência se justifica igualmente por fatores extrassociais, e o ponto de partida – a necessidade original – parece ser *intraindividual*. Por outro lado, quando observamos as condições em que podem *produzir-se* a ambiguidade e a incerteza, o desvio apresenta um aspecto social. Nestas condições, a influência resulta da interação social, e o ponto de partida, ou necessidade, parece ser neste caso *interindividual*.

A primeira teoria de Festinger referente às pressões em relação à uniformidade, ainda que menos geral, aproxima-se mais da realidade que a sua segunda teoria da comparação social. De fato, como ele mesmo observou claramente, as pressões do núcleo do grupo, que atuam para modificar as opiniões de um desviante, provêm da divergência entre o desviante e a maioria. É esta divergência que obriga aos membros do grupo a comunicar-se, a fim de eliminar toda possibilidade de ver questionada sua decisão. Como fizeram Monchaux e Shimmin (1955), tal questionamento, em caso de persistir, implicaria dúvida e uma revisão das opções feitas em comum. A comparação social não pressupõe nenhuma outra: o indivíduo isolado carece de segurança sobre seu valor, suas opiniões e aptidões, e por esta razão deseja comparar-se com seus semelhantes. Mas cabe também perguntar se esta mesma falta de segurança não deriva de sua própria comparação com outros indivíduos, talvez sob a pressão da rivalidade, que parecem mais capazes e mais seguros em suas opiniões e valores pessoais. Esta hipótese parece que seria mais realista.

Como conclusão, nem o argumento teórico, nem a prova experimental nos permitem fundamentar a influência social, sua origem ou eficácia, nos conceitos da ambiguidade ou da incerteza. Os estados mentais que estes conceitos descrevem são "resultados", mais que "dados", e é necessário efetuar pesquisas sobre sua origem e sua formação no seio da interação social, em lugar de limitar-se à observação de sua existência e de seus efeitos fora desta interação. Em todo caso, nada nos autoriza a considerá-los como condições necessárias e suficientes da influência. Não é minha intenção supor que não tem função alguma; mas, em minha opinião, a redução da incerteza ou da ambiguidade não deveria incluir-se entre as proposições gerais aplicáveis à análise do processo de influência. É necessário, pelo menos, reformular de modo rigoroso o que foi afirmado até agora sobre este tema.

3 É legítimo seguir usando aleatoriamente o conceito de poder e o conceito de influência?

Acredito que se esperou muito do conceito de influência, principalmente como consequência de sua estreita e excessiva associação com diferentes aspectos do poder. Assumiu-se a hipótese mais ou menos implícita de que o poder é a única fonte de influência e de que a influência é a consequência ou o instrumento de exercício do poder. Nesta perspectiva, era natural pensar que o grau de conformidade correspondia ao *status* social de um indivíduo e que a dependência em relação à autoridade do grupo ou da maioria era a fonte principal da influência. Devemos formular três perguntas: a) Esta relação foi verificada experimentalmente? b) O nexo causal entre poder e influência foi precisado de modo conveniente e claro? c) Um estudo mais sério do processo de influência é compatível com o fato de que seja mantido no contexto dos processos de poder? Esforçar-me-ei para responder sucessivamente a estas três questões.

A razão pela qual se atribuiu à dependência um papel tão importante, ao ponto de considerá-la como uma variável independente principal, é que a existência de uma relação entre hierarquia e conformidade foi aceita como pacífica. A partir daí, definiu-se a influência como uma extensão do poder. Na mesma perspectiva, supôs-se que outorgamos mais peso a uma opinião majoritária que a uma opinião minoritária, já que a dependência em relação à maioria é maior que a dependência em relação à minoria. Por outro lado, uma interpretação atenta dos fatos vem desmentir esta conclusão. Não há um nexo entre dependência e conformidade.

Para prová-lo, voltemos ao paradigma de Asch que, com suas variantes, é de uma importância capital. Como é sabido, neste paradigma o sujeito se encontra ante as respostas evidentemente falsas de três a quinze cúmplices, como argumento das condições experimentais. De forma global, parece que o sujeito se conforma ao grupo em uma resposta sobre três (32%). O próprio Asch e todos os que estudaram esta experiência em artigos e manuais, atribuíram este efeito à dependência em relação à maioria. Devemos contestar esta conclusão por razões que recordarei brevemente: a) quanto mais importante é a maioria, maior é sua influência; b) um indivíduo que tenha que escolher entre a decisão de outro indivíduo (de um desviante) e entre a decisão da maioria, escolherá esta última; c) sempre que um indivíduo escape à vigilância da maioria e se encontre, assim, liberado da relação de dependência, tenderá a emitir decisões corretas e a não conformar-se; d) nenhuma outra característica de decisão majoritária e da interação social (como a unanimidade, a certeza etc.) pode assegurar o que a resposta conformista tem de significativa.

Nenhuma destas teses foi claramente verificada. No que concerne à tese (a), observamos que desde o momento em que a maioria supera o número de três cúmplices, um novo aumento não provoca um incremento da influência. Em relação à tese (b), foi totalmente refutada. Diversas experiências mostraram que a ação de um indivíduo isolado (ASCH, 1955; ALLEN & LEVINE, 1971; GERARD & GREENBAUM, 1962) ou de um desviante (KIESLER, 1969) pode contribuir em boa medida a reduzir a conformidade e influenciar o sujeito ingênuo. A terceira tese não foi verificada ainda de modo decisivo. Foram imaginadas diversas experiências para colocá-la à prova, situando o sujeito ingênuo num papel anônimo; no plano social, sua resposta não se destaca e permanece desconhecida para o grupo. Esperava-se que, nestas condições, a porcentagem de respostas conformistas diminuísse. Numa experiência de Raven

(1959), por exemplo, de fato diminuiu, passando de 39% no caso de respostas dadas em público a 26% no caso de respostas dadas anonimamente. Por outro lado, também 26% de respostas conformistas por parte de um sujeito que não tem nenhuma razão aparente para submeter-se ao grupo, constitui uma porcentagem muito importante para ser significativo psicologicamente.

Estas conclusões põem em dúvida o princípio do efeito majoritário como determinante da influência; mas não se vê ainda uma explicação complementar, com uma exceção extraída da quarta tese (d). Em todas estas experiências, a decisão "errada" apresenta duas características: de uma parte, é uma decisão majoritária; de outra, é unânime. Em outros termos, esta decisão foi persuasiva porque emanava do grupo e estava organizada de forma que o grupo parecesse consistente. Suponhamos, como já se fez em algumas experiências, que há dois tipos de grupos: um, em que os membros são unânimes; outro, em que não o são. No primeiro tipo de grupo, qualquer que seja o número dos membros, a porcentagem de respostas conformistas é sempre a mesma: 32% como já vimos. No segundo tipo de grupo, em que se pediu a um cúmplice romper com a unanimidade dando uma resposta diferente das outras, a porcentagem de respostas conformistas é só de 10,4% e descende até 5,5% em certos casos.

Por conseguinte, parece que uma maioria unânime de três indivíduos possui maior influência que uma maioria de sete que não é unânime. Isto basta para provar que a unanimidade, quer dizer, a organização das respostas que reflete a consistência interindividual e a existência de uma norma comum, é mais importante que o mero número de pessoas que a adotam. Encontramos conclusões análogas em outros estudos (GRAHAM, 1962; MOUTON; BLAKE & OLMSTEAD, 1956). Para maior concessão, deixo de lado outros achados empíricos que provam que nem a pressão da maioria, nem a opinião de uma maioria, são de importância mais decisiva que a de um indivíduo isolado. Todas estas conclusões questionam a convicção segundo a qual a dependência é a única fonte de influência.

A escolha da dependência como fator causal revela a hipótese de um nexo entre o poder e a influência real. Mas, podemos realmente estar seguros de que a *direção* deste nexo foi analisada com exatidão? French e Raven (1959) tentaram clarificar a teoria do poder como origem da influência e propuseram uma distinção fundamental entre dois tipos de poder: o poder coercitivo e o poder normativo. O primeiro se manifesta pela coerção em função dos recursos físicos e pela distribuição de recompensas e castigos. O segundo se manifesta de modo análogo em função de competências e pela legitimação de diferentes papéis sobre a base de valores e normas. O poder do *especialista*, ou da pessoa bem informada, apoia-se na convicção que a maioria tem de que as pessoas possuem conhecimentos especializados em situações em que eles são necessários: o médico influencia o paciente, o mecânico o proprietário do veículo, o experimentador o sujeito etc., porque o paciente, o proprietário do carro e o sujeito aceitam a autoridade da instituição e o valor da formação e das qualificações profissionais que garantem a conduta destas pessoas. O poder dos pais, dos diretores, dos oficiais, dos delegados sindicais apoia-se, assim mesmo, num sistema de valores que foi interiorizado pela criança, pelo empregado, pelo soldado ou pelo obreiro e que os leva a atribuir uma autoridade superior às pessoas que os influenciam. O grau de poder normativo varia em função da aceitação das normas, exatamente como o grau de poder coercitivo varia em função da coerção e da resistência que exercem os outros membros da sociedade.

Tudo isto é perfeitamente acertado e claro desde que façamos a pergunta que nunca foi formulada: qual é a origem do poder? Não vou tratar aqui a questão do poder coercitivo, que oferece interesse menor, no sentido de que é menos evidente sua relação com os processos que nos preocupam. Ao contrário, consideremos alguns exemplos concretos de poder normativo em ação. Imaginemos que um indivíduo ou um grupo deposita sua confiança em uma pessoa que considera um *especialista*, aceitando sua autoridade e saber: um médico, um psicanalista, um economista, um psicólogo experimental, um músico "pop". Ele confere muito valor a suas opiniões e comportamento e segue suas recomendações. Mas, antes que o indivíduo ou o grupo se submeta a tal relação de dependência, é necessário que seja persuadido de que o médico é, em algum sentido, preferível ao feiticeiro ou ao curandeiro, que o psicanalista é mais eficaz que o psiquiatra ortodoxo, que o economista conhece mais do que o homem ordinário de negócios, que o psicólogo experimental é mais científico que qualquer outro especialista do comportamento, que a música "pop" é uma expressão válida e não uma simples cacofonia. Evidentemente, não é fácil obter semelhante aceitação, e os grupos, as classes e as subculturas não estão de acordo sobre o valor que devemos outorgar a cada uma destas categorias de especialistas.

Em outras palavras, a dependência em relação ao poder e à eficácia dos *especialistas* está subordinada ao fato de que previamente se tenha influenciado os indivíduos, ao fato de que se tenha modificado suas opiniões relativas ao que constitui o verdadeiro saber, ou a verdadeira música. Para que a autoridade dos pais, dos professores, dos inspetores etc., seja eficaz, é ainda necessário que certos valores concernentes à família, à escola e ao trabalho sejam mantidos e compartilhados. Quando eles se modificam, quase que simultaneamente também se debilitam ou se abandonam estes valores, como ocorreu recentemente com a família e a universidade, por exemplo, o poder fica, mas unicamente a título de poder coercitivo. Este poder não pode como tal transmitir ou ressuscitar valores, e não pode legitimar-se. Por isso, todas as sociedades criam sem cessar e mantêm instituições paralelas destinadas a transmitir valores, normas e ideologias; em uma palavra: influenciar. O poder das instituições é precisamente, entre outros, legitimar o poder.

Portanto, se o poder pressupõe a influência e é, em parte, resultado desta, não podemos considerá-lo como a *causa* da influência. Não pode ser causa e efeito ao mesmo tempo. Eu não pretendo negar a analogia existente entre os fenômenos de poder e os fenômenos da influência, nem discutir que de algum modo estejam associados. Mas o vínculo entre eles não é em sentido único, e o primeiro não é uma condição necessária à segunda. Ao contrário, sabemos que os métodos de influência com frequência fracassam, porque parece que o indivíduo que queria influenciar adotou uma atitude dominadora e, por isso, apresenta-se como uma ameaça dirigida contra a independência de escolha e decisão. As sociedades, conscientes deste fato, distinguem cuidadosamente os instrumentos de seu poder e os de sua influência. Rara vez se faz uso da polícia e do exército como vias de transmissão de ideologias, de normas e de valores; reserva-se este papel aos educadores, aos sacerdotes, aos especialistas da propaganda e nunca se encarrega a estes últimos que mantenham a ordem pública ou tomem decisões políticas para determinar os direitos dos cidadãos. Em suas estratégias globais, nem os indivíduos, nem as sociedades empregam estes dois instrumentos ao acaso. Cabe utilizar a influência para provocar mudanças ou a conformidade e, caso fracasse, pode-se utilizar a força em seu lugar, e vice-versa.

Mas, tudo isso é bem conhecido e não é preciso insistir mais. Comecei esta discussão sublinhando a diferença que existe entre certas proposições implícitas da psicologia social referente à relação entre influência, poder e dependência, e as provas experimentais. Não parece existir uma relação causal direta entre hierarquia e conformidade. A atribuição de efeitos de conformidade à dependência parece originar-se de uma má interpretação; os achados experimentais se prestam a interpretações totalmente diferentes das que são geralmente admitidas (MOSCOVICI & FAUCHEUX, 1972). Também no plano teórico, a descrição e a definição destas relações deixam muita margem à dúvida. Isto supõe que deveríamos tratar separadamente os fenômenos de poder e os de influência. Um tratamento autônomo de cada problema teria mais possibilidades de levar a explicações satisfatórias de seus mecanismos de base. Somente rejeitando a preocupação atual, tão exclusiva e absorvente para com a dependência, e o modelo de relações sociais vigentes, seremos capazes de ampliar nossa visão.

Observações finais

Meu objetivo nas páginas anteriores não foi tanto o de criticar, mas suscitar questões. Por isso dei ênfase às incongruências e às discordâncias existentes entre a teoria e a experiência, e insisti nas contradições e nos limites mais implícitos do próprio modelo funcionalista. As contradições provêm fundamentalmente de uma análise insuficiente das noções de ambiguidade e de incerteza por parte de certas teorias que as adotaram como ponto de partida da interação social, em lugar da perspectiva, ainda assim válida, de considerá-las como resultado desta interação. Os limites do modelo funcionalista provêm direta e exclusivamente do viés do conformismo, que torna impossível levar em consideração a influência exercida pelos indivíduos e as minorias, e que projeta uma imagem tão negativa do desvio. A identificação injustificada dos fenômenos da influência com os fenômenos de poder têm provavelmente a mesma origem. De fato, o poder e a influência atuam no mesmo sentido e através do mesmo agente, *unicamente* no contexto da pressão do grupo sobre o indivíduo para que se conforme.

São evidentes, ainda, outras contradições e outros limites. Assim, a contradição entre as descrições habitualmente pejorativas das pessoas e dos subgrupos que são "diferentes", ou simplesmente marginais, e os elogios atribuídos à independência; certamente a independência é, em si mesma, uma busca da "diferença", ou a defesa da diferença, que traz o risco de isolamento e desvio e que demanda uma força e qualidades pouco comuns. E há também a limitação proveniente da importância dada à norma de objetividade, ou seja, a exigência de uma resposta correta. A originalidade, a inovação e a necessidade de afirmar as próprias preferências não são, também, elementos pertinentes na determinação das relações?

Cᴏɴғʟɪᴛᴏ, ɪɴᴏᴠᴀçãᴏ ᴇ
Rᴇᴄᴏɴʜᴇᴄɪᴍᴇɴᴛᴏ ꜱᴏᴄɪᴀʟ
A influência social do ponto
de vista genético

Parte II

4
MINORIAS, MAIORIAS E NORMAS SOCIAIS

Podemos esperar que as questões suscitadas possam se resolver com paciência mas, da mesma forma que cada pergunta pressupõe que se vislumbre uma possível resposta, cada resposta suscita, inevitavelmente, novas perguntas. Voltamos, pois, à estaca zero no campo da influência social.

Não se pode esperar que as proposições que vou expor sejam tão precisas e possuam uma base tão sólida como as que apresentei nos três primeiros capítulos, pois são muito recentes para isso. Derivam de três questões:

- Por que e como a maioria e a minoria são capazes de exercer uma influência?

- Em que condições a influência assumirá a forma de inovação ou a de conformidade?

- Quais são as qualidades que, no indivíduo, facilitam a aparição da mudança no grupo ou na sociedade?

1ª proposição: Cada membro do grupo, independentemente de sua posição, é uma fonte e um receptor potencial de influência.

O ponto mais importante aqui é que devemos adotar uma perspectiva diferente da habitual. Uma total compreensão dos fenômenos de influência exige que consideremos a minoria, o indivíduo e o subgrupo em razão do impacto que podem ter na opinião do grupo. Até então, se os considerou tão somente como receptores de influência ou como desviantes; agora, devemos olhá-los também como emissores de influência e criadores em potência de normas. A natureza da vida social é tal que "a heresia de uma geração se converte em lugar comum da seguinte".

Se aceitamos tal ponto de vista, o viés do conformismo fica corrigido. Contudo, não me proponho simplesmente a corrigir o viés, mas, antes de mais nada, destacar duas ideias que estão estreitamente unidas. A primeira é que a influência se exerce em duas direções: da maioria em relação à minoria e da minoria em relação à maioria. Em outras palavras, a influência, longe de ser um efeito unilateral da fonte sobre o alvo, é um processo recíproco que implica ação e reação tanto da fonte como do alvo. Se imaginamos cada membro do grupo, seja na posição de autoridade, seja na de desviante, pertencendo à maioria ou à minoria, sendo, ao mesmo tempo, um emissor e um receptor de influência, podemos ver melhor o que ocorre numa verdadeira interação social. Isso implica a busca, em todos os casos, de relações simétricas.

A segunda ideia, subjacente à primeira, é que cada parte do grupo deve ser considerada como emissor e receptor simultâneos de influência. Mais concretamente, quando há influência, cada indivíduo e subgrupo, independentemente de seu *status*, atuam sobre os outros, que *ao mesmo tempo* o fazem sobre eles. Assim, uma maioria que tenta impor suas normas e seu ponto de vista a uma minoria sofre, ao mesmo tempo, a pressão que exerce esta minoria para se fazer compreender e para fazer aceitar suas normas e seu ponto de vista. Correlativamente, quando uma minoria acede a uma posição de maioria, deve ser capaz de compreender as motivações e as opiniões que vai adotar, o que implicará um processo de adaptação e de modificação dessas motivações e dessas ideias para que se ajustem, na medida do possível, ao ponto de referência existente da minoria. Quando vemos um governo ou partido político modificar sua linha de conduta, adaptar o conteúdo de seus argumentos no decorrer da aplicação e da apresentação, é precisamente porque, ao mesmo tempo, diversas partes da população tentam propor ou impor outras políticas e outros argumentos. Como é sabido, a tática habitual em tais casos é integrar certas proposições da minoria no programa da maioria, a fim de privar a minoria da sua identidade e de seus meios de ação.

Em suma, é impossível separar a emissão de influência da recepção de influência e fragmentar esses dois aspectos de um processo único atribuindo o primeiro exclusivamente a uma parte da interação social (a maioria) e o outro, exclusivamente à outra (a minoria).

A questão é agora saber por que e como um agente social, sobretudo em posição minoritária, é capaz de exercer influência. Determinados pressupostos podem nos ajudar a reunir os elementos fundamentais de uma análise teórica que desenvolveremos a seguir.

As atividades da sociedade em seu conjunto, ou de um grupo, conduzem sempre ao estabelecimento de uma norma e à consolidação de uma resposta majoritária. Uma vez que esta norma e esta resposta foram elaboradas, os comportamentos, as opiniões, os medos de satisfazer às necessidades e, na realidade, todas as ações sociais se dividem em quatro categorias: o que está permitido e o que está proibido, o que está incluído e o que está excluído. Por exemplo, o tabu do incesto divide as mulheres em dois grupos: as que são acessíveis e as que não são. As normas de circulação determinam quando o condutor deve parar (sinal vermelho) e quando pode passar (sinal verde), e assim sucessivamente. Essas normas ou prescrições, que vão desde as mais graves às mais insignificantes, estabelecem uma separação entre, de um lado, um plano positivo (verdadeiro, bom, belo etc.) e, de outro, um plano negativo (falso, mau, feio etc.), e cada ação reveste-se de um caráter social ou desviante segundo o plano no qual esteja classificada de antemão.

Os grupos e os indivíduos são muito diferentes em relação ao grau de interiorização das normas ou às respostas sociais: pode haver compromisso profundo ou simplesmente adesão superficial e, nos casos extremos, pode não ser outra coisa senão uma resposta automática. Alguns estudos realizados anos atrás mostravam o desacordo que pode se produzir numa comunidade entre as opiniões e o comportamento público e privado (SCHANK, 1932). Esse desacordo pode ser considerado como um estado de "ignorância pluralista" de indivíduos que não têm consciência de que suas normas e suas respostas coletivas de fato mudaram.

A existência de um conflito interior, ou discrepância entre os graus de adesão às normas e às opiniões, cria uma predisposição para a mudança e um potencial de mudança. *Assim, a minoria, que representa a opinião e o comportamento reprimido ou recusado, revela em público o que ocorreu em privado; a minoria exerce sempre certo influxo sobre a maioria e pode incitar à modificação do seu comportamento ou sua atitude*, para induzi-la a ser mais tolerante com o que antes estava excluído ou proibido. Ainda que não se tenha realizado nenhum estudo específico sobre este tema, é um fato conhecido que, quando um sujeito adota abertamente um comportamento que a maior parte dos indivíduos gostaria de apresentar, *serve de exemplo* e exerce um efeito *libertador*. Evidentemente, quando uma minoria tenta influenciar a sociedade em relação a normas ou respostas fortemente interiorizadas, encontra uma maior resistência. Na mesma perspectiva, diversos estudos destacaram o fato de que pontos de vista originais ou extremos, que são por definição a expressão de indivíduos ou de minorias, têm muito mais possibilidades de exercer uma forte atração do que serem recusados.

A necessidade de chegar a um consenso e o modo habitual de alcançá-lo oferecem também um vasto campo de influência aos indivíduos, às minorias e aos não conformistas. A concepção clássica postula um contraste entre a realidade física e a realidade social. Lembrarei que a primeira reclama unicamente a intervenção de um aparato sensorial ou técnico para a validação dos juízos e as opiniões, ao passo que a segunda exige o consenso do grupo. Neste ponto não estou de acordo.

A diferença entre a realidade física e a realidade social, se existe efetivamente, não está na presença ou na ausência de um consenso. Está no fato de que, em certas circunstâncias, o consenso desempenha um papel indireto no processo de validação, enquanto que, em outras circunstâncias, intervém diretamente. Quando medimos uma longitude ou comparamos duas longitudes, o consenso intervém só indiretamente, porque "sabemos" que existe um metro padrão que define essas medidas sem ambiguidade e "sabemos" também que qualquer indivíduo que tenha uma vista normal pode notar a diferença entre linhas iguais e linhas desiguais. Além disso, para o indivíduo, essa igualdade ou desigualdade não tem importância. Por outro lado, quando se trata de avaliar um traço de personalidade, a severidade de um castigo, o nível de democracia num dado país, se não confiamos nos testes e nos índices estatísticos, o consenso com outros desempenha um papel direto em nossa avaliação.

A força do consenso, que intervém direta ou indiretamente, depende do grau de unanimidade que suscita. A minoria, por mais fraca que seja sua força numérica ou por maior que seja sua dependência, pode sempre recusar esse consenso, e esse poder de recusa lhe confere uma força considerável. A maioria despenderá certamente uma grande quantidade de energia para tentar se proteger desta eventualidade. Nas experiências de Schachter (1951) sobre as pressões em relação à uniformidade, por exemplo, o conjunto do grupo passa certo tempo tentando persuadir o desviante para que aceite o ponto de vista do grupo e não outorga atenção alguma ao *indivíduo modal* (*mode*) nem ao indivíduo *flutuante* (*slider*), cujas posições, afinal, são mais próximas às do grupo.

Pode-se afirmar que, se o desviante não muda, o grupo tem sempre a possibilidade de excluí-lo, o que reduz consideravelmente o peso da minoria. *É estranho que não se tenha considerado a possibilidade para o desviante de abandonar o grupo fazendo-o estourar, debilitando assim o poder de consenso e a unanimidade;* de fato, ressaltou-se sempre a conformidade.

Sem dúvida, existem razões suficientes para que as pessoas permaneçam num grupo e não o abandonem espontaneamente, nem sequer em circunstâncias muito penosas. Essa rejeição à mudança se baseia principalmente em ignorar as outras possibilidades e numa inércia psicológica que leva a que prefiramos gastar grande energia para preservar uma relação ou continuar uma tarefa, por mais desesperadora que seja, a abandoná-la. A obediência à autoridade, como demonstrou Milgram (1974), constitui uma das razões mais importantes. Mas há o outro lado da moeda: as pessoas tendem, também, a se deixar levar por certos grupos e a se unir a estes porque satisfazem a suas necessidades e seus ideais, porque reforçam certos valores e certos comportamentos importantes.

Por outro lado, não esqueçamos que nas circunstâncias ordinárias o recurso à expulsão é absolutamente excepcional e, muitas vezes, impossível. Podem os pais expulsar seus filhos, as maiorias brancas expulsar as minorias negras, ou os capitalistas despejar os trabalhadores? Evidentemente não, ainda que estes grupos disponham de métodos de coerção, como a privação de alimentos (castigo comum para as crianças na época do "pão duro num quarto escuro" de Victor Hugo), a negação do direito de cidadania e os salários de fome que, no plano social, são quase equivalentes à expulsão. Todos conhecemos exemplos extremos, como as matanças de índios pelos colonos americanos e a tentativa de Hitler de dar uma "solução final" ao "problema" judaico mediante o extermínio puro e simples.

Mas, em geral, a exclusão temporal ou definitiva do grupo, ou a pressão para abandoná-lo, são fenômenos extraordinários. Apesar disso, os psicólogos sociais americanos consideraram essas soluções como possibilidades, fundamentalmente com base na experiência particular da sociedade americana, na qual parece mais fácil ou mais aceitável abandonar o sistema que se sublevar contra ele. Segundo Hirschman:

> Na tradição americana outorgou-se uma posição extraordinariamente privilegiada ao fato de evadir-se [...] Esta preferência pelo gesto limpo representado pela evasão diante da desordem e da insolência que provocam as palavras "persistiu ao longo de toda nossa história nacional". A evasão da Europa podia repetir-se no seio dos Estados Unidos pela progressiva fixação da fronteira que Frederick Jackson Turner denominou "saída de emergência à servidão do passado". Ainda depois do fechamento de fronteiras, a imensidão do país, aliada com a facilidade de deslocar-se, fez com que os americanos, mais que ninguém, buscassem resolver seus problemas mediante a "fuga física", antes que pela resignação ou a melhora e a luta *in situ* contra as condições particulares em que estavam "envolvidos". O curioso conformismo dos americanos que os observadores advertiram desde Tocqueville pode também explicar-se deste modo. Por que levantar a voz para contradizer e desgostar-se, quando há sempre a possibilidade de evadir-se totalmente do ambiente social se este resulta demasiado desagradável? (1970: 106-109).

Por outro lado, na maior parte das sociedades a expulsão ou a fuga de um indivíduo ou de um subgrupo são casos-limite que nunca podem se converter em procedimento corriqueiro. Quase sempre, a maioria tenta ceder um pouco diante da minoria, por pequenos que possam ser os passos dados nesta direção, ou se esforça em, na medida do possível, aproximar a minoria: a integração dos imigrantes, a tentativa de reabilitação dos condenados são outros tantos exemplos. Tudo isso nos leva a crer que, em todos os casos, o desacordo de uma minoria tem um efeito de bloqueio, e isso proporciona às minorias o meio de exercer uma influência.

Seria igualmente útil considerar outros tipos de provas. Mediante uma série de afirmações indiretas criou-se a impressão de que os indivíduos e as minorias que resistem estão desprovidos de atrativo, gozam de pouca estima e são geralmente rejeitados por serem desviantes. Em tal situação, era normal concluir que não podiam produzir impacto, nem despertar simpatia perante a maioria. Embora os psicólogos sociais o tenham afirmado, sua opinião não tem nenhuma justificativa. Não é necessário realizar um grande esforço de imaginação para ver que um desviante, precisamente por sê-lo, pode exercer um atrativo considerável, com frequência muito superior ao da pessoa que se diz normal. Por que esta atração? Existem ao menos duas razões.

As pessoas e os comportamentos normais representam, numa alta proporção, a autoridade do superego, evocam os aspectos mecânicos e rígidos da vida, as sequências ordinárias, previsíveis, inclusive automáticas, de fatos, palavras e gestos familiares. Em contraposição a isso, as pessoas e os comportamentos desviantes sugerem a possibilidade de desobediência ao superego, convidam à liberação de movimentos impulsivos e sancionam a espontaneidade do comportamento e dão ainda acesso ao desconhecido, ao original e ao surpreendente. Mas, sobretudo, o atrativo do desviante funde-se ao atrativo do proibido, que ele simboliza, e ninguém ignora a força desse atrativo.

Chamarei a segunda razão de culpabilidade social. Muitas categorias de desviantes e de minorias representam grupos em situação de inferioridade, excluídos da ideia de normalidade da sociedade por meio de diversas formas de discriminação: econômica, social, racial. Estão privados, de modo descarado, direto ou hipócrita, dos direitos que o sistema social, os valores políticos e os valores religiosos outorgam aos demais indivíduos. Esse contraste entre os princípios e a realidade não só cria conflitos internos, mas também um sentimento de culpabilidade. Ter escravos quando se é cristão, impedir os negros de votar por manobras insidiosas quando se é democrata, viver com desigualdades flagrantes ao seu redor quando se defende a igualdade, são outras tantas contradições.

É verdade que certas justificativas teóricas ou religiosas, relativamente satisfatórias, oferecidas por sacerdotes, ideólogos ou especialistas das ciências sociais que sabem realizar muito bem essa tarefa, aliviam muitas consciências. Por outro lado, há certas pessoas que são muito conscientes da falácia de tais justificativas e só se identificando com certos grupos excluídos, ou adaptando seu modo de vida e seu ponto de vista, poderão reduzir a tensão que experimentam. Por essa razão, alguns jovens e alguns adultos abandonam suas vantagens sociais e adotam um estilo de vida simples, renunciando, por exemplo, às riquezas e aceitando um trabalho manual ou, como frades da Idade Média, fazendo-se mendigos e compartilhando a vida dos pobres. Outros poderão tentar romper socialmente com sua própria classe e dirigir-se às periferias onde eles podem tentar misturar-se com a minoria.

É evidente que a culpabilidade social não explica por si só este tipo de movimento em favor dos desviantes. O sentimento da justiça, as convicções políticas, as posições filosóficas podem também entrar em jogo. Minha análise não pretende ser exaustiva; trata somente de observar que as contradições entre o real e o ideal numa sociedade criam condições pelas quais os indivíduos deslocados à periferia pela sociedade exercem uma força de atração.

Além disso, determinadas experiências que descreverei mais adiante começam a mostrar que um indivíduo minoritário, ainda que não consiga necessariamente a simpatia, pode suscitar admiração por seu valor, sua sinceridade, sua originalidade etc., o que lhe permitirá desenvolver toda uma gama de iniciativas quando tente atuar sobre a maioria. A história dos movimentos de resistência durante a Segunda Guerra Mundial oferece um exemplo eloquente deste aspecto do desvio. Exemplo diferente é o fenômeno, bem conhecido, de simpatia e admiração por certos tipos de criminosos e delinquentes audazes, que pode, às vezes, provocar um triste antagonismo acerca de suas atividades. Além disso, nem todos os grupos outorgam a mesma importância ao êxito: os deserdados, os oprimidos, os vencidos podem suscitar fortes emoções e simpatias quando estão diante dos poderosos e dos afortunados: *a causa dos vencedores acede aos deuses, e a causa dos vencidos, a Catão.*

Não há nada mau em ser desviante, mas é muito penoso. Toda uma série de fatores – o conflito interno, o desejo de um consenso unânime, o fato de que o desviante possa ser atrativo e visto de modo positivo – mostra que as minorias e os desviantes têm tantas possibilidades de exercer influência como a maioria. Sobre este ponto, ao menos, os dois polos da relação são interdependentes.

Mas quem é a fonte de influência, quem é seu alvo e em que circunstâncias? Os elementos de resposta que eu posso aportar não são totalmente novos, mas eu gostaria de completar a lista de elementos conhecidos cujas implicações, desgraçadamente, foram esquecidas. Para comodidade do leitor, e sem querer ser demasiado pedante, proponho fazer uma distinção provisória entre grupos e indivíduos *nômicos* e grupos e indivíduos *anômicos*, segundo possuam ou não um código comum, uma norma reconhecida, uma resposta dominante ou um consenso admitido. Examinemos, à luz dessa distinção, o sentido da divergência ou do desvio.

O desvio implica, de um lado, para um indivíduo ou grupo, uma carência de meios psicológicos ou sociais que permitem perceber ou reconhecer a norma ou a resposta dominante e, de outro, uma rejeição da norma ou da resposta dominante em razão da existência de uma alternativa, de contranormas ou contrarrespostas que correspondem às crenças, às necessidades ou à realidade fática dos indivíduos ou dos grupos que as adotam. É fácil advertir que o não se adaptar a uma nova moda na forma de vestir, por não compreendê-la ou por impossibilidade de comprar novas roupas, não é o mesmo – nem tem o mesmo sentido – que preferir outras modas ou preferir se vestir de modo pessoal. Ainda assim, no plano dos problemas sociais, se alguém pratica o amor livre, a homossexualidade, a sexualidade de grupo, ou se entrega à droga, simplesmente para satisfazer aos seus desejos pessoais ou a sua curiosidade, não é o mesmo que adotar estes comportamentos por ser a marca de uma nova geração ou para apoiar a noção teórica de liberdade sexual. No primeiro caso, a divergência ou o desvio constitui uma transgressão e pode ser considerada como anômica; no segundo, deriva de uma oposição consciente a uma norma e da afirmação de soluções complementares, e pode considerar-se como nômica.

Portanto, há que diferenciar também entre as *minorias anômicas*, indivíduos ou subgrupos definidos por sua referência à norma ou à resposta do sistema social mais amplo, porque o grupo ao qual pertencem não possui normas e respostas próprias, e as *minorias nômicas*, que adotam uma posição diferente por contraste ou por oposição ao sistema social mais amplo.

Podemos classificar as maiorias do mesmo modo. Sabemos que existem maiorias que se caracterizam por regras ou códigos comuns fortemente interiorizados, às quais se aplica o termo nômicas; por exemplo, certas igrejas, partidos políticos, movimentos sociais. Existem também maiorias cujos códigos e regras nascem de compromissos precários entre interesses conflitivos: a célebre "maioria silenciosa", por exemplo, as multidões anônimas e solitárias, os grupos seriais descritos por Jean-Paul Sartre aos quais se ajusta melhor o qualificativo de anômicos.

É a possessão ou a carência de tais normas e respostas que converte tais indivíduos em elementos ativos ou passivos nas relações sociais. Na realidade, os psicólogos sociais já utilizaram implicitamente este critério. Em suas experiências contrapuseram, habitualmente, uma maioria ou um líder em possessão de normas ou opiniões bem definidas ou estruturadas e uma minoria ou um indivíduo que se afastava simplesmente desta norma e carecia de segurança ou de soluções próprias.

Reconheceu-se, algumas vezes, que nem todos os desviantes são idênticos nem reagem da mesma forma. Em outras palavras, os desviantes opõem, às vezes, uma resistência ativa, o que se explicou dizendo que podem ter vínculos com grupos exteriores que possuem critérios e valores diferentes. Levando essa noção ao extremo, alguns autores descreveram os desviantes unicamente em função desses vínculos externos, deixando de lado a possibilidade de uma consistência ou de uma autonomia interna: "Nos casos de desvio, é provável que outro grupo proporcione elementos de reforço aos indivíduos. O desvio resulta, pois, em parte, numa questão de conformidade às normas que prevalecem em um grupo diferente" (McGINNIES, 1970).

Que observação inocente e como ela tem ar científico! Tão científico que nos custa reconhecer nela a conhecida tese da conspiração. Por que seu filho escolheu a esquerda? Porque sofreu a influência de algum professor ou de certos amigos cabeludos, não porque refletiu ou tenha feito uma opção política séria. Por que as nações se rebelam contra o poder imperial? Porque outro poder imperial as incita, não porque, nas palavras de Frederick Douglas, "a resistência dos oprimidos opõem limites aos tiranos". Mas geralmente, por trás de todo movimento social concreto ou de toda transgressão individual, tendemos a ver a mão oculta, não de Deus ou da economia, mas de um grupo poderoso e secreto que os controla.

Toda a pesquisa teórica e experimental versou essencialmente sobre as maiorias *nômicas* e as minorias *anômicas*. A existência de minorias nômicas cujo comportamento difere do das minorias anômicas foi estudada somente numa reflexão *a posteriori*. Além disso, no âmbito das relações assimétricas anteriormente mencionadas do modelo não funcionalista, as minorias nômicas foram consideradas menos dóceis, e tão somente como receptoras de influência, não como fonte potencial de influência.

É preciso corrigir este desequilíbrio, não só introduzindo a reciprocidade e a simetria ali onde antes havia unilateralidade e assimetria, mas estudando os casos abandonados. Quais são esses casos? Se, utilizando as distinções que propus, estabelece-se uma matriz em que (+) represente os casos estudados e (–) os ignorados, é fácil ver o balanço.

Tabela 1

	Maioria	
	Nômica	**Anômica**
Minoria nômica	-	-
Minoria anômica	+	-

Esta tabela mostra que nas obras e manuais se analisou a influência exercida por uma maioria nômica sobre uma minoria anômica e sobre uma minoria nômica na medida em que esta resiste; foram deixadas de lado outras combinações. Contudo, é quase certo que uma minoria ou um grupo ativo, diante de uma maioria anômica, atue como fonte de influência. Um raciocínio idêntico parece se aplicar aos outros casos.

Por conseguinte, o primeiro caráter distintivo da minoria é que aparece como passiva (anômica) ou como ativa (nômica). Mas se nós considerarmos que as minorias ou os desviantes têm opiniões, normas e juízos para seguir a tendência geral, deveríamos então avaliar sua capacidade de influenciar e de produzir mudanças em função de sua *divergência* diante da maioria. Convém também levar em conta a *direção* dessa divergência do desviante ou da minoria; em suma, o fato de que a minoria é *ortodoxa* (pró-normativa) ou *heterodoxa* (contranormativa). A primeira coloca a ênfase na norma majoritária, ao passo que a segunda lhe opõe uma norma minoritária. Isso constitui um segundo caráter distintivo para a análise dos processos que aqui nos interessam. No contexto das proposições geralmente aceitas, só a minoria ortodoxa pode exercer influência sobre o grupo, já que preconiza uma norma aceita socialmente. Mas cabe imaginar que os porta-vozes das minorias heterodoxas ofereçam algo novo (informação, argumentos, estilos etc.) ao grupo, apresentem uma perspectiva diferente e, por isso, provoquem um conflito que pode levar um grupo a mudar. Em apoio a essas especulações já dispomos de alguns indícios.

Para começar, parece que, à medida que se reduz a distância entre a posição de uma minoria heterodoxa e da maioria, a minoria tem maiores possibilidades de exercer influência sobre o grupo. A lógica dita e o senso comum nos leva a acreditar; uma recente experiência de Nemeth e Endicott (1974) nos leva a pensar que em efeito é assim. Ainda que não enfrente diretamente uma minoria e uma maioria, esta experiência esclarece os pontos que aqui nos interessam, porque nos revela a conexão existente entre o contraste e a direção das opiniões ou dos juízos no processo de influência.

O problema é o seguinte: a maior parte das teorias se esforçaram em explicitar a importância do contraste que separa as posições e a importância da mudança de atitude. De modo mais preciso, preveem uma relação curvilínea; a mudança aumenta com a distância entre as posições até certo ponto, para depois diminuir radicalmente. Mas o problema que nos preocupa não tem nada a ver com essas teorias, nem com essas previsões, porque são perfeitamente compatíveis com nossas intuições mais espontâneas. O problema situa-se em nível da diversidade dos resultados obtidos a partir das várias experiências realizadas graças a essas teorias no curso dos últimos vinte anos aproximadamente. Levando tudo em consideração, parece, de um lado, que suas causas são a magnitude de contraste que entra em jogo na experimentação, confusões entre posições iniciais e o contraste e, de outro, as tomadas de posição e o contraste.

A fim de esclarecer essa situação, os autores da experiência que descreverei supuseram que em todos os julgamentos sociais existe um ponto psicossociológico médio que separa todos os julgamentos em duas orientações fundamentais: o próprio campo e o campo oposto. Além disso, este ponto normativo médio funciona como uma âncora, de maneira sensivelmente idêntica à própria posição do indivíduo, na avaliação de uma mensagem relativa a um tema de controvérsia, bem como da resposta outorgada. Com base nessa hipótese, os autores adiantaram que, geralmente, os sujeitos tenderão a assimilar as posições que se situam no seu próprio campo e a se opor às do campo adversário, mesmo quando a importância do contraste seja constante. Essa tendência geral, por outro lado, deveria ser mais marcada quando os contrastes são importantes. A motivação que conduz a que prefiram seu próprio campo ao campo contrário é pertinente, principalmente quando o emissor da mensagem adota uma atitude que está muito afastada da âncora, quer dizer, do ponto médio real ou da própria posição do sujeito. No caso de contrastes frágeis, o sujeito reagirá com uma mudança de atitude, tanto se a mensagem do emissor vem do seu próprio campo como do oposto. Porém, no caso de contrastes importantes, existe mais possibilidades de que os sujeitos reajam com uma mudança de atitude em relação ao emissor que se posiciona de forma muito diferente no próprio campo do sujeito, ao passo que não deveria manifestar mudança alguma de atitude se a posição muito diferente se situa no campo oposto, quer dizer, no outro lado do ponto médio. Assim, se você é minimamente conservador na ciência ou na política, existe a possibilidade de que seja influenciado da mesma maneira por um radical moderado ou por um conservador moderado. Porém, tratando-se de posicionamentos extremos, somente um conservador extremo poderá influenciá-lo, nunca um radical extremo. Isso pressupõe que há uma tendência fundamental a defender sempre uma posição ortodoxa, seja próxima ou afastada e, às vezes, a defender somente uma posição heterodoxa. Não estou de acordo com este ponto de vista nem com essas implicações, e mais adiante explicarei por quê. Porém, feita esta consideração, vejamos se as previsões se confirmaram e de que modo.

Os materiais haviam sido pré-selecionados numa série de nove situações que envolviam um julgamento moral. Em cada uma delas um objeto é estragado (por exemplo, uma bola quebra os vidros de uma janela na frente de uma casa) e se especificaram o valor e o custo da substituição. Esse valor de substituição considera-se localizado no ponto psicológico médio da escala e pode ser comparado a outros valores, como "superior ao valor de substituição" ou "inferior ao valor de substituição". Compreende-se que utilizaram como valor o dinheiro, por ser uma escala interna cômoda para pessoas que vivem numa sociedade onde o dinheiro é a medida das coisas.

A experiência foi desenvolvida da seguinte maneira:

Os sujeitos souberam, ao chegar, que escutariam uma entrevista gravada entre o pesquisador e um de seus companheiros, um aluno. Foi-lhes dito também que a gravação era uma discussão sobre um dos casos estudados três semanas atrás e lhes foi pedido que escutassem atentamente, pois o pesquisador queria saber como os sujeitos entendiam o que estava sendo dito e quais eram as reações diante do aluno entrevistado. A entrevista tinha sido realizada com um cúmplice, um menino de quatorze anos. A mesma gravação foi utilizada em todas as condições experimentais, ajustando-se simplesmente a posição do "aluno", a fim de controlar as indicações verbais e não verbais durante toda a experiência. Foi previsto, igualmente, um grupo de controle, no qual os sujeitos não escutaram a entrevista registrada. Uma vez recebidas as instruções, os sujeitos escutaram a gravação que correspondia à condição na qual participavam. No final, foi-lhes solicitado que preenchessem um questionário no qual expressavam sua própria opinião sobre o tema, avaliavam a série dos valores (de 0 a 40 dólares) como posicionamentos aceitáveis, inaceitáveis ou ridículos, e expressavam suas reações diante do aluno entrevistado. (Antes de apresentar os resultados é preciso acrescentar um elemento informativo. Neste estudo particular, os sujeitos tinham uma posição inicial de 16 ou 18 dólares, em escala que ia de zero a 40 dólares, pela compensação concedida a uma pessoa pela quebra dos vidros que custavam 20 dólares. O ponto médio é aqui 20 dólares, que representam o valor exato de troca.)

O que observamos? A mudança de atitude é significativa nos sujeitos que escutaram a entrevista correspondente à posição do seu próprio campo, qual seja, o contraste fraco ($t = 2,85$, $p < 0,05$) ou importante ($t = 2,14$, $p < 0,05$), e nos sujeitos que escutaram a entrevista correspondente à posição do campo contrário, na qual o contraste era fraco ($t = 2,85$, $p < 0,05$). Foi registrada uma mudança, porém não significativa, quando a entrevista adotava a posição do campo oposto com um contraste importante ($t = 1,44$, N.S.). Assim, de acordo com as previsões, os sujeitos modificaram seus julgamentos quando se encontravam diante de alguém que adotava uma posição que representava um contraste fraco, concretamente 6 dólares. Em qualquer campo onde se situava o contraste fraco, os sujeitos responderam modificando seus julgamentos em direção à posição do entrevistado. Por outro lado, quando os contrastes eram importantes, os sujeitos manifestaram uma mudança em seu julgamento e em sua aprovação com relação ao entrevistado que era de seu próprio campo, porém não manifestaram mudança alguma em seu julgamento ou adesão quando o entrevistado era do campo contrário.

Em suma, vemos que nossa especulação inicial é confirmada. Uma minoria heterodoxa é mais influente quando a divergência com relação à maioria não supera determinado ponto. Quando esta minoria se torna extremista, suas possibilidades de influenciar a maioria diminuem. Porém, não podemos pensar que um indivíduo é mais afortunado unicamente porque a minoria extremista a que segue é de seu próprio campo. Nemeth e Endicott deixam claro que "a relativa eficácia do contraste importante ao situar-se no mesmo campo não provinha do fato de ser considerada como uma posição aceitável, boa ou sensata. Importantes efeitos para discrepância foram consistentemente encontrados nestas questões. Consideravam-se os contrastes fracos como melhores, mais razoáveis e mais justos que os contrastes importantes, independente do campo onde se situavam. Por outro lado, um contraste grande no próprio campo implicava um sentimento de incerteza nos sujeitos. Estes se sentiam menos seguros de que se sua posição fosse justa ou de que as pessoas estivessem de acordo com eles" (p. 19).

Não se pode mais duvidar de que uma minoria heterodoxa exerce influência, ao menos quando o contraste é fraco. A experiência que acabamos de descrever o confirma, embora indiretamente. Porém, estava claro desde o começo que nossa hipótese era demasiado prudente. Podemos agora ir mais longe e afirmar que em certas circunstâncias o fato de ser uma minoria heterodoxa é, na realidade, uma vantagem, porque esta posição corresponde a certas preferências da maioria.

Outra experiência de Nemeth e Wachtler (1973) nos permite confirmar esta intuição. Os autores mostraram dezenove transparências, representando cada uma dois quadros. Em cada lâmina se indicou um quadro, aleatoriamente, como "italiano" e o outro como "alemão". Os sujeitos foram convidados a indicar suas preferências. Como de costume, não estavam sozinhos, mas em grupo de cinco com um cúmplice. Este manifestou uma preferência constante pelo quadro "italiano" ou pelo quadro "alemão". Em uma das condições se apresentou o cúmplice como de origem italiana ("Ângelo Milano"); na seguinte o apresentaram como de origem alemã ("Fritz Mueller"); numa terceira condição não se fez nenhuma alusão a sua origem nacional ("Bob Jones"). Procedeu-se a um *grupo de controle* somente com sujeitos ingênuos, sem cúmplices. Este grupo de controle não se mostrou neutro em suas opiniões, mas preferiu os quadros designados como italianos, denotando que a norma majoritária era pró-italiana. Que influência exerceu a minoria representada pelo cúmplice? Quando foi apresentado como alemão, os sujeitos dos grupos experimentais tendiam a tornar-se *mais* pró-alemães (ou menos pró-italianos) que os sujeitos do grupo de controle. Mas não se mostraram *menos* pró-italianos quando se apresentou o cúmplice como italiano. Os autores observam: "Assim, em lugar de uma situação em que a maioria dos sujeitos adota uma posição de preferência igual frente a um único indivíduo que tinha uma inclinação alemã ou italiana, nos encontramos em uma prova em que a posição majoritária já era pró-italiana. Neste sentido, um cúmplice que adotava a posição italiana adotava de fato a posição da maioria exagerando-a até o extremo" (p. 77). A posição alemã, por sua vez, sendo contranormativa e constituindo uma verdadeira norma minoritária, representa uma alternativa e ajuda ou obriga o grupo a reavaliar seus valores e seus juízos. Os autores desta experiência refinada explicam os fatos desta forma:

> Se adotamos como ponto de partida o fato de que a posição alemã é uma posição minoritária no sentido clássico, enquanto que a posição italiana reforça até o extremo o ponto de vista majoritário, chegamos a uma conclusão interessante. Um só cúmplice que adota uma posição minoritária consistente, diferente daquela da maioria, consegue induzir a esta, com eficácia, a modificar seus juízos em direção à minoria. Por outro lado, adota-se uma posição majoritária de modo exagerado ou mais extremista que a própria maioria, produz-se um efeito de polarização nos sujeitos, que, em vez de serem influenciados e aproveitar neste sentido, distanciam-se de sua posição. O cúmplice induz também aqui a uma mudança, mas na direção contrária. É possível que o fato de que o desviante adote uma contraposição aporte algo novo à situação, algo que leva os sujeitos a considerar aspectos da realidade que não tinham sido considerados antes. Há no comportamento do cúmplice um elemento de valor. Em troca, o desviante que adota a posição da maioria exagerando-a, não oferece nada novo, e sua rigidez pode determinar uma polarização no sentido inverso a sua posição. Outra explicação que pode ser dada a esses dados é a possibilidade de que todos os sujeitos das situações experimentais te-

nham se deslocado em direção a uma maior "imparcialidade", ou em direção à manifestação de preferências mais parecidas entre as opções alemã ou italiana. É possível que, quando um cúmplice adota de modo consistente uma posição dada, o conceito de nacionalidade e a ideia pré-concebida resulte em um fator essencial e arraste os sujeitos a reavaliar suas próprias posições. Poderá ser que tal reavaliação tenha como resultado uma resposta fundada numa norma de imparcialidade. Assim, como os sujeitos eram irresistivelmente pró-italianos ao encontrar-se em grupos de controle, é possível que a presença de um cúmplice cuja escolha consistente se fundamentava na nacionalidade lhes tenha levado a tomar consciência de sua própria postura sobre a nacionalidade. Pode ser que tenham tentado, então, negar ou reduzir sua própria postura, igualando suas preferências entre as duas nacionalidades (p. 77-78).

Outro estudo de Biener (1971) ofereceu igualmente resultados surpreendentes. Neste estudo, o alvo de influência era a percepção de cor pelos sujeitos. A tarefa consistia em emitir juízos sobre uma série de vinte e três fichas de cor na gama do azul ao verde, designando a cada ficha um lugar na escala que começava, num extremo, pela categoria "muito azul" e passava a "muito verde" no outro extremo. Das vinte e três fichas, quinze tinham a cor "crítica", que, objetivamente, situava-se mais no lado azul da gama de cores. A influência tinha como objetivo fazer com que os sujeitos acreditassem que a cor "crítica" era verde ao efetuar a comparação azul-verde. Para facilitar a manipulação das principais variáveis, apresentou-se a seguinte justificativa: foi dito aos participantes que o experimentador queria determinar se preferiam emitir seus juízos a sós ou em grupo. Foi-lhes informado ainda que, em várias provas, antes de expressar seus próprios juízos sobre as fichas de cor, se lhes comunicaria os juízos dicotômicos (azul ou verde) de uma ou duas pessoas semelhantes às que tinham participado anteriormente da experiência. Manipulou-se a frequência de exposição a uma resposta contraditória (verde), informando aos sujeitos, em seis ou em doze provas críticas, que um participante anterior tinha qualificado de verdes algumas fichas que eram azuis. O autor da experiência formulou a hipótese de que a resistência do sujeito à informação contraditória seria tanto maior quanto menos exposto estivesse e, por outro lado, que seus juízos seriam reforçados mediante uma informação de apoio, que se lhe seria dada antes de ter visto a ficha em questão. Ainda, manipulou-se o grau de resistência variando o número de provas nas que se apresentava aos sujeitos uma informação de apoio a sua percepção, ou seja, a resposta de um segundo participante em uma experiência anterior, que tinha qualificado de azul a ficha azulada em zero, seis ou doze das quinze provas críticas. Equilibrou-se a ordem de apresentação da informação de apoio e a informação contraditória, de forma que a metade dos sujeitos recebeu a informação de apoio do primeiro participante anterior e a informação contraditória do segundo participante anterior (condição S-D = *Supportive-Discrepant*) e a outra metade dos sujeitos recebeu a informação na ordem inversa (condição D-S = *Discrepant-Supportive*).

A experiência desenvolveu-se em duas fases. Na primeira fase: 1) apresentaram-se fichas de cor aos sujeitos; 2) foi-lhes comunicada uma mensagem em relação ao juízo do primeiro participante anterior sobre aquela ficha (ou uma mensagem anunciando que não lhes seria informado acerca do juízo deste primeiro participante); 3) foi-lhes comunicada uma mensagem sobre o juízo do segundo participante anterior acerca da ficha (ou uma mensagem anunciando "não há resposta"); 4) foi-lhes apresentada uma escala sobre a qual deviam emitir seus próprios juízos acerca da ficha. Na segunda fase da experiência os sujeitos foram convidados a formular juízos dicotômicos (verde ou azul) com doze fichas de cor. Depois desta segunda tarefa, eles preencheram um questionário onde expressavam sua atitude em relação aos dois participantes anteriores.

Mediu-se o efeito da informação contraditória: 1) pela tendência a julgar a cor crítica conhecida como cada vez mais verde; 2) pelo deslocamento do limite para julgar verdes as cores ambíguas.

Como cabe presumir e de acordo com a opinião comum sobre a influência social chamada informacional, prognosticou-se que, quanto mais apoio recebessem os sujeitos, menos seriam influenciados pela informação contraditória. Os resultados foram surpreendentes. Mostraram que funcionava um mecanismo distinto que contradizia a ideia geral sobre o desenvolvimento do processo. Contrariamente ao prognóstico – de que a existência de apoio social protegia o indivíduo contra o impacto da informação contraditória – os dados sugerem que, em alguns casos, a presença de um apoio social diminui a resistência do indivíduo. Devemos sublinhar que o fato de aumentar a certeza de uma pessoa e de reforçar seu juízo não a torna necessariamente impermeável à influência, longe disso. Mas examinemos mais de perto os resultados e os interessantes comentários de Biener. O único resultado seguro, observa Biener, era devido à ordem de apresentação da informação. Entre os sujeitos aos quais se apresentaram doze respostas de apoio de participantes anteriores, os que estavam na condição S-D foram mais influenciados pela informação contraditória que os da condição D-S. Por outro lado, é evidente que, quando os sujeitos recebem uma mensagem de reforço que afirma que a cor é "azul" antes de receber a mensagem contraditória "verde", estes se sentiriam inclinados a perceber mais "verde" na ficha de cor crítica que lhes é apresentada imediatamente depois (p é significativa e um nível inferior a 0,05). Os da condição S-D manifestaram igualmente uma maior segurança na tarefa de discriminação da segunda fase da experiência ao qualificar de verdes as cores ambíguas (cf. Tabela 2).

Tabela 2 – Certeza de que as fichas de cor ambígua eram verdes*?

Número de provas contendo informações contraditórias	Ordem de apresentação	
	S-D	D-S
6	165,7	**61,2**
12	147,9	**33,9**

* Uma pontuação de -468 representaria uma certeza absoluta de que as fichas de cor ambígua eram azuis; uma pontuação +468 representaria uma certeza absoluta de que eram verdes.

As respostas ao questionário pós-experimental são ainda mais evidentes. Quando o participante anterior que supostamente vê o "verde" fala depois do participante anterior que supostamente vê "azul", adotando, assim, uma posição desviante em contradição manifesta, recebe mais opções sociométricas positivas e suscita mais atitudes favoráveis que de outro modo. Alguns extratos das entrevistas mostram que ele se beneficia também de uma grande estima: "Um indivíduo interessante que aprofunda as coisas", "Realmente extravagante, mas brilhante". Correlativamente, os sujeitos da condição S-D escreviam a propósito do participante anterior que mantinha uma posição de apoio: "Porque dizia praticamente sempre 'azul' me pareceu pouco inteligente", "Parecia um tanto fechado, não suscitava novas ideias, provavelmente porque pensava sempre como eu".

Escreve Biener:

> Os presentes resultados não confirmam a hipótese de que a presença de mecanismos externos de resistência diminuam a tendência a aceitar o ponto de vista contraditório. Supõem, pelo contrário, que o fato de saber que outros indivíduos estão de acordo com o sujeito pode, nas mesmas condições, aumentar a receptividade deste último em relação à informação contraditória. Tínhamos suposto, de saída, que o simples fato de que um indivíduo se exponha a uma informação contrária à própria convicção suscitaria uma motivação para resistir a ela. Esta hipótese parece comum nos estudos sobre mudança de atitude. Considera-se, frequentemente, a situação de influência como um conflito no qual o influente e o influído se consideram adversários. Nesta ótica, é possível manipular o resultado do conflito de atitude variando o poder de cada uma das partes. Assim, vemos muitas vezes que se atribui a persuasão ao poder de que dispõe o comunicador de recompensar ou castigar, à competência ou à autoridade do comunicador ante o receptor, ou a sutis astúcias de construção da mensagem, destinadas a romper o sistema de defesa do sujeito. É certo que estas conclusões e os modelos que delas são retirados são muito valiosos. Por outro lado, os resultados do presente estudo fazem supor que, em nossa preocupação pela orientação competitiva em relação à situação de influência, ignoramos, quem sabe, determinados aspectos do processo de mudança de atitude (p. 44).

Na verdade, tais aspectos foram ignorados. O que foi principalmente ignorado é o fato de que os seres humanos preservam sempre certa curiosidade e atitude crítica e que, mais do que nunca, eles apreciam aqueles que possuem uma coragem intelectual ou física para abandonar o trilho costumeiro. É por isso que indivíduos ou grupos, quando expostos à influência de uma minoria ortodoxa (pró-normativa), podem achar que a norma (e a minoria) são menos atrativos; tal fato tem o efeito de facilitar a influência de uma minoria alternativa heterodoxa (contranormativa) que, devido ao contraste, mostra-se como interessante e original.

Mas os fenômenos sociais não são tão simples. Seria absurdo supor que só as minorias heterodoxas exerçam influência e que as minorias ortodoxas não o fazem. Devemos examinar primeiro o tipo de influência que exerce cada classe de minoria e, ainda assim, desconfiar das generalizações prematuras, porque precisamos saber mais sobre suas maneiras de agir. Mas, à luz dos fatos históricos e políticos, não estaremos muito longe do rumo ao formular a hipótese de que uma minoria ortodoxa é, com frequência, capaz de obrigar o grupo a compartilhar suas atitudes e convicções, enquanto que, nas mesmas condições, uma minoria heterodoxa provoca uma ruptura com as atitudes e crenças do grupo. Também é possível que a minoria heterodoxa seja totalmente rejeitada, que alcance o resultado inverso ao pretendido. Mas voltaremos a esta questão mais adiante.

Um recente estudo de Paicheler (1974) nos permite confirmar essa hipótese. O estudo versa sobre a polarização nas atitudes nos grupos, quer dizer, sobre o fato de que, durante e depois da interação social, os grupos tendem a adotar posições mais extremas que as de seus membros antes da interação. Comecemos por descrever o material e o procedimento experimental utilizados nas experiências de Paicheler. Apresentou-se primeiramente aos sujeitos, individualmente, um questionário que compreendia oito partes relativas à atitude em relação às mulheres. Cada parte descrevia um aspecto da vida e dos problemas femininos e oferecia várias respostas possíveis, algumas fundamentalmente pró-feministas e outras antifeministas radicais. Pediu-se aos sujeitos que indicassem para cada uma das oito partes sua escolha preferencial (pré-consenso). Uma vez completado o questionário, o experimentador colocou-os em grupos de quatro, entregou-lhes um segundo exemplar do mesmo questionário e pediu-lhes que discutissem cada parte e chegassem (em cada uma delas) a uma decisão unânime. Determinaram-se, num segundo exemplar do questionário, as decisões acordadas pelos grupos (consenso). Pediu-se novamente aos sujeitos que expressassem suas opiniões individuais sobre cada seção (pós-consenso). A experiência dividia-se, pois, em três fases: pré-consenso, consenso e pós-consenso. Se o grupo não conseguia chegar a um consenso, ao final de oito minutos interrompia-se a discussão sobre cada parte; solicitava-se então aos sujeitos que anotassem sua posição individual naquele momento.

As condições experimentais eram as seguintes:

a) Presença de uma pessoa externa. Em cada grupo havia um cúmplice do experimentador, encarregado de adotar uma posição extrema e mantê-la, apesar da pressão exercida pelos demais membros do grupo. Devia adotar esta posição extrema de modo constante durante toda a discussão do grupo, contestando em cada parte da mesma forma. b) Norma ortodoxa e norma heterodoxa. O cúmplice expressava ou uma atitude pró-feminista, que ia no sentido da norma, para os grupos de estudantes que participavam da experiência, ou uma atitude antifeminista, que ia contra a norma para os grupos de estudantes. Adotando constante e uniformemente uma posição extrema e, portanto, desviante, o cúmplice se situava, ora no sentido da evolução contemporânea da norma, ora contra a corrente.

Aqui estão os resultados: quando no grupo havia um cúmplice extremista e feminista, a polarização das atitudes era muito forte e correspondia, na maioria dos casos, a um acordo com o cúmplice sobre as posições feministas mais extremas. Em 94% dos casos, os sujeitos aderiram ao ponto de vista do cúmplice. Contudo, é mais marcante ressaltar que os sujeitos conservaram estas atitudes extremas na fase do pós-consenso da experiência, quando respondiam sozinhos. Em suma, a norma foi consideravelmente modificada pela presença de um indivíduo minoritário ortodoxo que defendeu firmemente sua posição. Quando o cúmplice não era consistente, a mudança, ou a polarização, foi muito mais fraca que nos grupos onde o era, e isto tanto na fase do consenso ($F = 13,8$, $p < 0,02$) como na fase de pós-consenso ($F = 7,29$, $p < 0,02$).

Mas o quadro é alterado nos grupos onde havia um cúmplice antifeminista. Devemos sublinhar, como observou o autor da experiência, que em 94% dos casos os membros do grupo não chegaram a um consenso e que a discussão sobre esta parte foi interrompida aos 8 minutos. A incapacidade de chegar a um acordo provocou uma grande frustração nos sujeitos, que a rigidez do cúmplice acentuou, levando a discussão a um ponto morto. Por outro lado, não podemos sustentar a conclusão segundo a qual a presença do cúmplice conduz somente a um enfrentamento com sua posição intransigente e extremista, a uma rejeição desta posição, ou a um acordo com esta posição. Os processos que intervêm são muito mais complicados; e em certos aspectos, são idênticos aos mecanismos de assimilação e de contraste descritos por Sherif e Hovland (1961). Segundo estes autores, os receptores de uma mensagem modificam sua atitude na medida em que se aproxima à fonte emissora da mensagem, quando a posição da fonte é próxima à sua – efeito de assimilação; e em direção oposta à atitude da fonte da mensagem, quando sua posição está afastada da atitude de seus receptores – efeito de contraste. Mas nos seus estudos, Sherif e Hovland consideram esses efeitos como efeitos separados, que conduzem algumas vezes à conformidade e, em outras, à polarização.

Na bipolarização, podemos observar um fenômeno de influência diferencial. As opiniões do cúmplice minoritário têm por efeito deslocar, no sentido antifeminista, os sujeitos que tinham já tendências antifeministas e, no sentido pró-feminista, os sujeitos com certa tendência pró-feminista; assim, a assimilação e o contraste operam simultaneamente. Por outro lado, é certo que, se os processos aqui contemplados implicam, em princípio, uma simetria entre os dois efeitos, nossos resultados mostram uma assimetria, porque o efeito da assimilação é, neles, mais acentuado que o do contraste. De fato, observamos deslocamentos muito diferentes nos sujeitos que se orientavam em direção a uma posição feminista antes da discussão do grupo e naqueles outros cujo ponto de vista era menos feminista. Os primeiros orientaram suas posições iniciais ou, em alguns casos, a posições feministas mais acentuadas depois do intercâmbio de ideias no grupo. Aqui observamos sinais de resistência à influência do cúmplice, mas não um claro exemplo de contraste. Outros sujeitos adotaram a posição do cúmplice durante e depois do intercâmbio. Sua frágil resistência nos faz supor que os argumentos antifeministas do cúmplice encontraram eco nos seus próprios e desencadearam um efeito claro de assimilação (cf. Tabela 3).

Tabela 3 – Evolução diferencial média nos grupos com cúmplice antifeminista

Sujeitos	Fase da experiência		
	Pré-consenso	Consenso	Pós-consenso
Os menos feministas	0,02	-0,89	-0,44
Os mais feministas	1,46	1,03	1,55

Desse modo, a expressão consistente de uma atitude heterodoxa teve um efeito muito acentuado de bipolarização; como se esperava, as posições dos membros tendiam a se afastar umas das outras. Embora ainda não disponhamos de uma explicação clara sobre esses achados, deparamo-nos com um efeito importante que raras vezes se obteve pela via experimental. Corresponde ao tipo de influência que uma pessoa heterodoxa pode exercer aumentando a divergência das opiniões, fazendo emergir conflitos entre os membros do grupo e bloqueando o consenso entre eles. Isso mostra que é possível tanto aumentar a influência de uma minoria que está de acordo com as normas, quanto fazer emergir, simultaneamente, duas influências opostas quando a minoria não está de acordo com as normas.

Vemos que as duas minorias desviantes, uma de maneira ortodoxa e outra de forma heterodoxa, determinam tipos diferentes de mudança e de momento. Aí está o ponto essencial destes resultados. Uma questão permanece por resolver. Conforme a primeira afirmação mencionada, só as minorias nômicas, que têm um ponto de vista definido, são capazes de influenciar no grupo. Afirmamos – e espero que tenhamos demonstrado – que o caráter ortodoxo ou heterodoxo deste ponto de vista, quer dizer, da norma que representa, determina o grau e, particularmente, a natureza da influência minoritária. Contudo, cabe perguntar como se relaciona esta influência com o modo como a minoria expressa suas próprias opiniões. Com outras palavras, precisamos saber se a rigidez ou a flexibilidade na apresentação dos argumentos tem os mesmos efeitos quando as utiliza uma minoria ortodoxa ou uma minoria heterodoxa.

Mugny (1974) estudou este problema submetendo a experimento a hipótese segundo a qual o ponto de vista ortodoxo terá mais influência quando se apresenta com rigidez, que quando se apresenta de modo vacilante, ao contrário do que ocorrerá com o ponto de vista heterodoxo. A razão de ser desta hipótese é bastante simples: no primeiro caso, uma mensagem que contém argumentos coerentes reforça as atitudes do grupo; no segundo, ameaça essas atitudes e provoca uma rejeição. Na realidade, a situação é mais complicada. O material utilizado nesta experiência referia-se à atitude em relação aos estrangeiros, estabelecida mediante um questionário com dezesseis itens. Cada parte era composta de uma frase que expressava um juízo sobre os problemas suscitados por estrangeiros na Suíça. A metade das partes representava atitudes xenófobas e a outra metade, atitudes xenófilas; versavam sobre problemas de habitação, de direitos políticos, de cultura e de economia, ligados à presença dos estrangeiros. Para cada parte os sujeitos deveriam indicar se consideravam o juízo como "válido" ou "inválido" numa escala de sete pontos. Os sujeitos, alunos suíços do ensino médio, realizaram esse experimento em suas turmas. Pediu-se que, primeiro, respondessem ao questionário. Uma vez cumprida esta tarefa, distribuiu-se um texto para cada um, que eles deveriam ler, e informou-se ainda que havia vários textos diferentes, que deveriam ser lidos individualmente e em silêncio. Havia, de fato, quatro textos diferentes que seguiam um esquema similar: o primeiro parágrafo expunha o problema suscitado pela presença dos estrangeiros na Suíça e indicava a posição dos autores do texto. Os três parágrafos seguintes apresentavam brevemente questões relativas à habitação, aos direitos sindicais e aos direitos políticos dos estrangeiros. Dois dos quatro textos representavam a posição ortodoxa-pró-normativa, xenófila, e os outros dois, a posição heterodoxa, xenófoba. Além disso, em cada uma das duas categorias de texto, uma apresentava, de modo consistente, a atitude favorável (ou contrária) da presença dos estrangeiros, ao passo que a outra era mais "vacilante", menos incisiva. Cada sujeito leu só um dos textos, dividindo-se a turma em quatro subgrupos. Quando os estudantes terminaram de ler os textos, voltaram a se misturar e pediu-se que novamente respondessem ao questionário sobre as atitudes diante dos estrangeiros. Justificou-se a tarefa dizendo que o mero fato de ler um texto permitia, às vezes, que as pessoas esclarecessem seus pensamentos e suas ideias.

Neste caso, a situação experimental é certamente muito forçada. Por outro lado, os resultados nos oferecem algumas tendências interessantes. A Tabela 4 apresenta a mudança de atitude para todas as partes nas quatro condições experimentais.

Tabela 4 – Índice médio de mudança de atitude para os dezesseis itens do questionário*

Fonte	Tipo de mensagem	
	Nômico	Anômico
Ortodoxa	+2,92	-1,32
Heterodoxa	+1,76	-1,76
* N=25 por cada célula		

Observamos que os sujeitos que leram os textos ortodoxos que continham um ponto de vista coerente foram influenciados de modo positivo, ao passo que os que receberam um texto ortodoxo relativamente matizado tendem a ser influenciados no sentido oposto, a tornar-se mais xenófobos, em vez de mais xenófilos. Por outro lado, a tendência não é significativa do ponto de vista estatístico. E os sujeitos que receberam um texto heterodoxo que expressava um ponto de vista xenófobo? Sua reação situou-se quase no extremo oposto. Os que leram o texto heterodoxo, redigido a propósito para apresentar um grupo absolutamente xenófobo, manifestaram uma tendência, por sorte não significativa, a se tornarem xenófobos; o contrário, os que leram o texto heterodoxo "vacilante" modificaram sua atitude no sentido oposto à mensagem que tinham lido, tornando-se mais xenófilos que antes ($t = 1,77$, $p < 0,05$).

Uma análise de variância dos fatores independentes revela uma diferença significativa ($F = 9,136$, $p < 0,005$) entre as mensagens "rígidas" e as mensagens "matizadas", a qual mostra que o estilo e a organização dos argumentos cumprem um importante papel. Não obstante, observa-se que as mensagens "rígidas" provocaram uma mudança maior quando a mensagem era ortodoxa do que quando era heterodoxa ($F = 5,645$, $p < 0,05$). Portanto, a ortodoxia tem um impacto muito maior que a heterodoxia, mas somente se as posições são apresentadas de modo coerente.

Pode-se questionar, e com razão, que esses resultados não se referem propriamente à influência de uma minoria, já que os textos foram apresentados aos estudantes por um grupo de adultos no contexto de sala de aula. Por isso, precisamente, sublinhei a natureza experimental destes resultados. Por outro lado recordemos a experiência de Paicheler (1974), na qual existe uma minoria e onde observamos que o impacto da minoria só é significativo quando mantém somente uma posição específica do início ao fim da discussão grupal, quando se expressa como minoria nômica. Por outro lado, levando em consideração todas estas ressalvas, inclinamo-nos a concluir que somente um grupo nômico, seja a favor, seja contra a norma, é capaz de exercer influência em seu ambiente social.

Em resumo, a influência recíproca de uma minoria é concebível em razão da existência permanente de conflitos internos, em razão da busca de um consenso unânime e porque os indivíduos são considerados de modo favorável quando não possuem *status* social nem poder particular. Mas o simples fato de ser uma minoria, um desviante, não transforma, por si só, o indivíduo ou o grupo em alvo ou fonte de influência, em parte passiva ou ativa do grupo, ou da sociedade. Só a ausência ou a presença de uma posição definida, de um ponto de vista coerente, de uma norma própria determina o que transforma a minoria em fonte ou em alvo de influência. Em outras palavras, é o caráter nômico ou anômico de um grupo social o que importa, não o fato de ocupar ou não uma posição de poder ou de constituir ou não uma maioria. Finalmente, não é a simples distância entre as posições – e o contraste entre os juízos ou as atitudes majoritárias ou minoritárias – o que determina seu respectivo impacto, ainda que tais distâncias devam ser levadas em conta. Desse modo, poderíamos observar que sua influência depende das diferentes direções que existem entre os dois polos de interação: *ortodoxo*, quando vai no mesmo sentido que a norma, e *heterodoxo*, quando vai no sentido oposto ao da norma.

Em geral, a ortodoxia implica uma maior uniformidade de opiniões e de crenças no grupo, uma influência global do ponto de vista da minoria. Por outra parte, a heterodoxia, ao bloquear a comunicação e as interações entre os membros do grupo e ao tornar impossível o consenso, provoca uma nítida diferenciação das opiniões e das crenças no grupo e um deslocamento no sentido oposto à norma do grupo. Algumas vezes este efeito não é intencional, em outras, corresponde a um objetivo manifesto, que é aumentar a distância entre a minoria heterodoxa e a maioria ortodoxa. Em todo caso, as condições necessárias para exercer influência não variam: a pessoa tem de existir e ser ativa.

5
O PONTO CRUCIAL DA MUDANÇA: O CONFLITO

2ª proposição: A mudança social, assim como o controle social, constitui um objeto da influência.

Todas as sociedades são, por definição, heterogêneas, e nem todas as pessoas compartilham o mesmo mundo no seio de uma sociedade. Os indivíduos, as classes e os interesses profissionais estão em conflito e seus objetivos, bem como seus modos de ação, são incompatíveis. A ordem se cristaliza a partir da massa mutante da desordem virtual. E o que se aplica à sociedade, em seu conjunto, aplica-se também ao interior de cada grupo. O controle social e a mudança social, algumas vezes, complementam-se e, em outras, opõem-se. Mas estas duas forças não possuem a mesma importância em todos os setores da vida social, nem em todas as partes da sociedade ou dos grupos. Tampouco exercem o mesmo impacto sobre todas as fases do desenvolvimento de um sistema coletivo. Trata-se de observações triviais, mas servem para fixar nossa atenção em certas implicações que foram deixadas de lado.

Grupos como a família, a Igreja, a escola, a indústria, o exército e certos partidos políticos fazem o possível para manter o controle social como força dominante. Nestes grupos, a exigência de continuidade, a necessidade de transmitir práticas e valores, e de preservar as relações hierárquicas, impõem uma vigilância constante do comportamento individual e um controle, não menos constante, para prevenir ou eliminar o desvio, quando este se produz. Parece que o consenso, a submissão às normas, a supressão de fortes preferências pessoais, a necessidade de direção e de aprovação, são condições imprescindíveis para toda interação coordenada e isenta de conflito.

Não ocorre o mesmo com a ciência, a arte, a moda ou a tecnologia. Nestes terrenos, a originalidade, o conflito de opiniões, a busca de novas ideias e técnicas, formam parte dos valores superiores e melhor recompensados. De fato, deles depende a sobrevivência destas esferas de atividade. Em tais esferas o objetivo de todo intercâmbio e de toda comunicação é propagar novos elementos, modificar métodos, conceitos, gostos e comportamentos e criar diferenças entre os grupos e entre os indivíduos. Quase não se deseja preservar o *status quo* e, fazê-lo, suscita repugnância. A força motriz destes comportamentos não é o desejo de afiliação com os outros nem a necessidade de compartilhar opiniões e seus códigos. O incentivo é a renovação e a substituição do já existente, o reconhecimento da individualidade de cada contribuição e de cada posição.

Estou exagerando um pouco. Por outro lado, é evidente que a tendência ao controle social e a tendência à mudança social não atuam no mesmo sentido. Em certos casos, o antagonismo destas tendências aparece claramente. Nos grupos científicos e técnicos, por exemplo, os exames, a avaliação e a natureza das publicações contribuem à formação dos indivíduos, à persistência dos modos de pensamento e de trabalho e à perpetuação de certos sujeitos e modelos. O que se considera como "científico" num momento dado, costuma estar claramente definido e constitui a medida de aptidão de um indivíduo para ser membro do grupo. A participação em conferências e reuniões, a escolha para as organizações profissionais e as recompensas e prêmios outorgados, complementam a integração do pesquisador no grupo. Respeitando as diversas técnicas e regras com as quais está familiarizado, o pesquisador ganha reconhecimento de seus colegas e é admitido como membro de um grupo que, por sua vez, lhe dá acesso, segundo sua competência e suas realizações, a situações favoráveis na universidade, na indústria ou no governo.

Simultaneamente, mediante a proposta de exemplos dignos de emulação, mediante a importância concedida ao descobrimento de novos fenômenos e técnicas, mediante o prestígio conferido ao êxito na inovação, incita-se o indivíduo a fugir das ideias recebidas e buscar novos estímulos e novas perspectivas. As honras outorgadas ao homem genial, ao descobridor de um fenômeno novo, ao criador de uma nova teoria ou uma nova técnica, e particularmente de uma nova ciência, inscrevem-se na consciência coletiva e criam a convicção de que, em última análise, é a derrubada dos princípios, das técnicas e dos conceitos estabelecidos o que constitui o objetivo superior e o fundamento mais seguro de um reconhecimento duradouro. Neste mesmo grupo, contudo, a elaboração do saber existente, o refinamento das técnicas e a validação das ideias mediante experiências rotineiras detalhadas são, também, habitualmente apreciados. Na realidade, é a isto que se dedica a maioria dos pesquisadores. É fácil avaliar seu trabalho e integrá-lo numa esfera particular se, com ele, algo que tinha necessidade de aprimoramento de fato melhorou, ou se ele resolveu um problema complicado.

Mas, além disto, em períodos em que os pesquisadores estão de acordo sobre sua orientação fundamental e caminham, portanto, passo a passo, progredindo regularmente num espaço limitado, produz-se algo estranho: o aborrecimento. A rotina do árduo trabalho em pequena escala perde seu sentido e todos parecem esperar que se produza algo novo, e que alguém lance uma ideia verdadeiramente nova e capaz de suscitar entusiasmo. Assim, as épocas normais de progresso regular e fragmentário, como a que atualmente atravessamos, são vividas e julgadas facilmente como períodos de crise, e as épocas excepcionais e agitadas, durante as quais tudo é questionado e sofre comoção, são vividas e consideradas como momentos de desenvolvimento e de grandes façanhas.

O delicado equilíbrio entre o desejo de mudança constante e a necessidade de desenvolver novos meios para conter a mudança se ilustra na incessante subdivisão das disciplinas científicas, na série interminável de novas revistas, na criação regular de novos centros de pesquisa, no progresso relativamente rápido da periferia em direção ao centro da comunidade científica, na tolerância com os indivíduos e subgrupos marginais e na severidade com que se julgam os trabalhos publicados. Apesar da maior ou menor exatidão desta descrição da comunidade científica, é um fato que a mudança social é mais importante que o controle social em certas esferas de atividade e que as comunicações, os processos de influência e a organização das relações entre os indivíduos e os subgrupos estão profundamente marcados por esta situação.

Ainda que uma sociedade esteja dominada pela mudança ou pelo controle social, é óbvio que no seio da mesma nem todos os grupos estão de acordo quanto ao caráter desejável da força predominante. As autoridades e as maiorias costumam preferir o controle social. Seu ideal, e na realidade sua obrigação, é o equilíbrio, a resolução pacífica dos conflitos, a adesão cega às opiniões e às leis existentes e a difusão de uma só concepção da realidade. É evidente que todos se beneficiam desta situação numa certa medida, ainda que desigualmente. Por outro lado, a mudança social será desejada pelos indivíduos e os subgrupos desviantes ou marginais. Para eles, a luta contra as instituições estabelecidas e as discriminações de todo tipo prevalece sobre a necessidade de estabilidade e o respeito às normas.

Esta análise se aplica tanto às confrontações no seio da universidade quanto às lutas contra o colonialismo e ao racismo e aos conflitos entre as gerações e entre os sexos. É verdade que as situações de conflito não são tão frequentes como as situações de estabilidade e de coesão, mas não são menos decisivas para nossa vida e nossa cultura. Não é possível entender a natureza básica do comportamento individual, ou do comportamento do grupo, se não se levam em conta os fenômenos deste tipo. Esta verdade deveria ser colocada com clareza porque, de um lado, muitos psicólogos sociais tiveram de ignorar as diferenças estruturais nas esferas da ação social; e de outro, supuseram que os indivíduos e os grupos obedecem aos mesmos motivos, ou aos mesmos interesses, independentemente de sua posição na sociedade.

Analisei até aqui o controle social e a mudança social em termos gerais. Agora há que se formular a questão: qual é o sentido desta oposição entre controle e mudança em relação à influência social? Tal importância está contida nas nossas definições da fonte e do alvo da mudança. Emerge claramente dos estudos relativos ao poder, a comunicação nos pequenos grupos, a tomada de decisões e a modificação das atitudes e do comportamento. Os grupos, as maiorias e os líderes parecem destinados a reforçar seu controle e alcançar seus objetivos exercendo uma pressão sobre os indivíduos e as minorias, a fim de fazê-los mudar. O conceito de dinâmica de grupo de Lewin (1948), assim como os trabalhos de Coch e French (1948), fundamentam-se na convicção de que o grupo é um instrumento mais eficaz para modificar os comportamentos ou as opiniões e para efetuar a integração do indivíduo. A teoria de Lazarsfeld sobre a circulação das comunicações em duas etapas utiliza um esquema análogo, e a abundante bibliografia consagrada à mudança de atitude revela a mesma ideia preconcebida.

A atitude que deve ser mudada é a do indivíduo. A maior parte das teorias formuladas sobre este tema, incluídas as teorias da dissonância, do reforço e da atribuição, levam em conta mais as atitudes individuais que as atitudes coletivas. Isto era inevitável, porque o indivíduo sempre foi considerado como um desviante em potencial, como um possível obstáculo à locomoção do grupo e como um inadaptado quando opunha resistência às exigências do grupo. Só poderemos falar de uma autêntica mudança social quando tenhamos invertido os termos, fazendo do grupo em seu conjunto, de suas normas e de *seus* atributos, o alvo da mudança e dos indivíduos e das minorias a fonte destas mudanças.

Agora fica evidente que a mudança social é o processo central da influência em suas manifestações individuais e coletivas. A oposição entre mudança social e controle social, em que tanto insisti, está intimamente unida à orientação, origem e efeitos da influência. O caráter crucial desta oposição reside no fato de que canaliza e orienta todo nosso enfoque com relação às relações sociais e às questões que suscitamos a este propósito. É importante também por outra razão: essa oposição nos obriga a revisar nossas teorias sobre a mudança de atitude se queremos que possam aplicar-se aos indivíduos e aos grupos. Concentrando-nos nas pressões que determinam a mudança social, chegaremos a reconhecer a necessidade de descrever e de levar em conta a *inovação*.

3ª proposição: Os processos de influência estão diretamente vinculados à produção e à reabsorção de conflitos.

> A guerra é um tipo de intercâmbio que une aqueles mesmos que ela despedaça.
> Joubert

A influência social não está necessariamente associada nem à incerteza, nem à discordância. Tudo ao nosso redor está organizado de tal modo que leva a reafirmar nossas atitudes, reforçar nossa mútua concordância, e impedir tudo o que possa desequilibrar este estado de coisas. Os meios de comunicação todos, desde o jornal diário até as orações, desde as conversações inocentes sobre o tempo até os discursos políticos, são usados de tal modo que evitem o mínimo despertar de curiosidade. Quando, porém, a influência é exercida no sentido da mudança, o desacordo é inevitável. Desde o momento em que é notado, o desacordo é percebido como um estado ameaçador, criador de angústia. Indica que o frágil pacto das relações, as crenças e o consenso será questionado.

Inclusive a mera previsão de desacordo e da opinião divergente tem efeitos fisiológicos análogos. Falando de uma pessoa contrariada, costumamos dizer que está "eriçada". C.E. Smith (1936) se propôs a medir esta reação no galvanômetro[1] em função das variações da reação epidérmica. No decorrer da experiência se diz aos sujeitos que suas opiniões estão em acordo, ou em desacordo, com as de uma fictícia maioria. No caso de desacordo, as reações registradas no psicogalvanômetro são mais fortes. Ainda assim, a reação é mais pronunciada quando os sujeitos defendem suas opiniões com ardor do que quando não possuem convicções firmes.

Burdick e Burnes (1958) levaram a cabo um estudo análogo. Propuseram aos adolescentes dois temas que deveriam preparar para debatê-los com um professor: "A vida depois da morte" e "O serviço militar". No decorrer de uma discussão, o professor se mostrava firmemente com consistência sobre um tema, mas estava também com consistência, em desacordo total sobre outro. Observou-se uma reação psicofisiológica mais pronunciada quando do o sujeito enfrentava uma contradição.

Estas experiências e outras similares (STEINER, 1966) trazem uma nova confirmação à ideia de que as pessoas esperam, normalmente, que os demais estejam de acordo com elas, experimentam uma tensão se esta expectativa não se cumpre e precisam de tempo para dar-se conta da existência do desacordo. Asch (1952) observou que os indivíduos que são objeto de pressão por parte da maioria vacilam por um longo tempo antes de aceitar a ideia de conflito com a maioria. Entre estes sujeitos "ninguém está preparado para o desacordo fundamental. A fim de evitá-lo, buscam uma explicação no mal-entendido. Os sujeitos não se encontram ainda totalmente em conflito; e de fato, recusam admiti-lo como uma possibilidade real, buscando uma explicação mais simples.

---

1. O *galvanômetro* é um instrumento que pode medir correntes elétricas de baixa intensidade, ou a diferença de potencial elétrico entre dois pontos [N.T.].

Esperam que os primeiros desacordos sejam só acidentais e que abram caminho a uma sólida unanimidade. Quando os desacordos persistem, já não podem manter esta esperança. Então pensam que eles veem as coisas de uma maneira e o grupo de outra".

Esta regra, contudo, segundo a qual os indivíduos esperam estar de acordo com os demais, é "provada" através de sua exceção. Smith mostrou que os sujeitos que têm convicções profundas não manifestam nenhum sinal de tensão ante o desacordo. Sua interpretação é a seguinte: as pessoas que estão seguras de estar com a razão não se sentem questionadas pelas opiniões contrárias.

Mais adiante voltarei sobre o problema destas exceções, a fim de discutir a conclusão precipitada segundo a qual as pessoas preferem o acordo à disputa, o amor ao ódio. As diferenças de opinião ou de crença, presentes ou futuras, não estão em jogo como tais. O importante é que são sinais de conflito iminente. Steiner, a quem devemos esta intuição, observa: "Mesmo quando são previstas, as controvérsias interpessoais podem predizer um próximo desastre, predizer futuras dificuldades ou confirmar a existência de conflitos pessoais. Sem dúvida, é o *sentido simbólico* de um desacordo, mais que suas qualidades próprias, o que é incompatível com os objetivos valorizados" (STEINER, 1966: 223).

Mas, em última análise, o que há de inquietante na divergência é: 1) a ameaça de uma norma ou de uma resposta diferente; 2) a incerteza sobre sua própria aptidão para resistir a outra norma ou a outra resposta, ou para modificá-la. Quando há conflito de ideias ou de juízos, a dúvida se faz mais forte, pois se crê que não pode haver mais que uma ideia ou um juízo que seja aceitável ou aceito. O indivíduo perde confiança no que vê ou pensa, ou, se segue confiando, não pode compreender como e por que o outro indivíduo pode ter um ponto de vista diferente. Então se vê obrigado a preocupar-se com a validez e com a generalização deste outro ponto de vista.

Se o desacordo persiste, sua expectativa fica frustrada e pode conhecer o fracasso em vez do êxito. O fracasso, quando se produz, é menos profundo, ou pode ser aceito mais facilmente no caso de uma minoria que enfrenta a uma maioria. O êxito, por sua vez, é percebido como um triunfo absoluto. O contrário ocorre com a maioria. O fracasso das tentativas destinadas a influenciar é profundamente perturbador, enquanto que o êxito não tem nada de excepcional. Em suma, a persistência de atitudes e de juízos divergentes constitui um golpe dirigido ao suposto poder das pessoas para efetivar uma mudança, e o resultado é uma perda de confiança, ora nas próprias faculdades, ora nas próprias opiniões e crenças.

O desacordo possui, pois, igual à ameaça de conflito, um efeito perturbador e gera incerteza. No paradigma experimental de Sherif é possível seguir de perto esta evolução. Os sujeitos observam um ponto luminoso e, no decorrer de algumas provas, é-lhes solicitado que avaliem seu deslocamento. A princípio não estão seguros, mas ao cabo de algumas provas chegam a formar uma opinião da qual se sentem quase convencidos. Logo que são agrupados, descobrem que todos têm opiniões diferentes. Manifestam-se diversos sinais de ansiedade e cada sujeito resolve sua incerteza fazendo convergir sua opinião em relação à norma comum de julgamento.

As experiências de Asch se fundamentam em um procedimento que cria e necessita de uma oposição extrema: o erro substitui a verdade. No laboratório, a interação leva à perda de confiança em si mesmo e à destruição de um modelo de referência estável. "Por outro lado, esta clareza de percepção", escreve Samelson (1957), "unida à avaliação igualmente clara, mas contraditória dos outros observadores, cria uma situação global instável para o sujeito ingênuo [...] Como de entrada a tarefa parecia muito simples, a expectativa inicial sobre o acordo dos observadores era provavelmente muito elevada. O surpreendente contraste entre as percepções do sujeito e as de um determinado número de outros sujeitos que estavam unanimemente de acordo entre eles, criava um conflito no campo cognitivo que não podia ser resolvido de modo satisfatório, simplesmente negando, ou ignorando a informação transmitida de forma socializada" (p. 182).

Os sujeitos se sentem realmente muito afastados uns dos outros: de certa maneira, começam a considerar-se como desviantes e, em consequência, a comportar-se desse modo. Pondo em dúvida sua perspectiva e sua capacidade de julgamento, reconhecem que talvez tenham cometido um erro ou avaliado mal. A realidade parece fugir-lhes. Crutchfield observa: "Outro efeito notável era a sensação de que a distância psicológica entre a pessoa e o grupo aumentava. A pessoa tinha a impressão de ser rara ou diferente, ou sentia que o grupo era totalmente distinto do que havia imaginado. Isto ia acompanhado, na maioria dos sujeitos, da aparição de uma considerável ansiedade, que em alguns se manifestava de modo muito vivo" (CRUTCHFIELD, 1955).

Citei alguns extratos destes informes relativos a uma situação específica, a fim de recordar que, ainda que inicialmente exista certeza, esta pode ser anulada pela divergência. Todo aquele que segue o processo destas experiências pode observar como vai se deteriorando a confiança do sujeito em si mesmo.

Para o indivíduo, o problema não consiste tanto em reduzir sua incerteza como em diminuir o desacordo subjacente, ou em persuadir ao outro de que ele tem razão. A redução do desacordo se realiza quando o indivíduo consegue o apoio de algum outro, e a diminuição da incerteza se produz quando o sujeito cede. Uma das experiências de Brodbeck (1956) mostra que, se os sujeitos que perderam a confiança em suas opiniões têm a oportunidade de trocar ideias com outros membros do grupo, não mudam de parecer; mas se não se dá esta oportunidade, mudam de opinião.

É, pois, o conflito o que dá origem à incerteza. Antes de tentar persuadir uma pessoa a que acredite na gente, tratemos de fazê-la duvidar de suas próprias opiniões. Lewin falou de "degelo cognitivo". Os autores da teoria da dissonância fazem o mesmo quando pedem que o sujeito de suas experiências se contradiga, defenda um ponto de vista que não é o seu ou faça algo que normalmente lhe repugnaria fazer. Se o conflito implica incerteza e se é uma condição prévia à influência, então quanto maior é o conflito, mais profunda será a influência.

Esta proposição não foi ainda submetida diretamente a experimento, mas eu me inclino a pensar que é exata. Existem vários indícios indiretos que a apoiam. Nas experiências sobre conformidade opõe-se geralmente uma maioria unânime a um indivíduo isolado. O conflito é muito violento quando se trata de estímulos físicos. Em certas condições, o cúmplice rompe a unanimidade dando a resposta correta e atenuando assim o conflito. Observa-se que, em certas condições, a influência diminui.

A observação de Mead de que "o conflito é um ato social que provoca como reposta a mudança" parece, pois, plausível. Mas a mudança pode produzir-se de vários modos. Imaginemos que uma pessoa se depara com as opiniões divergentes de outra: há um conflito interpessoal porque seus juízos são questionados e se vê no compromisso de escolher. Ao mesmo tempo, o conflito é um conflito intrapessoal porque, se esta pessoa cede, significará que se submete a outra pessoa e sofre, portanto, uma perda em termos de identidade e de autoestima. Quais são as possíveis soluções destes conflitos? O primeiro conflito pode resolver-se mediante a mudança, ou mediante a busca de um compromisso sensato com o outro; mas o segundo conflito se resolve rapidamente quando a pessoa decide manter sua própria posição ainda com mais firmeza. Em outras palavras, quando decide eliminar toda resposta diferente da sua. Este tipo de solução nos faz lembrar de certas situações da vida cotidiana nas quais não se reconhecem as novas ideias enquanto o inovador está presente, ou somente tem um impacto significativo após sua morte.

Moscovici e Neve (1971) tentaram explorar este problema experimentalmente. Trataram de demonstrar que um indivíduo aceita com maior facilidade a opinião de outra pessoa em sua ausência. Utilizaram para a experiência o fenômeno autocinético bem conhecido. Pede-se aos sujeitos que se reúnam numa sala totalmente escura, indiquem a amplitude do deslocamento de um ponto luminoso que apareceu durante uns segundos e à distância de alguns metros. Na primeira fase da experiência, depois da familiarização com a tarefa, um sujeito e um cúmplice anotam seus juízos por escrito e individualmente, durante vinte e cinco provas. No decorrer da segunda fase, o sujeito e, logo, o cúmplice dão suas respostas oralmente durante cinquenta provas. O cúmplice declara sistematicamente que o deslocamento do ponto luminoso é de 10 a 15 centímetros superior às cifras indicadas pelo sujeito ingênuo. Neste grupo experimental, uma ligação pelo interfone convida o cúmplice a abandonar a sala após a quarta prova, mas este permanece durante outras dez provas. Na terceira fase o sujeito dá as suas respostas somente em vinte e cinco provas. No grupo de controle, o cúmplice permanece na sala até o final da experiência. Os resultados confirmam nossas previsões quanto ao efeito da presença e da ausência da fonte de influência. As estimativas do grupo de controle na terceira fase se distanciam significativamente mais das estimativas do cúmplice do que na segunda fase ($p <$ 0,008 em função do teste unilateral de Wilcoxon). Portanto, os sujeitos têm tendência a polarizar-se quando a fonte de influência está presente. Os sujeitos dos grupos experimentais manifestam uma tendência inversa; suas estimativas na terceira fase (depois da saída do cúmplice) se distanciam significativamente menos que as do cúmplice que na segunda fase ($p < 0,05$ segundo o mesmo teste). Comparando os grupos, percebemos que as estimativas evoluem em direções opostas para os dois grupos entre a segunda e terceira fase ($t = 4,77$, $p < 0,0001$). No grupo experimental, 10 dos 12 sujeitos dão estimativas que se *aproximam* às do cúmplice quando está *ausente*, enquanto que no grupo de controle 11 dos 12 sujeitos *se distanciam* do cúmplice que está sempre *presente*. Assim, pois, conforme havíamos previsto, o fato de estar "longe dos olhos" é, talvez, uma condição necessária para não estar "longe do coração". Ainda assim, o questionário pós-experimental apresentou resultados que concordavam com nossa hipótese. Às perguntas: "Em que medida você pensa que a outra pessoa lhe ajudou?" e "Em que medida pensa que a outra pessoa lhe prejudicou?", os sujeitos do grupo de controle responderam com maior frequência que os sujeitos dos grupos experimentais, que a orientação de seus juízos tinha dependido da outra pessoa (para cada uma destas perguntas, o teste de probabilidade exata de Fischer era significativo em 0,026 e 0,08 respectivamente). Finalmente, à pergunta mais direta "Em que medida você pensa que seu juízo foi influenciado por outra pessoa?", os sujeitos dos grupos de controle observaram com mais frequência que os sujeitos dos grupos experimentais que, efetivamente, eles tinham sido influenciados (o teste de probabilidade exata de Fischer era significativo em 0,05).

Em resumo, as avaliações são mais próximas às oferecidas pela fonte de influência quando o cúmplice se ausenta, e mais afastadas quando está presente. Porém, como já advertimos, ainda que se recuse o juízo do outro, não deixa de existir "interiormente" e tem impacto ao longo do tempo. A ausência do companheiro modifica a situação no sentido de que permite ao sujeito deixar de considerar-se como alvo de influência, o que atenua consideravelmente o conflito interpessoal. Encontra-se, então, em condições de resolver o seu conflito interpessoal examinando mais "objetivamente" as alternativas cognoscitivas relativas ao objeto e ao estímulo.

Os casos de submissão que geralmente observamos se devem a uma tendência de evitar o conflito? É evidente que esta tendência desempenha seu papel. Por outro lado, tudo depende do caráter nômico ou anômico da maioria ou da minoria. O que está seguro de seu juízo não tem inconveniente em afrontar totalmente o conflito e parece, inclusive, que o busca. Nas experiências de Smith (1936) e de Steiner (1966) os indivíduos que têm convicções extremas, ou uma resposta decidida, mostram pouca inquietação ante a ameaça de divergência. Está claro que estes indivíduos não se preocupam em evitar o conflito. Gordon (1966) o demonstrou de um modo elegante. Fez com que um grupo de indivíduos acreditasse que seus juízos eram errôneos. Depois perguntou-lhes se queriam entrar em um grupo cujos juízos eram diferentes dos seus. Observou que os sujeitos mais confiantes em seus próprios juízos achavam mais prazeroso fazê-lo que os sujeitos inseguros de si mesmos. Parecia que os indivíduos cujo juízo era correto sentiam a necessidade de influenciar os outros expondo seu ponto de vista ante uma significativa divergência de opinião. Correlativamente, aqueles cujos juízos eram incorretos não podiam ter confiança em sua própria opinião. Estes não desejavam influenciar os outros e preferiam estar em um grupo que compartilhava sua opinião e reforçava sua posição pessoal. Na verdade, é um fato muito conhecido que os neoconvertidos ardem de desejo em converter aos demais.

Repitamos, pois, que o conflito é uma condição necessária da influência. É o ponto de partida e o meio para mudar os outros, para estabelecer novas relações ou consolidar as antigas. *A incerteza e a ambiguidade são conceitos e estados que derivam do conflito.* A dúvida nasce do encontro com o outro que é diferente e, na maior parte das experiências, a dúvida não aparece como um dado, mas como produto da influência. Determinados objetos pertencentes ao mundo físico estão evidentemente mais estruturados que outros. Ainda neste caso, é possível tornar psicologicamente ambíguo um objeto muito estruturado, destacando dimensões desconhecidas ou desatendidas e provocando uma divergência de juízos. Temos, por exemplo, um indivíduo que designa as cores sem vacilar. Vê uma lâmina azul e diz que é azul. Outro indivíduo lhe diz que é verde. Ele se sentirá, então, obrigado a olhar de novo, a fim de ver se na realidade há algo verde na lâmina e, de fato, achará um matiz de verde. O azul se converteu em azul-esverdeado.

É, pois, necessário considerar todas as coisas no contexto da interação. Essa é uma consequência da ênfase posta sobre o conflito. Na medida em que se sustentou que a influência era questão de redução da incerteza, ou da ambiguidade, a outra pessoa, a fonte de influência, tinha o papel de *mediadora dos fatos* em relação ao meio ambiente. Em outras palavras, isto equivale a utilizar as pessoas ou a apoiar-se nelas como se fossem objetos físicos. Mas, há de reconhecer que a outra pessoa, a fonte de influência, tenderá evidentemente a favorecer uma necessidade deste tipo a fim de servir aos seus próprios interesses. Tenderá a provocar o estado que force o sujeito a apoiar-se nela porque é o *antagonista* com quem o indivíduo deve concordar. Sendo assim, certamente não podemos continuar representando-a como uma simples "mediadora dos fatos". As forças relativas, os sentimentos, as intenções, a sinceridade, a coragem etc., são outros tantos elementos que devem levar-se em consideração e eles são facilmente deixados de lado quando nos preocupamos com entidades que não sejam nem pessoais, nem sociais.

Levando-se em consideração estes fatores, a divergência entre as possíveis soluções representa uma espécie de conflito com respeito ao consenso. Se nos importa o consenso, este conflito é inevitável, sobretudo se não dispomos de outro meio para alcançá-lo. *Em suma, na influência social, as relações com os outros têm precedência sobre as relações com os objetos, e as dinâmicas interindividuais tem precedência sobre as dinâmicas intraindividuais. Isso é exatamente o contrário do que se aceitou até agora.*

Neste nível, a interação se caracteriza pela divergência e pelo antagonismo. Em suas relações com os outros indivíduos, ou outros subgrupos, cada indivíduo ou cada subgrupo traz consigo um sistema de valores e reações características que são únicos. Há certa margem de aceitação ou de recusa dos sistemas de valores e das reações de seus antagonistas. Os confrontos entre sistemas frequentemente incompatíveis implicam o risco de uma interrupção brusca dos intercâmbios, na medida em que as partes dão sua preferência a suas próprias ideias ou tentam acentuar seu próprio ponto de vista como oposto ao de seus antagonistas. As tensões resultantes destes confrontos podem levar rapidamente a uma ruptura de comunicação, ao isolamento dos participantes, à incapacidade de realizar o objetivo do intercâmbio social do qual participaram. Além disto, houve uma perda de confiança em si mesmo e sinais de ansiedade.

A fim de evitar esta desagradável situação, as partes se veem obrigadas a tentar uma reorganização do sistema que levará a uma redução ou dissolução da oposição, e isto às custas de algumas concessões. Na medida em que o processo de influência intervém neste contexto de conflito e conduz muitas vezes a procedimentos de reorganização, parece estar fortemente vinculado ao processo de negociação. O nexo entre a influência e a negociação não foi reconhecido até agora. Dado que o consenso era considerado com um fenômeno secundário e o vínculo com a sociedade, com os outros, era identificado com a vinculação à realidade física, esta omissão não é surpreendente. Mas foi um erro ter visto tudo em termos de acúmulo de informações, e isto ao menos por duas razões. Em primeiro lugar, porque todas as trocas de informação têm lugar no âmbito de um determinado processo de trabalho e de estruturação das opiniões, dos valores e, finalmente, das significações que estão em jogo. A ideia toda da influência informacional social é muito parcial e superficial, e o que surpreende é o sucesso que essa ideia teve.

Allen (1974) refere uma experiência que esclarece o tema. Pediu-se para uns estudantes que interpretassem seis afirmações que, sucessivamente, foram projetadas na tela. Apoiados nos resultados preliminares foram apresentadas para cada afirmação outras significações conhecidas. Na primeira condição da experiência, juntamente com afirmações sobre atitude, foram apresentadas aos sujeitos as posições supostamente extremas de um grupo que, de forma unânime, fazia interpretações impopulares. Na segunda condição, apresentou-se a mesma posição extrema do grupo, mas um membro dava uma resposta popularmente aceita. Numa terceira condição, o grupo dava respostas populares de forma unânime. No grupo de controle, projetaram-se as afirmações sem acompanhá-las das respostas do grupo. Evidentemente, os sujeitos nunca expressaram suas próprias atitudes; simplesmente indicaram o que acreditavam ser o *significado* da afirmação. Por outro lado, é importante notar que, em várias condições, os sujeitos respondiam ao mesmo tempo em que eram informados das respostas de outras pessoas. Os resultados mostram um deslocamento significativo do sentido da maioria das afirmações quando estas foram projetadas no contexto da resposta unanimemente impopular de um grupo. Na condição de não unanimidade, o significado das afirmações foi o mesmo que quando os sujeitos responderam sem conhecer as atitudes do grupo. Assim, pois, o fato de receber informações relativas às opiniões, ou aos juízos, não só permite a um indivíduo formar uma ideia melhor de suas próprias opiniões ou de seus próprios juízos, ou comparar seus juízos com os de outros de modo mais correto. Na realidade, esta informação suscita um processo de reestruturação interna dos elementos intelectuais e comportamentais que leva a um novo contexto de interpretação para o sujeito e a uma nova significação para o objeto. Nesta experiência vemos como o processo de mudança de significação das afirmações se produz somente quando o grupo é unânime; nos demais casos, não há mudanças. Daí se deduz que a informação *como tal* é um fator bastante secundário em todo o tipo de fenômeno ligado à influência.

A segunda razão é que, mesmo o mais puro dos julgamentos, não é nunca uma mera questão de processamento da informação, nem uma evolução individualizada e única de estímulos provenientes direta ou indiretamente do mundo exterior. Há sempre, ao mesmo tempo, um diálogo ou um debate. Como escreve Churchman:

> Um juízo é fundamentalmente uma opinião de grupo. O "grupo" pode estar constituído pelo mesmo indivíduo em diferentes momentos de sua reflexão, mas, por razões práticas, podemos falar como se o grupo em questão tivesse vários membros diferentes. Defendemos que o julgamento é uma crença de grupo que intervém quando existem divergências de opinião entre os membros do grupo porque, como dissemos, esta crença de grupo intervém quando o julgamento é a instauração do "acordo" no contexto de desacordos. O juízo é um tipo de negociação (1961: 293).

Qual é a outra coisa que temos em mente quando tentamos persuadir aos demais, senão a intenção de estabelecer uma hierarquia de respostas novas ou de eliminar as respostas que são incompatíveis com as nossas, quer dizer, a intenção de eliminar a dissonância ou o conflito? Seja uma questão de crenças, de juízos, ou de atitudes, a influência deve conceber-se como um processo que intervém entre pessoas ou grupos, e no qual o consenso instaura um contrato (uma norma) que permite transações viáveis, quer dizer, um sistema que faz certas reações e certas opções mais prováveis que outras. Pode-se dizer que na maior parte das experiências de psicologia social busca-se uma negociação *tácita*, durante a qual cada participante tenta, por sua vez, fazer prevalecer sua própria concepção, ou descobrir a eficácia de concessões potenciais. Se, efetivamente, é isto o que acontece, então cada tipo de influência corresponde a um tipo particular de negociação, ou de método, para tratar o conflito social. E assim como cabe tratar o conflito com distintos métodos, *existem também várias modalidades diferentes de influência que correspondem a estes métodos de tratamento do conflito*, e nós empreenderemos a tarefa a seguir.

6
OS ESTILOS DE COMPORTAMENTO

4ª proposição: Quando um indivíduo, ou um subgrupo, influencia um grupo, o principal fator de êxito é o estilo de comportamento.

Como já indiquei, a influência social implica negociações tácitas, a confrontação dos pontos de vista e a eventual busca de uma solução aceitável para todos. Mas quais são os elementos que determinam seus resultados?

Na medida em que consideramos esta questão do ponto de vista das relações de poder, quer dizer, desde a perspectiva que determina as experiências e os conceitos admitidos, a dependência aparece como o fator decisivo. Na medida em que um *status* diferenciado, ou uma competência socialmente validada emerge, parece surgir certa conformidade com indivíduos que controlam a distribuição de recompensas e castigos que possuam conhecimento mais amplo, ou que possuam maior experiência em determinada área. A existência de uma maioria, ou de um líder, estabelece um direito de guiar e transformar o comportamento dos indivíduos ou subgrupos. Em tal situação, quanto mais baixo o *status* dos indivíduos, ou quanto menor sua competência reconhecida, tanto mais eles se sentirão colocados numa posição de minoria e dependentes do julgamento de outros. Se eles são colocados em tal posição e tornados dependentes, mais provavelmente irão se conformar e parar de defender seu ponto de vista.

Este não é um enfoque válido quando se trata da influência social, que deveria ser estudada independentemente dos processos de poder. A liderança, a competência, a maioria, podem desempenhar certo papel enquanto parâmetros externos da dependência, mas este papel não é crucial para o processo de influência. O que é de vital importância é o *estilo de comportamento* de cada companheiro social. Porque esta variável deve substituir a variável de dependência? Em primeiro lugar porque, como já sublinhei, o estilo de comportamento está ligado *especificamente* com os fenômenos de influência, enquanto a dependência está vinculada de forma mais estreita à dimensão de poder das relações sociais. Em segundo lugar, a dependência em relação a um indivíduo ou subgrupo no processo de inovação pode ser uma consequência do processo de influência, mais que sua causa. Por exemplo, a necessidade de seguir os conselhos de *especialistas* no que concerne à utilização do vídeo ou do computador é posterior à decisão de utilizar o vídeo ou o computador. Em terceiro lugar, toda minoria que provoca uma autêntica inovação deve lançar-se e continuar durante certo tempo, sem que disto resulte, para ela, nenhuma vantagem no plano do poder, do *status*, dos recursos ou da competência.

A dependência não é, pois, uma variável *independente* ou *geral*, suscetível de explicar o tipo de influência a que estou me referindo. Creio que a única variável dotada de poder explicativo é o estilo de comportamento, que é totalmente independente da maioria, da minoria e da autoridade em sua determinação de influência.

O estilo de comportamento é um conceito novo e, ao contrário, familiar. Faz referência à organização dos comportamentos e opiniões, ao desenvolvimento e à intensidade de sua expressão; em uma palavra, a "retórica" do comportamento e da opinião. Os comportamentos em si mesmos, como os sons de uma língua tomados individualmente, não possuem significação própria. Somente combinados de acordo com as intenções do indivíduo ou do grupo emissor, ou segundo a interpretação daqueles aos que vão dirigidos, podem ter um significado e suscitar uma reação. A repetição do mesmo gesto ou da mesma palavra pode, em alguns casos, refletir a intransigência e a rigidez; em outros pode expressar a certeza. Correlativamente, a intransigência e a certeza podem manifestar-se de muitos modos diferentes: pela repetição, pela rejeição ou pela intensidade dos gestos ou palavras.

O que implica tudo isto? Simplesmente que toda uma série de comportamentos oferece dois aspectos: o primeiro, instrumental, define seu objeto e provê informações relativas a este objeto; o outro, simbólico, dá informações sobre o estado do agente, fonte dos comportamentos, o define. Assim, quando no laboratório um sujeito ingênuo escuta uma pessoa repetir vinte vezes que a "linha A tem a mesma longitude que a linha B" ou que a lâmina que ele vê azul na realidade é verde, ele infere, a partir daí, duas ordens diferentes de coisas: de um lado, que possivelmente a linha A seja da mesma longitude que a linha B ou que a lâmina azul seja verde; e, de outro, que a pessoa que emite estas afirmações possui uma certeza e tenta, quem sabe, influenciá-la.

Assim, pois, os estilos de comportamento costumam ter, ao mesmo tempo, um aspecto simbólico e um aspecto instrumental, que se relacionam com o agente por sua forma e com o objeto da ação por seu conteúdo. Suscitam também deduções concernentes a estes dois aspectos de sua significação. Ao mesmo tempo transmitem significações e determinam reações em função destas significações. Esta insistência na *significação* do comportamento parecerá fútil a muitos leitores. Mas é, na realidade, de grande importância, porque até agora se insistiu somente em sua ausência de significação.

Abordaremos a seguir alguns pontos mais concretos do estilo de comportamento. A pessoa ou o grupo que adota um destes estilos devem, se quiserem que o estilo seja reconhecido e identificado socialmente, cumprir as três condições seguintes:

a) Ter consciência da relação que existe entre o estado interior e os signos externos que eles utilizam. A certeza se manifesta em tom afirmativo, seguro; por exemplo, a intenção de não fazer concessões expressa-se na firmeza do comportamento adequado.

b) Utilizar sinais de modo sistemático e consistente a fim de evitar um mal-entendido por parte do receptor.

c) Conservar as mesmas relações entre os comportamentos e as significações ao longo de uma interação; em outros termos, assegurar que as palavras não mudem de significado no curso da interação.

Na interação social, estes modos convencionais de organizar o comportamento têm por objetivo dar ao outro grupo, ou à outra pessoa, informações sobre a posição e a motivação da pessoa ou do grupo que inicia a interação. Podem, por exemplo, mostrar um nível de abertura, de certeza ou de compromisso. Podem também sinalizar um desejo de influenciar. Assim, os estilos de comportamento são sistemas intencionais de signos verbais e/ou não verbais que expressam a significação do estado presente e a evolução futura de quem os usa.

De onde provém a eficácia dos estilos de comportamento na influência? Não encontrei ainda uma resposta satisfatória a esta questão. Supõe-se que os estilos de comportamento suscitem simplesmente atitudes positivas ou negativas, mas isto não nos diz muito. É possível que determinem campos psicológicos, ou que orientem a atenção dando diferente peso aos elementos de informação, ou colocando ênfase em fatos e objetos concretos do meio ambiente.

A resistência não violenta, por exemplo, que opõe a força pacífica da decisão e demonstra a futilidade da repressão física pode, ao mesmo tempo, suscitar o interesse pela causa que defende e abrigar a uma mudança de método em relação a esta causa, porque os métodos convencionais resultam ineficazes contra ela. Ainda assim, quando uma criança expressa seu desejo de possuir um brinquedo concreto chorando e gritando, recusando outro brinquedo substitutivo, ou as frases de consolo, seus pais se veem obrigados em considerar seu ponto de vista e sua escala de preferências. Mas sabemos pouco sobre os mecanismos subjacentes ao estilo de comportamento; trata-se de uma noção nova, cuja importância para compreensão dos fenômenos em psicologia social começa a ser reconhecida agora.

Há cinco estilos de comportamento que podemos descrever objetivamente: a) o esforço; b) a autonomia; c) a consistência; d) a rigidez; e) a equidade. A consistência é o único dos cinco estilos que foi objeto de séria atenção e é provavelmente o fundamental.

O esforço

As pesquisas sobre a dissonância cognitiva (por exemplo, FESTINGER, 1957; BREHEM & COHEN, 1962; ZIMBARDO, 1960) e aprendizagem social (por exemplo, BANDURA & WALTERS, 1963) evidenciaram o papel que cumpre o esforço psicológico empregado para justificar ou mudar o comportamento. Se um indivíduo ou um grupo se sacrifica muito para levar a bom termo algum plano concreto, os demais concluirão: 1) que confia muito da escolha que fez; 2) que possui uma grande capacidade de autorreforço.

Tomemos um exemplo imaginário e consideremos uma situação em que se organiza uma coleta. Sabemos que a maioria dos doadores tende a contribuir com uma doação "média", estabelecendo assim uma norma mais ou menos adequada para todos. Cada doador supõe, provavelmente, que os demais fazem um sacrifício comparável ao seu ou que a doação do outro é, como a sua, proporcional aos seus meios. Se ocorrer que, na lista dos doadores anteriores, que os organizadores comumente apresentam, aparece a informação que um pobre fez um sacrifício excepcional, cabe esperar que esta informação influencie a maioria restante de doadores e os incite a tomar este sacrifício como ponto de referência para determinar o que devem doar.

Hain et al. (1956) estudaram as condições que determinam o abaixo-assinado. Observaram que o número de assinaturas estampadas não é o fator decisivo. O que mais importa é a convicção e a urgência com que se faz a convocatória. Escrevem: "Os resultados fazem duvidar da validez da informação absoluta, segundo a qual, quanto maior é o número de assinaturas para uma solicitação, mais se amplia a atitude em favor da mudança proposta" (p. 389).

Em geral, cabe afirmar que influirão nos processos sociais aqueles estilos de comportamento que coloquem em evidência que o grupo ou o indivíduo implicado está fortemente comprometido por uma opção livre, e que o fim desejado é altamente valorizado, até o ponto de provocar, voluntariamente, sacrifícios pessoais.

A autonomia

A autonomia é um valor que, quando se manifesta, suscita reações positivas. Ela é considerada como uma atitude exemplar que favorece a emulação. Como podemos defini-la? A autonomia implica vários fatores. Em primeiro lugar, uma independência de juízo e de atitude que reflete a determinação de agir segundo os próprios princípios. Intervém também a objetividade, quer dizer, a capacidade de considerar todos os fatores pertinentes e extrair deles as conclusões de modo rigoroso, sem deixar-se desviar por interesses subjetivos. O extremismo pode também ser um elemento de autonomia na medida em que implica uma atitude consistente e intransigente.

De Monchaux e Shimmin (1955) demonstraram o efeito da independência em sua análise de um estudo realizado na Grã-Bretanha por Schachter. Neste estudo foi solicitado a vários grupos que selecionassem um modelo de avião cuja produção deviam simular. O cúmplice do experimentador tinha recebido como instrução escolher de modo consistente o modelo mais recusado pelo grupo; o grupo, por sua vez, devia chegar a uma decisão unânime. Dos trinta e dois grupos, doze chegaram a um acordo que levava em conta a escolha do cúmplice, seis adotaram sua escolha e quatorze não entraram em acordo. Os autores concluem:

> Nossa hipótese foi que, na medida em que avançava a discussão, a necessidade de chegar a uma decisão grupal obrigaria a considerar as atitudes individuais. Mas é possível que o comportamento do desviante, que mantém tranquilamente e sem agressividade sua própria escolha, tenha reforçado a firmeza das opções individuais. ("Se ele não renuncia sua escolha por que eu renunciarei a minha?") Consideramos, pois, que a presença do desviante atuava, possivelmente, como uma pressão em relação à individualidade de escolha, mais que à unanimidade do grupo (p. 59).

Segundo este estudo, resulta que o comportamento visto como independente pode *ou* influenciar na decisão do grupo a seu favor (seis grupos optaram pelo modelo escolhido pelo cúmplice), *ou* promover uma atitude de independência por parte dos membros do grupo. Um e outro caso são reflexos da influência exercida pelo cúmplice. Um indivíduo que parece professar opiniões e juízos autônomos e não é dominador, nem particularmente inclinado a fazer acordos, será considerado, e provavelmente tratado, como defensor de um modelo, ou de um conjunto especial de valores. Dará, como consequência, a impressão de ser dono de seu próprio comportamento. De certo modo, é o iniciador de uma série de ações. O pouco que sabemos da comunicação indireta, ou da causalidade social, mostra que este indivíduo (ou subgrupo) não só se fará escutar, mas exercerá um poder sobre os outros indivíduos que carecem deste grau de autonomia. Ao que parece, o comportamento autônomo, igual ao que implica esforço psicológico, não se percebe como um comportamento que tenha como meta influenciar os outros.

Num grupo, os indivíduos desconfiam sempre das intenções manipuladoras. Tais intenções não são, nem podem ser, atribuídas a um indivíduo cuja integridade ou ausência de segundas intenções são consideradas como evidentes. Daí que este indivíduo sobressaia sobre os demais e suas opiniões e juízos tenham um peso maior. Se está presente na hora de chegar a um consenso, no curso de uma reunião por exemplo, ou de um trabalho em equipe, ou quando tem de expressar uma opinião acerca de um tema controverso e se comporta de forma que dá a impressão de dominar muitos elementos pertinentes e bem analisados, provavelmente exercerá uma grande influência sobre o resultado coletivo. Sua reflexão e sua independência, segundo se manifestam no comportamento, inspiram respeito e encontrarão apoio.

Isto explica, entre parêntesis, porque aceitamos facilmente, talvez com excessiva facilidade, as afirmações dos cientistas, das autoridades religiosas e dos grupos de *especialistas*. Supomos, com frequência de forma errônea, que suas opiniões foram cuidadosamente ponderadas e que não há interesses pessoais ou motivos ocultos nas soluções que propõem.

Myers e Goldberg (1970) realizaram um estudo que leva a apoiar minha análise. Pediram a trezentos e trinta e sete estudantes que lessem um breve "artigo de revista" sobre a poluição atmosférica. Os sujeitos pensavam que este artigo tinha sido redigido pelos experimentadores. A ideia expressa no artigo era que a poluição atmosférica não é perigosa. Escolheram este problema por supor que os sujeitos compartilhariam a difundida convicção de que a poluição atmosférica constitui realmente um perigo. Existia, pois, a possibilidade de fazer com que os sujeitos mudassem de opinião no sentido sugerido pela mensagem persuasiva.

Para nosso propósito, daremos só os resultados de três das condições experimentais. Numa primeira condição, "*grupo* de moralidade elevada", dizia-se aos estudantes que a posição expressa no artigo representava a conclusão de um grupo de *especialistas* depois de três horas de discussão. Numa segunda condição, "*indivíduo* de moralidade elevada", dizia-se aos sujeitos que o artigo representava a conclusão de um dos mais eminentes cientistas dos Estados Unidos.

Podemos supor que não havia diferença de prestígio entre os especialistas nas três condições. Por outro lado, é na condição "*grupo* de moralidade elevada" onde se observou maior influência: os sujeitos acreditavam que o artigo representava o resultado de uma deliberação comum e pensavam, provavelmente, que se tinha examinado a questão com um cuidado excepcional.

Mas a deliberação não parece suficiente. Para que a autonomia fique clara, é preciso ter a convicção de que a pessoa ou o grupo que expressa as ideias em questão ocupa uma situação social particular, conhece a fundo o tema, e escolheu livremente esta posição. Uma experiência de Nemeth e Wachtler (1973) é neste ponto particularmente sugestiva.

Reuniram grupos de cinco pessoas a fim de constituir tribunais simulados e deram a cada grupo a leitura de um caso. Em um caso particular, um indivíduo tinha reclamado compensação de danos e prejuízos por uma lesão sofrida no curso de seu trabalho. Enquanto reparava uma máquina de lavar roupas caiu de um degrau, rompendo os ligamentos do joelho. A indenização máxima autorizada na lei era de 25.000 dólares. Quando se perguntou aos sujeitos, individualmente e em privado, a maioria pensava que deveria receber uma forte compensação; a soma média sugerida era de 14.560 dólares.

Por outro lado, nas condições da experiência, os sujeitos estavam expostos aos argumentos de um cúmplice que sugeria, de modo constante, a soma de 3.000 dólares. As cinco pessoas de cada tribunal (quatro sujeitos e um cúmplice) discutiam o caso durante quarenta e cinco minutos, nos quais o cúmplice apresentava sete argumentos que tinha memorizado previamente. Entre outras coisas, punha em questão a gravidade da lesão e sugeria que o tribunal devia considerar uma compensação equitativa em vez de outorgar o máximo unicamente porque a companhia de seguros podia pagá-lo, e indicava que 3.000 dólares representavam uma soma importante. Ensaiou-se também um grupo de controle, em que os cinco sujeitos deliberavam sobre o caso sem que nenhum cúmplice estivesse presente.

Introduziram, finalmente, uma variante que apresentava um interesse particular. (Algumas pesquisas sobre julgamentos em tribunais legitimaram a convicção de que, em nossa cultura, o lugar ocupado por uma pessoa numa sessão é reflexo de seu *status* e do poder que tem para influenciar. O sentar-se na cabeceira da mesa, concretamente, habitualmente está associado ao poder e ao prestígio. Pode ocorrer que uma pessoa que ocupa este lugar atraia, somente por este fato, a atenção dos demais, ao afirmar seu domínio e competência e sua intenção de comportar-se como líder. Se o fato de ocupar a cabeceira é *causa* para que os outros atribuam características de liderança, é possível que um indivíduo esteja mais bem situado para exercer influência se adota este estilo de comportamento.) Em sua experiência, Nemeth e Wachtler utilizaram uma mesa onde a disposição das cadeiras era tal como aparece na figura 2. A cabeceira da mesa é S e as cadeiras laterais Q e R. Segundo a condição experimental, o cúmplice ocupava ou a cabeceira ou um dos assentos laterais. A variação crucial era que em determinadas condições o cúmplice *escolhia*, ele mesmo, o lugar enquanto que em outras o lugar lhe era *designado*. Em outras condições, e aí está o ponto importante, o cúmplice apresentava exatamente os mesmos argumentos (que se reduziam a defender uma posição desviante) no decorrer dos quarenta e cinco minutos que durava a discussão do caso.

Figura 2 – Disposição dos sujeitos no estudo do tribunal simulado

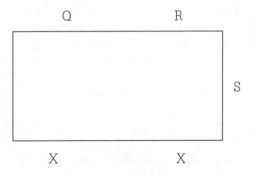

A diferença entre o fato de escolher um lugar e o fato de que este seja designado é que o primeiro é um sinal de autonomia e o segundo indica a submissão a um sistema de regras e de autoridade. Podemos, pois, esperar que, mantidas as mesmas circunstâncias, o cúmplice mostrar-se-á mais influente quando escolhe seu lugar. Os resultados da experiência confirmam esta expectativa.

As análises da eficácia do cúmplice mostram que só quando ele *escolheu* o lugar na cabeceira da mesa exerceu influência. Quando lhe foi *designado* este lugar, ou quando ocupou um lugar lateral (por escolha ou designação), não exerceu influencia alguma ($t = 1,53$; $p < 0,07$).

Os autores observam que "o fato de ocupar um lugar na cabeceira da mesa, sendo um estilo de comportamento, podia ser interpretado pelos demais como sinal de confiança em si mesmo. O fato de ocupar este posto, se não era resultado de uma escolha, não trazia nenhuma informação sobre o sujeito em relação a tais características de caráter" (p. 20). Por outro lado, o fato tem um alcance maior. Reagindo com firmeza à hostilidade ou à falta de apoio nos outros, o indivíduo confere credibilidade às características que os outros lhe atribuem. Nemeth e Wachtler informam: "Nesta prova, a maioria opôs clara resistência a concepções do cúmplice. Em numerosas ocasiões a maioria molestou, ou ridicularizou o cúmplice por sua posição claramente desviante. Alguém lhe ameaçou, inclusive, de quebrar-lhe a perna para mostrar-lhe a dor e o sofrimento que provoca tal lesão. Está claro, pois, que a maioria não aderiu facilmente; por outro lado, os sujeitos foram influenciados por este mesmo cúmplice, apesar de utilizar os mesmos argumentos, pelo fato de sentar-se na cabeceira da mesa, quer dizer, por seu estilo de comportamento, manifestou confiança em si mesmo" (p. 21).

É outra maneira de ilustrar o efeito de autonomia e de objetividade. A sociedade supõe sempre que os indivíduos têm interesses e motivos ocultos. Seus juízos e opiniões são atribuídos a razões externas (pertencimento a uma classe, atmosfera familiar etc.), ou internas (ciúmes, ambição etc.). Em consequência, supõe-se também que o comportamento nunca é verdadeiramente livre, nem em seu conteúdo, nem em seus fins. Por outro lado, cabe predizer sem risco de enganar-se que, quando uma pessoa parece agir independentemente dos agentes externos, ou das forças internas, sua reação será aceita com facilidade pela maioria de indivíduos.

Numerosos estudos empreendidos no campo da comunicação se fundamentam no paradigma da dependência. Tais estudos conseguiram comprovar seu postulado, a saber, que o prestígio ou a credibilidade do emissor de uma mensagem constitui o fator essencial da eficácia da comunicação. Mais exato: nas mesmas circunstâncias, quanto maior é a credibilidade, mais importante é a mudança de opinião do receptor. Ademais, foi sempre suposto que a mensagem não tinha nada a ver com os interesses seja do emissor, seja do receptor – que as pessoas não consideravam a possibilidade de tal relação. Walster et al. (1966) tentaram mostrar que *existe* a percepção de relações entre as mensagens e os interesses e que isto repercute na comunicação e na formação das atitudes e dos juízos. Tomaram como ponto de partida a hipótese segundo a qual uma pessoa será considerada como mais sincera ou mais digna de confiança se sustenta um ponto de vista que é contrário a seu interesse pessoal evidente. Em sua pesquisa, os sujeitos estavam divididos em quatro grupos experimentais. O primeiro grupo recebia uma comunicação proveniente de um indivíduo possuidor de grande prestígio (fiscal do Supremo Tribunal), que defendia uma posição favorável a seus próprios interesses; o segundo grupo recebia uma comunicação proveniente de um indivíduo de pouco prestígio (criminoso), que defendia uma posição favorável a seus próprios interesses; o terceiro grupo recebia uma informação proveniente de um indivíduo de grande prestígio que defendia uma posição desfavorável a seus interesses, e o quarto grupo recebia uma comunicação proveniente de um indivíduo de pouco prestígio que defendia uma posição desfavorável a seus interesses.

Quando os dois indivíduos sustentavam pontos de vista opostos aos seus próprios interesses, exerciam uma maior influência, independentemente de seu *status*. Na realidade, o indivíduo com pouco prestígio, quando adotava uma posição oposta a seus interesses pessoais, exercia *maior* influência que o indivíduo de grande prestígio. Assim, pois, a comunicação que aparece desvinculada de toda ideia preconcebida é interpretada como mais honesta e melhor informada. Powell e Miller (1967) advertiram também, com toda clareza, que uma fonte de informação resultava mais digna de confiança quando se supunha que não tirava proveito algum do comportamento do alvo da experiência. Apresentavam-se aos sujeitos mensagens gravadas que recomendavam doar sangue à Cruz Vermelha. Supunha-se que um médico conhecido e o presidente de uma seção de recrutamento de doadores de sangue da Cruz Vermelha, ou seja, indivíduos anônimos liam as mensagens com ânimo de persuadir os sujeitos. O médico que atuava como parte desinteressada foi considerado como mais digno de confiança e exerceu maior influência que o presidente da seção de recrutamento, que parecia evidentemente mais interessado e mais egoísta.

Os políticos têm consciência deste fato e não deixam passar uma ocasião de proclamar que são capazes de colocar-se acima de seus interesses particulares para atender o interesse geral. Adverte-se, com frequência, que os conservadores têm menos dificuldade em aprovar leis sociais "de esquerda": eles encontram menos resistência e podem persuadir melhor da necessidade de tais leis. Nos Estados Unidos é frequente que o partido republicano leve a bom termo objetivos políticos defendidos pelo partido democrata. O mesmo padrão foi observado na França quanto à independência outorgada às colônias: a esquerda esteve sempre a favor, mas foi geralmente a direita quem a fez efetiva.

O extremismo não é um tema de estudo popular, e só foi abordado como comportamento desviante. Os teóricos tendem a considerar que o extremismo é muito menos aceito e, sobretudo, menos eficaz que o comportamento moderado. A teoria do equilíbrio supõe, inclusive, que existe uma "atitude sistemática antiextremista". Escreve Taylor (1969):

> Se a pessoa em foco se comunica com outra pessoa a propósito de um problema ou de um tema, a pessoa em foco, ou seu interlocutor, pode afirmar sua posição de modo "moderado" ou de modo mais "extremo". Admite-se que as pessoas preferem, em geral, uma comunicação que utilize termos moderados a uma comunicação feita em termos enérgicos. Existe uma atitude preconcebida contra o "extremismo". Isto implica que a comunicação moderada, vinda de uma pessoa em foco, ou de outra pessoa, tem mais possibilidades de induzir uma mudança de atitude ou de sentimento que uma comunicação feita em termos enérgicos (p. 122).

Apesar deste postulado, os poucos estudos disponíveis oferecem uma imagem menos negativa das possibilidades que tem um extremista de exercer influência, dado seu caráter desviante ou "desequilibrado". Uma experiência pouco conhecida de Mulder (1960) permite restabelecer o equilíbrio. Os pequenos comerciantes de uma comunidade urbana foram convocados para que fossem informados da futura instalação de um supermercado na região. Necessitavam defender seus próprios direitos e seus bens contra a ameaça que representava o supermercado para seus comércios. Um dos comerciantes, na realidade um cúmplice do experimento, adotou uma posição dura, recusando todos os compromissos e insistindo na necessidade da comunidade organizar-se e resistir ativamente à construção do supermercado. Advogou pela criação de um sindicato local de defesa mútua. Um segundo comerciante, igualmente cúmplice, adotou uma posição moderada, defendendo as mesmas ideias com menos insistência. Os participantes deviam decidir criar ou não um sindicato e eventualmente escolher os delegados que os representariam e defenderiam. Os resultados da experiência mostram que os participantes adotaram a linha dura. Escolheram, em geral, como representante o cúmplice radical, e o cúmplice moderado foi, com mais frequência, rejeitado. Dadas as condições da experiência, pode presumir-se que os participantes se sentiam mais implicados do que se a tarefa consistisse em calcular o número de pontos contidos numa figura. Os comerciantes da experiência de Mulder estavam polarizados entre alternativas claras, coerentes e radicais. A postura firme do cúmplice extremista, longe de bloquear a interação, permitiu aos participantes estabelecer uma posição sólida de grupo.

Mais recentemente, Eisinger e Mills (1968) tentaram mostrar que, se um indivíduo emissor de mensagens é do "mesmo campo" que seus ouvintes, será considerado mais sincero que um emissor do "campo oposto, pela razão aparentemente evidente de que será mais popular. Os autores postularam, ainda assim, que um emissor de mensagem extremista seria menos popular e considerado menos sincero que um emissor moderado. Não obstante, os resultados mostram que, em geral, os indivíduos extremistas suscitam reações mais favoráveis que os moderados. Os autores não tinham previsto este desenlace, que comentaram assim: "É possível que a maior simpatia pelo porta-voz do mesmo campo se visse contradito pela constatação de que o porta-voz do campo oposto afrontava uma maior desaprovação social" (p. 231). Em outras palavras, a posição do extremista se encontra reforçada pela coragem que demonstrou ao afrontar riscos e, quando comparado com um moderado do mesmo partido, é-lhe concedida a preferência porque "julga-se que ele é mais sincero, mais competente, mais simpático e mais digno de confiança" (p. 231).

Não só a virtude não é recompensada, senão que o tipo e o estilo de resposta que, segundo Allport, esperava-se suscitassem antipatia, despertam, ao contrário, admiração, e é considerada como uma característica de seriedade e credibilidade. Nenhuma destas experiências constitui uma prova categórica; não obstante, por pouco conclusivas que sejam, sugerem a necessidade de uma nova orientação. Além disto, constituem um sólido testemunho a favor do fato de que a autonomia, em suas diversas manifestações, deva ser tratada como um estilo relevante de comportamento.

A consistência

A consistência no comportamento é interpretada como um sinal de certeza, como a afirmação da vontade de aderir sem exceção a um dado ponto de vista e como reflexo do compromisso por uma opção coerente e inflexível. A força desta fonte de influência não pode atribuir-se nem a uma diferença de aptidão nem a uma forma explícita de dependência. É certo que a "consistência no comportamento" engloba numerosas formas de comportamento, desde a obstinada repetição de uma fórmula, passando pelo fato de evitar os comportamentos contraditórios, até a elaboração de um sistema de prova lógica. Não se trata de um ponto importante para nosso tema; a intuição e a experimentação determinarão o sentido exato. Limitar-me-ei aqui a analisar as implicações da consistência na ótica da influência social.

Antes de tudo, reafirmemos a hipótese segundo a qual cada indivíduo ou cada grupo trata de impor uma organização ao ambiente material e social, de confirmar o conhecimento que tem dele e de reforçar as regras que adotou para lidar com ele. O indivíduo e o grupo atuam sobre a realidade, fazem previsões e adquirem sobre ela um controle, distinguindo os comportamentos e fatos efêmeros e variáveis de seus fundamentos permanentes e invariáveis; introduzem uma sequência temporal e causal numa situação na qual tudo podia parecer acidental e arbitrário. Quando duas pessoas se encontram, o único modo que têm de comunicar-se e de adotar comportamentos mutuamente satisfatórios é extrair algumas características dominantes de uma enorme quantia de impressões corriqueiras: intenções, sentimentos, aptidões etc. Os objetos materiais dão lugar à mesma operação de comparação, de classificação, de seleção dos estímulos transmitidos, o que leva a uma caracterização das dimensões do objeto, como a cor, a velocidade etc., e a uma determinação de sua possível aplicação a algum fim. Mesmo quando se lida com pessoas, como com objetos, desenvolve-se um processo de inferência concernente a suas possíveis particularidades.

Se continuarmos nessa linha de reflexão, torna-se evidente que a *consistência* cumpre um papel decisivo no processo de aquisição e organização da informação proveniente do meio ambiente. Este papel corresponde ou a uma consistência interna, *intraindividual* (consistência no tempo e nas modalidades, segundo a terminologia de Heider), ou uma consistência interindividual, *social*. Ambas coincidem, já que a consistência no tempo e nas modalidades não é senão uma espécie de consenso que cada qual estabelece interiormente a fim de harmonizar diferentes séries de informações e de ações, enquanto que o consenso é uma forma de consistência imposta ou buscada por diferentes indivíduos. Ambas as formas de consistência se traduzem em uma redução da variabilidade de respostas. Esta redução é a manifestação habitual e visível de um modelo de ação através do qual se obtém os caracteres desejados e se confirmam as dimensões invariáveis do mundo social e material, quer dizer, as normas que determinam o comportamento. Ao menos o indivíduo tem a impressão de que esse é o efeito da redução da variabilidade das respostas e essa acaba sendo sua significação.

Em resumo, está claro porque a consistência no comportamento exerce influência. De uma parte, expressa ou uma firme convicção em circunstâncias nas quais opiniões são habitualmente menos seguras, ou uma solução de troca válida a opiniões dominantes. De outra parte, um indivíduo que desempenha um comportamento consistente não só parece muito seguro de si mesmo, senão que garante também que um acordo com ele levará a um consenso sólido e duradouro. A consistência reponde, ainda, ao desejo geral de adotar opiniões ou juízos relativamente claros e simples e de definir sem ambiguidade as realidades que um indivíduo deve ordinariamente enfrentar. Pode parecer que requeira demasiada atenção, que entranhe um comportamento extremo e estranho, mas pode também exercer um atrativo e constituir um ponto de conexão para tendências latentes de grupo. Estas considerações trazem sentido à determinação de Catão, o Velho, de concluir sempre seus discursos, qualquer que fosse o tema, com a célebre frase: "Cartago deve ser destruída", até que o senado concordasse com seu ponto de vista e enviasse uma expedição contra a cidade rival de Roma.

Existem, até o momento, elementos para fundamentar as afirmações sobre a consistência como estilo de comportamento. Algumas experiências realizadas por Moscovici e Faucheux (1972) dão fé a esse ponto de vista.

Primeira experiência

Procedimento experimental – A experiência se apresenta aos sujeitos como uma investigação de um problema de psicologia aplicada. Explica-se a eles que, com os recentes avanços na transmissão informativa, sobretudo em navegação aérea e espacial, os operadores têm que ler as informações projetadas em telas catódicas. Por isto importa determinar as preferências das pessoas pelos diferentes códigos possíveis, a fim de melhorar a legibilidade e a discriminação de informação transmitida. Oferece-se um exemplo concreto: o dos operadores que, nas torres de controle dos aeroportos, devem seguir e guiar simultaneamente um grande número de aparelhos que se preparam para aterrissar, ou decolar. Para segurança dos aeroportos, importa simplificar ao máximo o trabalho destes operadores. Convém, pois, que as informações que utilizam (altitude, posição, velocidade, prioridade etc.) lhes sejam apresentadas do modo mais claro possível, mediante os símbolos e sinais mais apropriados, a fim de que possam tomar decisões rápidas e corretas.

Explica-se aos sujeitos que participam numa experiência que reproduz de forma simplificada as condições da torre de controle, mas que necessita o mesmo tipo de atenção seletiva e de tomada de decisão. É-lhes mostrada uma série de desenhos que diferem em quatro dimensões: o *tamanho* (são grandes ou pequenos); a *cor* (são vermelhos ou verdes); a *forma* (são redondos ou angulosos) e o *traçado* (são em linha pontilhada ou contínua). Mostra-se aos sujeitos um modelo de cada um destes desenhos. São informados que receberão uma longa série de desenhos e que para cada desenho haverá sempre quatro possíveis respostas corretas. É-lhes solicitado, contudo, que deem *uma só* resposta: a que julguem, por qualquer razão, mais apropriada em um momento dado para um quadro particular. As respostas deviam ser dadas ou oralmente ou por escrito. A ordem de resposta devia variar sistematicamente: o sujeito que tinha dado a resposta em primeiro lugar na prova anterior era o último a falar na prova seguinte, e assim sucessivamente.

A série de estímulos compreende sessenta e quatro desenhos que se sucedem de forma que apenas uma dimensão permanece constante de um desenho a outro; por exemplo, um desenho é grande-verde-redondo-pontilhado e o seguinte grande-vermelho-anguloso-contínuo, o seguinte pequeno-vermelho-redondo-pontilhado etc. Os sujeitos, reunidos em grupos de quatro ou cinco, ocupam três lados de uma mesa retangular, sendo o quarto ocupado pelo experimentador que apresenta os desenhos um atrás do outro para o exame. Um cúmplice do examinador escolhe constantemente a resposta *cor* durante toda a experiência. Os grupos de controle incluem apenas sujeitos ingênuos e nenhum cúmplice.

Resultados – A tabela 5 mostra que o número de respostas "cor" aumenta de maneira significativa nos grupos experimentais comparados com os grupos de controle. Observa-se que este aumento do número de respostas "cor" é acompanhado de uma diminuição significativa do número de respostas "forma". Não obstante, não cabe atribuir esta variação a nenhum fator determinado. A "forma" não é a dimensão mais escolhida nos grupos de controle e não parece estar associada de modo particular à cor.

Tabela 5 – Primeira experiência: Média de opções em cada dimensão; comparação entre os grupos experimentais e de controle

Dimensão	Cor	Traçado	Tamanho	Forma
Grupos experimentais ($k = 6$)	20,86	16,18	16,09	10,88
Grupos de controle ($k = 6$)	15,28	18,93	14,20	15,59
t de Student	2,46	1,67	0,75	2,74
Índice de significação	$p < 0,2$	$p > 0,10$	$p > 0,10$	$p > 0.02\ p > 0,05$

Existe um segundo indício da influência do sujeito minoritário. Normalmente, quando expressam uma opção preferencial, os sujeitos não a emitem de modo isolado, mas mediante uma série de duas ou mais respostas sucessivas. Observa-se que nos grupos experimentais os juízos "cor" se emitem com mais frequência mediante séries de duas ou mais respostas sucessivas ($X2 = 17,84$, $p < 0,001$). Para as outras dimensões, ou não se encontra diferença significativa ("tamanho"), ou o número de respostas isoladas aumenta ("forma": $X2 = 5,45$, $0,05 > p > 0,02$; "traçado": $X2 = 22,397$, $p > 0,001$). Assim, o comportamento constante de uma minoria determina, não só a frequência das respostas da maioria, mas também sua organização.

Segunda experiência

Procedimento experimental – Uma norma implícita é uma norma que rege nosso comportamento sem que tenhamos clara consciência de sua generalidade ou do fato de que determina a maior parte de nossas decisões. Tais normas são onipresentes no campo da moda, da alimentação, do gosto, da linguagem etc. Por razões de comodidade, utilizamos para esta experiência material linguístico. Os hábitos verbais podem definir-se como regularidades normativas numa coletividade que partilha estes hábitos.

Escolhemos quarenta e nove associações de palavras em uma lista estabelecida por Nunnaly e Hussek (1958), que mediram a frequência de certas associações de palavras numa população de estudantes americanos. A cada palavra-estímulo (por exemplo, "laranja") correspondem duas associações, das quais uma é um qualificativo (por exemplo, "redondo") e a outra uma característica supraordenada (por exemplo, "fruta"). Dá-se ao sujeito um fascículo de cinco páginas no qual estão impressas as oitenta e nove associações. Enquanto o experimentador lê a palavra-estímulo, o sujeito escolhe e enuncia aquela das duas associações que se encontram na mesma linha da palavra estímulo, e que a seu juízo está mais estreitamente vinculada a esta; o sujeito anota também suas próprias respostas. Como na primeira experiência, a ordem das respostas é sistematicamente variável. Os sujeitos se sentam do mesmo modo que na primeira experiência. Os grupos experimentais se compõem de três sujeitos ingênuos. Nos grupos experimentais o cúmplice escolhe sempre a associação supraordenada.

Dispomos as associações em duas listas diferentes, organizadas numa probabilidade crescente ou decrescente de escolha da palavra supraordenada na população em geral. Na primeira lista (lista A), a probabilidade de associação ao estímulo das respostas supraordenadas é maior ao princípio: assim, a associação "escolhida" pelo cúmplice para estes estímulos resulta corresponder à norma. À medida que a probabilidade de suas respostas diminui, seu comportamento aparece como "conservador" e de natureza apta para frear a adaptação à mudança dos hábitos verbais. Na segunda lista (lista B), onde a probabilidade das associações supraordenadas é menor ao início, as respostas do cúmplice aparecem como "desviantes".

Fizemos uso destas duas listas para mostrar que: a) a verdadeira fonte de influência é a *consistência* do comportamento na minoria e não seu grau de desvio; b) o conformismo inicial de uma minoria, contrariamente ao que parece inferir-se dos trabalhos de Kelley e Shapiro (1954) e de Hollander (1960), pode reforçar sua influência, mas não é a causa de sua influência.

Resultados – Qualquer que seja a ordem de utilização das listas, o aumento do número de respostas "supraordenadas" é significativo nos grupos experimentais comparados com os grupos de controle. A influência do cúmplice sobre as respostas da maioria é inegável, seja quando se comporta como "conservador" ou como "desviante" (cf. Tabela 6).

Tabela 6 – Média das respostas "supraordenadas":
comparação entre os grupos experimentais e de controle

	Lista A	Lista B
Medidas dos grupos experimentais ($k = 6$)	74,01	63,67
Medidas dos grupos de controle ($k = 6$)	75,61	53,89
t de Student	2,24	1,91
Índice de significação	$p < 0,05$	$0,10 > p > 0.05$

Cabe perguntar se o efeito da escolha do *indivíduo minoritário* sobre a escolha dos *indivíduos majoritários* se exerce em toda a lista, ou só na parte onde está mais perto da norma. Se a influência se exercesse sobre todas as respostas, haveria modificação da norma majoritária em relação à norma americana original. De fato, observamos tal modificação: a proporção das associações supraordenadas escolhidas pelos sujeitos dos grupos experimentais é significativamente mais elevada que a proporção das associações supraordenadas escolhidas pelos sujeitos dos grupos-testemunha na segunda metade da lista A:

$$(t = 3,41, v = 34; 0,01 > p > 0,001)$$

E na primeira metade da lista B:

$$(t = 2,38, v = 34; 0,01 > p > 0,001)$$

Há uma diferença entre a influência do cúmplice "desviante" e a influência do cúmplice "conservador"? Observamos que a ordem de apresentação das listas não afeta a orientação das associações. A proporção das respostas supraordenadas nos grupos de controle é a mesma, tanto na lista A como na lista B. Toda diferença que apareça nos grupos experimentais se deve necessariamente à posição do cúmplice. Para a lista A, onde o cúmplice faz escolhas conservadoras, a frequência de respostas supraordenadas é mais elevada

$$(t = 1,91, v = 10; 0,10 > p > 0,05)$$

que para a lista B, onde o cúmplice faz escolhas desviantes. Assim, o conformismo inicial de uma minoria aumenta sua influência, mas não é uma condição necessária da influência.

As duas experiências descritas foram as primeiras a estudar os efeitos da consistência no comportamento. Outras experiências que as repetiram confirmaram a tendência geral dos primeiros achados.

A rigidez

Estas experiências sobre o estilo de comportamento suscitaram novos problemas. Um destes problemas é embaraçoso: como se expressa a consistência? Pela repetição ou pela adoção de um modelo de comportamento? Mais exatamente, o problema que se apresenta provém de que o comportamento rígido pode ser uma causa da influência, mas pode ser também, às vezes, um obstáculo. Em primeiro lugar, a antipatia nasce dos comportamentos que carecem, ante as reações alheias, de sutileza, flexibilidade e sensibilidade. Em segundo lugar, o comportamento rígido é sintoma de conflito, de recusa em aceitar um compromisso ou de fazer concessões e de uma vontade de impor o próprio ponto de vista a qualquer custo. Tal rigidez pode atribuir-se, às vezes, à incapacidade de um indivíduo, ou de um grupo, para avaliar certos aspectos da realidade, ou para abandonar os pontos de vista limitados que se impôs. Não obstante, não esqueçamos que o comportamento rígido pode ser um simples resultado de uma situação na qual a concessão e o compromisso são, na realidade, impossíveis.

Interessa-nos, ainda, saber em que medida o comportamento consistente deve ser interpretado como comportamento rígido, e qual é o significado deste comportamento. No momento, contudo, quero mostrar simplesmente que tal rigidez não é só função do comportamento das minorias, senão também função do modo como os outros chegam a categorizar o comportamento rígido. Quer dizer, a rigidez não se situa só em nível do comportamento da pessoa ou do subgrupo, mas também da percepção do observador.

Ricateau (1971) reuniu um grupo de três pessoas para discutir o caso de um jovem criminoso, Johnny Rocco, e solicitou-lhes que decidissem o tipo de castigo ou de tratamento a aplicar-lhe. Em geral, a maioria era mais condescendente; mas a minoria, um cúmplice do experimentador, emitia constantemente recomendações mais severas. A maioria e a minoria deviam confrontar seus pontos de vista antes de tomar decisões individuais. As decisões se apoiavam numa escala de sete pontos de condescendência-severidade. Duas decisões individuais eram tomadas no decorrer da experiência. A primeira tinha lugar antes do início da discussão. A segunda, aos trinta minutos de discussão (que se dividia em três períodos de dez minutos cada um). Foram planejadas três condições experimentais a fim de determinar os graus de rigidez no "modo de apreensão dos outros", quer dizer, na maneira como os membros de um grupo se julgam e se categorizam. Como podemos descobrir ou manipular estes modos de apreensão? Obrigando os sujeitos a julgarem-se a si mesmos ou a julgar aos outros segundo um número maior ou menor de categorias. Na vida real, por exemplo, os indivíduos dogmáticos ou racistas se julgam, e julgam especificamente aos outros, segundo um número muito limitado de categorias – habitualmente duas –, enquanto que os indivíduos de espírito mais aberto utilizam mais categorias.

Ricateau convidou seus sujeitos a julgarem-se e julgar aos demais membros do grupo segundo uma escala tomada do diferencial semântico de Osgood. Os sujeitos deviam categorizar-se em termos de polaridades, por exemplo, ativo/passivo, realista/romântico etc. Estas polaridades eram os pontos extremos em escalas de seis pontos, onde os sujeitos indicavam mediante uma letra do alfabeto a posição que consideravam exatamente mais descritiva de cada membro do grupo. Na primeira condição experimental (I) eram dadas aos sujeitos apenas duas escalas de polaridade para indicar seus juízos. Na segunda condição experimental (II) eram utilizadas cinco escalas, e na terceira condição (III) eram usadas oito. Preenchiam estas escalas em intervalos regulares (cada dez minutos) no decorrer da discussão sobre o jovem delinquente, Johnny Rocco.

Como indiquei, esta atividade de julgamento sobre duas, cinco ou oito escalas fornecia aos sujeitos um código específico de apreensão do outro, que variava de uma condição experimental a outra pelo número de dimensões propostas. Tratava-se, pois, de induzir certa preparação à categorização, de forma que a imagem da minoria (que se elaborava no decorrer da discussão) se extraísse de um número variável de dimensões. O conteúdo das escalas de julgamento tinha sido selecionado de tal modo que não tivesse relação direta com o conteúdo da discussão propriamente dita. Trocando a amplitude do código de apreensão de uma condição experimental a outra, o experimentador esperava favorecer um grau de diferenciação mais ou menos importante na imagem real do comportamento do outro e modificar assim o mérito relativo de certas dimensões e, portanto, a capacidade de influência do indivíduo desviante. A hipótese era que este exercia muito mais influência ao ser visto através de um número maior de dimensões.

Ricateau confirmou que os sujeitos da condição I se deslocaram significativamente menos em relação à norma minoritária que os sujeitos da condição II ($X2 = 4,99$, $0,02 < p < 0,05$) e da condição III ($X2 = 2,72$, $p < 0,10$).

Os índices de deslocamento, uma vez ordenados, mostraram que o grau de influência exercida pela minoria era inversamente proporcional ao número de categorias utilizadas na indução dos "modos de apreensão dos outros" (cf. Tabela 7).

Tabela 7 – Grau de influência e amplitude das decisões categoriais

Ordem estabelecida em função do grau crescente de uniformidade	III<II<I
Ordem estabelecida em função do grau crescente de submissão à influência exercida	I<II<III

Partindo daqui, podemos concluir que haverá menos possibilidades de que uma maioria aceite as concepções de uma minoria se sua interação é percebida de "modo dogmático", situação em que o comportamento constante da minoria se considerará mais rígido. Ao contrário, o mesmo comportamento exercerá uma inegável influência sobre uma maioria menos dogmática.

Um estudo de Nemeth et al. (1974) demonstrou que um comportamento menos "dogmático", mais "flexível", pode ser mais eficaz mediante a "adoção de um modelo" em suas respostas que pela repetição destas. Os estímulos utilizados na experiência eram lâminas azuis. Os grupos de seis sujeitos se compunham de dois cúmplices e quatro sujeitos ingênuos. Numa parte da experiência os cúmplices simulavam que viam as lâminas "verdes" em 50% das provas e "verdes e azuis" nas demais provas. Numa primeira condição, davam estas respostas "verdes" e "verdes e azuis" ao azar; em uma segunda condição, os cúmplices davam as respostas "verdes" para as doze lâminas cujo efeito era mais fraco, e as respostas "verdes e azuis" para as doze cujo efeito era mais vivo (condição da correlação I). Numa terceira condição ocorria o contrário: os cúmplices diziam ver as lâminas "verdes e azuis" quando seu tom era mais fraco e "verdes" quando seu tom era mais vivo (condição da correlação II). Assim, nestas duas últimas condições os cúmplices adotaram um modelo de respostas segundo o tom dos estímulos. Ainda assim, criou-se um grupo de controle em que não havia cúmplice.

A primeira variável dependente que mostrava a influência era a média de provas nas que a resposta era "verde". A segunda variável dependente era a proporção de respostas totais "verdes". A Tabela 8 mostra a média para estas duas variáveis em todas as condições.

Tabela 8 – Número médio de provas nas que os sujeitos responderam "verde"

Respostas repetitivas "verdes"	Respostas repetitivas "verdes e azuis"	Respostas seguindo um modelo ou em correlação (I e II)	Respostas aleatórias	Grupo de controle
0,69	4,00	5,84	0,06	0,00

Se compararmos a condição "aleatória" e as condições "de correlação" (nas que 50% das respostas dos cúmplices eram "verdes" e 50% eram "verdes e azuis"), é evidente que a minoria exerce influência quando o conjunto de suas respostas segue um modelo, mas não exerce influência alguma quando as respostas se dão ao acaso. As diferenças são todas estatisticamente significativas ($t = 1,94$, $p < 0,05$). Além disto, se comparamos as condições nas quais os cúmplices se comportavam de modo consistente, mediante a repetição, resulta que as condições nas quais se adotou um modelo de resposta eram equivalentes às condições de repetição "verde e azul", mas significativamente mais eficazes que a condição de repetição "verde" ($t = 1,883$, $p < 0,05$). É evidente, segundo os dados, que as condições de adoção de um modelo (em correlação) faziam aparecer uma influência minoritária significativa em comparação com o grupo de controle (na que não havia cúmplice). A condição de repetição "verde", pelo contrário, não tinha eficácia alguma. Os autores concluem: "Está claro que a resposta, em que uma minoria adotava um modelo, era ao menos tão eficaz para modificar a opinião da maioria como a simples repetição de uma posição" (p. 15).

O que nos ensina esta experiência? Em primeiro lugar, que um estilo de comportamento, no caso da consistência, define-se por certo grau de rigidez e que, quando esta rigidez é visível, exerce influência. Em teoria, um estilo de comportamento menos rígido deveria ter um efeito muito maior que um estilo mais rígido. Mas constatamos logo que a rigidez da minoria é função da significação social que lhe atribui a maioria; é uma dessas deduções resultante do comportamento da minoria desviante. Se flexibilidade significa compromisso e submissão ante a pressão do grupo, então as possibilidades de modificar as opiniões do grupo são certamente reduzidas. É o que demonstraram recentemente Kiesler e Pallak (1975). Em sua experiência, que é mais complexa e mais sutil da que apresentarei aqui, os autores convidam aos sujeitos a participar de um estudo de tomada de decisão de grupo, avisando-os de que seria tomada uma decisão grupal sobre um caso de relações humanas. Os sujeitos leem o relatório e comunicam em particular suas recomendações pessoais. Tratava-se do caso de um delinquente de quinze anos, Johnny Politano. Contava-se a história do garoto de forma que o leitor sentisse pouca simpatia por ele. Ele era apresentado como perturbador da ordem e agressivo, como um tipo egoísta que abusava dos demais apesar da simpatia e da indulgência com que o tratavam. Depois de dar sua recomendação pessoal, era mostrado a cada sujeito uma distribuição de opiniões com uma maioria de seis e uma minoria de dois. Ao ver a distribuição, cada sujeito podia ver-se como pertencente à maioria. Alegando-se que tinha havido uma falta de informação devido a um erro técnico, solicitou-se aos sujeitos que votassem de novo, e cada sujeito viu como mudava uma parte da distribuição das opiniões. Eram seis condições experimentais:

a) os sujeitos da situação-testemunha viram a mesma distribuição anterior ao "erro técnico";

b) os sujeitos da condição "compromisso minoritário" viram que os dois membros minoritários modificavam em dois pontos suas recomendações em direção à posição majoritária;

c) os sujeitos da "condição reacionária" observaram que um membro da maioria ficava ainda mais negativo, polarizando-se contra a posição minoritária;

d) os sujeitos da "condição mista" advertiram um movimento de polarização contra a minoria e, ao mesmo tempo, um movimento de compromisso proveniente da minoria desviante;

e) os sujeitos da condição "compromisso majoritário" viram que um dos membros da maioria, que antes sustentava a posição majoritária modal, tinha modificado em dois pontos sua recomendação em direção à minoria desviante;

f) os sujeitos da "condição desertor majoritário" observaram, ao examinar a nova distribuição das opiniões, que um dos membros da maioria tinha desertado, adotando totalmente a posição minoritária.

Desse modo, em duas condições a minoria parece dirigir-se em direção à maioria, em outras duas observamos um movimento da maioria em direção à minoria e nas duas últimas condições há sinais de polarização contra a minoria. Além disto, a fim de determinar uma mudança ainda maior, cada sujeito "recebia" um bilhete de um dos membros da minoria, que advogava em favor de uma atitude mais aberta e mais positiva em relação ao jovem delinquente, e manifestando uma esperança de melhora do garoto durante seu período de liberdade vigiada. Depois de ler o bilhete, os sujeitos preenchiam três tipos de escalas de atitude: a) a primeira relativa ao que pensavam que o grupo podia dizer; este juízo devia ser comunicado, segundo supunham, aos demais membros do grupo e seria utilizado como ponto de partida para a discussão do grupo; b) a segunda relativa ao que pensavam que seria preciso evitar; c) a última relativa a qual seria, a seu juízo, a recomendação final do grupo. Procedeu-se também a outras medidas, mas não nos interessa aqui diretamente.

Os resultados mostram que os membros da maioria modificaram suas opiniões quando a minoria foi capaz de levar a um membro da maioria a aceitar um compromisso ("compromisso majoritário"), ou a desertar ("desertor majoritário"). Em ambos os casos, o impacto da minoria desviante é significativamente diferente em comparação com o grupo de controle ($t = 2,24$ e $5,63$ respectivamente, $p < 0,001$). Além disto, o desvio de um dos membros da maioria debilitou mais a opinião da maioria que a condição de compromisso ($t = 3,39$, $p < 0,0002$). Tal como esperávamos, o compromisso minoritário não produziu mudança alguma na atitude da maioria. Tampouco a reação da "maioria" (condição reacionária) teve impacto maior. Em outras palavras, uma minoria constante (inflexível) pode influenciar num grupo, enquanto que uma minoria inconstante (que se acomodada), não possui este poder. Na realidade, as três medidas de atitude nos mostram o impacto diferencial. A influência mais forte, quer dizer, o movimento mais importante em direção à posição minoritária foi observado na previsão dos sujeitos sobre a decisão final do grupo, e a influência mais fraca, nas opiniões pessoais dos sujeitos. A mudança do sujeito em direção à opinião expressa pela minoria desviante se situava entre ambos.

Esta experiência sugere, de maneira original, o impacto do estilo de comportamento da minoria, ela também assinala que, embora ela seja uma condição necessária, não é sempre uma condição suficiente. No grupo de controle a minoria era consistente, mas não provocou mais mudança que a minoria inconsistente, que se acomoda. Apenas quando a minoria foi capaz de fazer brotar um movimento de opinião por parte de um membro da maioria, o efeito diferencial unido ao estilo de comportamento apareceu realmente em sua totalidade. Isto não é de todo estranho. As conversões foram sempre utilizadas pelas minorias científicas, religiosas ou políticas para inferir a verdade de seus pontos de vista, como um exemplo que os demais devessem seguir e como um meio de legitimar sua posição. A inovação exige sempre o que se chamou um "efeito de demonstração": o início da progressão da minoria e a separação da maioria pelo movimento de um de seus membros em direção a uma nova posição. Um fato mais surpreendente é que a moderação e o compromisso da minoria quase nunca sejam recompensados e sua atitude "razoável" não a faça mais influente. Mas, porque a maioria muda quando o movimento da minoria prova a verdade de suas próprias posições? Isto é surpreendente para uma determinada concepção do senso comum e para toda teoria que queira acolher seus princípios. Mas não é tão surpreendente para uma determinada *praxis* social e política e para a perspectiva que acabo de apresentar aqui.

Mas, para o momento, a lição essencial desta experiência é que, enquanto há um limite para a rigidez, há também um limite para flexibilidade, a saber, que não pode aparecer como uma concessão, ou uma submissão à maioria. Esta afirmação é, contudo, ambígua. Na realidade teríamos de dizer que se um indivíduo ou grupo deseja estabelecer uma distância entre ele e outro indivíduo ou grupo, ou fazer-lhe tomar uma posição extrema oposta à sua, deve adotar um estilo rígido de comportamento. Correlativamente, se um indivíduo ou grupo deseja determinar uma convergência com outro indivíduo ou outro grupo, então é válida a afirmação teórica: um estilo de comportamento menos rígido exercerá mais influência, sob a condição de que se mantenha certa distância entre as duas partes do grupo – maioria e minoria – e de que a flexibilidade não pareça ser a consequência de uma submissão à pressão externa. Isto é, evidentemente, difícil de conseguir, ainda que desejável, sem sombra de dúvidas.

É certo que um estilo rígido de comportamento pode ter vários efeitos negativos sobre a influência direta:

1) Em primeiro lugar, pode provocar uma atitude de rejeição, porque é interpretado, às vezes, como uma espécie de violência ou de coerção inaceitável, sobretudo se a outra pessoa não dispõe mais que de um número limitado de reações possíveis. Uma experiência de Paicheler e Bouchet (1973) ilustra isto muito bem.

A experiência aconteceu durante o ano acadêmico que se seguiu à revolta dos estudantes na França em maio de 1968. Os sujeitos eram estudantes convidados a discutir questões sobre diversos aspectos dos problemas suscitados pelo movimento estudantil. Como em todas as experiências deste gênero, expressaram primeiro suas opiniões individualmente. Logo, reunidos em grupos de quatro, deviam discutir cada questão e chegar a um consenso. Finalmente, expressavam de novo, em separado, suas opiniões sobre os mesmo temas. Houve três classes de médias: pré-consenso, consenso e pós-consenso. Alguns grupos tinham entre seus membros um ou dois extremistas, e outros não.

Tabela 9 – Comparação entre as medidas obtidas nos grupos mais extremos e nos grupos menos extremos

Grupos	Fases		
	Pré-consenso	Consenso	Pós-consenso
Os mais extremos	1,37	2,22	1,73
Os menos extremos	0,75	1,17	1,07

Se compararmos estes dois tipos de grupos, os resultados mostram que o consenso dos grupos moderados é mais extremo que os juízos individuais de seus membros e que, uma vez alcançado o consenso, os indivíduos adotam a norma do grupo sem nenhuma tendência a voltar a seu juízo individual anterior. Correlativamente, nos grupos com um ou vários extremistas (radicais), ao mesmo tempo em que se manifesta um forte extremismo no consenso, há uma clara regressão em relação aos juízos individuais anteriores na fase de pós-consenso.

Parece evidente que neste segundo caso a força da norma do consenso tornou impossível a aparição de uma firme oposição durante a discussão de grupo. A minoria conseguiu forçar aos demais membros do grupo a dar, sem querer, seu consentimento à norma. Uma das consequências foi, como mostram os dados, que os extremistas eram mais extremos ainda depois da interação do grupo. Paralelamente, os moderados se tornaram mais conservadores (23%) do que eram antes da discussão. Cabe supor, pois, que alguns sujeitos reagiram à pressão até certo ponto injustificada que acreditaram ser exercida sobre eles.

2) O segundo efeito negativo que um estilo rígido de comportamento pode ter sobre sua influência é, pois, um efeito *deslocado*, que ocorre onde menos se espera. Isto se deve a que, embora uma pessoa deseje colocar-se de acordo com outro indivíduo ou outro subgrupo acerca de um tema, a rigidez do comportamento deste indivíduo ou deste subgrupo pode ter suficiente efeito de repulsa para impedir que esta pessoa realize seu desejo. Uma experiência de Mugny (1974a) mostra que este é o caso. No decorrer do estudo preliminar, Mugny observou que os alunos de um cursinho consideravam a indústria como responsável, em grande medida, pela poluição do meio ambiente, mas se mostravam indecisos no modo de atribuir esta responsabilidade. A partir deste estudo, Mugny confeccionou um questionário para medir a atitude dos sujeitos acerca de sua atribuição de responsabilidade da poluição. O questionário tipo Likert se compunha de vinte frases, das quais oito acusavam ou defendiam a indústria, outras oito acusavam ou defendiam os indivíduos e a ideia de que "cada detrito conta", e quatro frases que acusavam ou defendiam, ao mesmo tempo, os indivíduos e a indústria. Realizou-se a experiência na sala de aula. Os sujeitos responderam primeiro ao questionário indicando sua postura acerca de cada questão. Logo se lhes pediu que lessem um texto que tratava de várias soluções possíveis ao problema da poluição. Havia dois tipos de texto: o primeiro (F) tomava posição em relação à poluição e propunha soluções "racionais (restrições à produção industrial, multas etc.), enquanto que o segundo (R)

apresentava os autores como intransigentes e preconizava medidas muito severas (fechamentos de fábricas que contaminam o ambiente, proibição de comidas nos parques naturais etc.). Pediu-se aos sujeitos que respondessem ao questionário uma segunda vez, depois de ter lido um dos textos. Na análise dos resultados, Mugny fez a distinção entre as mudanças produzidas nas perguntas que estavam relacionadas com a fonte de influência, quer dizer, cujo conteúdo era tratado nos textos (D) e as mudanças produzidas nas perguntas cujo conteúdo não era tratado nos textos (ND). Uma análise da variância mostra que há mais mudança para as perguntas indiretas (ND), que para as perguntas diretas (D), mas na realidade, como mostra a Tabela 10, quando se deu aos sujeitos um texto coerente sem ser rígido, a influência esteve igualmente distribuída entre os dois tipos de perguntas; é praticamente nula para as perguntas diretas e, ao contrário, muito forte para as indiretas, quando se deu aos sujeitos um texto que apresentava seus autores como rígidos ($F = 5,765$, $p < 0,025$).

Tabela 10 – Mudança nas perguntas diretas e indiretas e no estilo de comportamento

Estilo de comportamento	Perguntas	
	Diretas	Indiretas
Consistente, mas não rígido	+ 3,52	+ 3,40
Consistente e rígido	- 0,84	+ 6,04

Isto mostra que, mesmo quando um estilo de comportamento rígido produza uma mudança, sua influência é indireta. Mas esta rigidez é vista sempre como um bloqueio? Poderíamos supor que assim é somente quando há uma discordância, observada ou real, entre o emissor e o receptor de influência. A partir deste momento, a impressão de que houve um acordo sobre as atitudes fundamentais tenderia a diminuir a sensação de bloqueio e a recusa das tentativas de influência. Em outra experiência, Mugny (1974b) utilizou o mesmo questionário e os mesmos textos que na experiência anterior, modificando somente o procedimento da experiência. Em primeiro lugar, pediu-se aos sujeitos que completassem o questionário. Depois, o experimentador disse que voltaria dentro de uma semana e que, entretanto, mostraria as respostas dos sujeitos a pessoas competentes que integravam um grupo (fictício) de especialistas em meio ambiente, aos quais pediria que respondessem a cada sujeito de forma individual. O próprio experimentador tinha-se apresentado como integrante de um grupo de estudos sobre pesquisas de opinião e, portanto, independente por completo da organização interessada nos problemas da poluição. Na segunda fase da experiência, distribuíram-se aos sujeitos dois textos. O primeiro lhes informava sobre a concordância ou não de suas respostas com as opiniões da equipe fictícia de especialistas em meio ambiente. O segundo texto era sobre poluição, concretamente o texto (F) ou o texto (R) da experiência anteriormente descrita. Uma vez lidos estes documentos, solicitava-se aos sujeitos que respondessem novamente ao questionário. Nas análises dos resultados, Mugny estabeleceu a distinção, como na experiência anterior, entre as perguntas diretas (D) e as perguntas indiretas (ND). Aqui estão as mudanças observadas: em conjunto, os sujeitos que receberam as mensagens do documento "rígido", foram menos influenciados ($F = 6,745$, $p < 0,025$) que os sujeitos que receberam as mensagens do outro texto. O acordo ou desacordo explícito de opinião teve aqui um efeito muito claro. Se os sujeitos acreditavam que havia um acordo entre eles e a fonte de influência, o primeiro tipo de mensagens (R) implicava uma mudança unicamente para as perguntas indiretas (ND), sem produzir modificação alguma para as perguntas diretas (D), enquanto que o segundo tipo de mensagem (F) tinha a mesma influência para as perguntas diretas (D) e para as perguntas indiretas (ND). Em outras palavras, quando um sujeito sente uma coerção, a resistência à fonte de influência é acompanhada de um notável deslocamento do centro de gravidade das concessões que está decidido a fazer. Por outro lado, quando o sujeito está em desacordo com a fonte, a mensagem flexível (F) modifica de maneira específica, inclusive de modo mais marcante, as opiniões indiretas (ND) que não estão ligadas ao conteúdo da mensagem, enquanto que a mensagem rígida (R) influencia também estas opiniões (ND), mas em menor grau. A existência ou não de acordo tem, pois, consequências mais acentuadas quando a fonte é rígida que quando é flexível (cf. Tabela 11).

Tabela 11 – Mudança de atitude segundo a percepção da relação com a fonte de influência

	Estilo de comportamento			
	Flexível (F)		Rígido (R)	
Relação percebida entre o emissor e o receptor	Perguntas diretas	Perguntas indiretas	Perguntas diretas	Perguntas indiretas
Acordo	4,07	4,57	0,89	9,14
Desacordo	3,85	10,39	1,60	4,142

As razões para estes fenômenos ainda não estão claras, e não devemos aventurar reflexões antes de saber algo mais sobre os mecanismos que sustentam a interação nestas condições. Basta sublinhar o fato de que o impacto e o tipo de impacto dos estilos de comportamento dependem em grande parte do contexto social em que ocorrem.

Temos de admitir que esta conclusão não quer dizer grande coisa. Não obstante, se levamos a sério esta dependência em relação ao contexto social, entendemos melhor as sutis operações da "gramática dos comportamentos" e o papel que cumprem nos processos de influência. Ao traçar um conjunto de regras e de significados, esta gramática transforma cada informação, cada atitude e cada signo em uma *ação* dirigida em relação (ou contra) a alguém ou algo. Com isso em mente, podemos afirmar que a consistência não é a característica ou a solução milagrosa da interação; sua primeira função é atrair a atenção sobre a existência de um ponto de vista coerente, sobre algo dotado de poder e, evidentemente, sobre uma norma. Em uma palavra, indica claramente a qualidade nômica de um indivíduo, ou de um grupo. Além disto, sabemos que a consistência pode manifestar-se de mil formas diferentes, algumas produtivas para o indivíduo ou grupo e outras, pelo contrário, desfavoráveis. Esta observação não é muito surpreendente, mas vale a pena fundamentá-la na experiência. Seria necessário restringir um pouco a ideia um tanto exagerada de que o estilo de comportamento é sempre eficaz, em qualquer circunstância.

A equidade

Qual é a consequência de um comportamento rígido, monolítico, repetitivo, quando duas pessoas, dois grupos, uma maioria e uma minoria, encontram-se frente a frente? Como já vimos, chega-se ao fracasso da comunicação, à recusa de levar em consideração os interesses, as opiniões e o ponto de vista da outra pessoa ou do outro grupo. Trata-se de um problema sério porque, como demos a entender, cada agente social, ainda que pense em mudar em algum sentido, espera também ser capaz de promover uma mudança nos demais. As pessoas podem muito bem estar dispostas a reconhecer que às vezes se equivocam, mas não se equivocam sempre. Pode-se desejar que os demais tenham razão, mas é duro ter de acreditar que a razão está *sempre* na outra parte. Assim, desde um determinado ângulo, o comportamento autônomo, constante de uma minoria parecerá à maioria firme e acabado, mas de outro ângulo, este mesmo comportamento pode parecer obstinado e distante da realidade.

Mas que estilo de comportamento escapa a esta suspeita de rigidez? Existe um que qualifiquei como um estado de "equidade" por duas razões. A primeira, é que este estilo apresenta certa solidez, certo caráter relevante que permite ver com facilidade a posição do agente individual ou coletivo no campo da ação social. Partindo deste ponto de vista, este estilo se aproxima da consistência e é interpretado como tal. A segunda razão é que o estilo de equidade expressa a preocupação de levar em conta a postura dos outros. Na interação com os demais, produz o efeito de um desejo de reciprocidade e de interdependência, de uma vontade de estabelecer um diálogo autêntico. O indivíduo ou grupo se apresenta como uma mente aberta; pode, em certa medida, sofrer uma influência e pode também influenciar nos demais. A ausência de acordo com eles não engendra, neste indivíduo ou grupo, nem animosidade nem sentido de fracasso, e não exclui outros contatos. Não tenta forçar, ainda que expresse claramente suas preferências, suas convicções e suas opiniões. Não é indiferente nem busca necessariamente um compromisso, ou não está disposto a alcançá-lo; está aberto a todas as possibilidades. Em outras palavras, todos têm uma probabilidade de ser compreendidos e o jogo fica aberto até certo ponto. Nestas condições, os indivíduos estão melhor preparados a submeter-se a uma influência, a mudar, porque sabem que não são os únicos a fazê-lo.

O exemplo mais claro deste estilo, na história moderna, é o Papa João XXIII. Sucedeu a Pio XII que, nos termos em que estamos discutindo, não estava aberto ao diálogo com os outros grupos cristãos, nem com os representantes de outros movimentos sociais e políticos. Muitos julgavam sua atitude em relação ao mundo rígida e consideravam que suas posições estavam determinadas por uma estrita adesão aos dogmas tradicionais. João XXIII não era menos fiel aos ensinamentos da Igreja Católica, nem menos solícito a suas necessidades, nem menos preocupado pela autoridade do que o papa que o precedeu. Mas além disto – e aqui reside sua importância histórica – se declarou disposto a retomar a discussão, entre os católicos, sobre temas que estavam excluídos há séculos, disposto a escutar, disposto a estabelecer um diálogo com as outras religiões cristãs, a que os bispos participassem diretamente no governo da Igreja, a reexaminar as relações da Igreja com os países socialistas e a levar em consideração a evolução dos costumes e das mentalidades no mundo ocidental e em outras partes. Quer dizer, sem a necessidade de abandonar os poderes e as tradições seculares, mostrava-se disposto a mudar e, se fosse preciso, a deixar-se convencer da necessidade de modificar as instituições e as opiniões seculares, enquanto esperava e pedia ao mesmo tempo, por parte dos demais, as mudanças correspondentes. Finalmente, sua meta era tirar a Igreja de sua posição de isolamento e estender sua influência com meios mais adaptados às condições da época.

A "equidade" significa *simultaneamente* a expressão de um ponto de vista particular e a preocupação pela reciprocidade na expressão das opiniões. As provas experimentais sobre este estilo de comportamento são raras, mas existem. Mugny, Humbert e Zubel (1973) e Mugny (1973) estudaram este estilo com relativa minúcia, em uma série de experiências sobre a interação entre uma minoria e uma maioria. O problema pelo qual começaram nos é bastante familiar. Adotando constantemente uma atitude de recusa das normas da maioria, uma minoria se coloca numa situação de conflito em relação a esta. Por princípio, portanto, a maioria não costuma orientar-se pelas normas da minoria, ainda que tais normas coincidam com seus próprios interesses. Recusar toda ideia, toda possibilidade de mudança, indica a intenção de manter o conflito em seu paradoxo, de bloquear toda tentativa de comunicação ou de negociação com o resto da comunidade. Isto tende a diminuir as possibilidades de êxito da minoria, pois esta aparecerá como dogmática e hostil.

Os autores partiram do pressuposto de que uma forma de comportamento tão extrema, acompanhada de pontos de vista rígidos e de exigências excessivas, é um estilo de comportamento menos eficaz que o estilo equitativo, que dá à maioria certa margem para influenciar a minoria. O estilo equitativo, ainda mantendo a consistência do comportamento, permite concessões a partir de um espírito de tolerância que, ao mesmo tempo, se a maioria responde a ele, tornará mais aceitável o comportamento consistente dos desviantes. Ainda sendo flexível, a fim de influenciar, uma minoria deve ser nômica, evitar a desunião que poderia conduzir à anomia. Isto é assim, ao menos, se a concepção genética é correta.

Os fatos que devemos examinar se obtiveram pelo seguinte procedimento experimental. Era composto de três fases:

Fase pré-teste – Em primeiro lugar, fazia-se a apresentação dos sujeitos, reunidos em grupos de três (dois sujeitos ingênuos e um cúmplice). Os sujeitos proporcionavam individualmente os seguintes dados pré-teste:

• Como o tema da discussão devia ser o serviço militar na Suíça, solicitava-se aos sujeitos que expressassem sua opinião sobre este problema, escolhendo uma posição numa escala de oito pontos.

• A fim de medir as opiniões subjacentes, solicitava-se aos sujeitos que respondessem a um questionário no que deviam colocar "sim" ou "não" em relação a quarenta adjetivos que julgassem corretos, ou não, para descrever o exército suíço.

Na página em que se encontrava a escala de oito pontos (e isto é importante) se informava aos sujeitos que deveriam expressar mais tarde sua opinião oralmente. A segunda página do questionário não incluía esta menção. Dispunha-se, pois, de duas medidas: uma medida das atitudes manifestas e outra das opiniões latentes.

Fase da interação – Para começar, os sujeitos expressavam sua opinião. A fim de acentuar o caráter "público" desta declaração, foi colocado, num lugar bem visível, um mural de avisos onde se escrevia a resposta de cada sujeito a cada uma das perguntas do questionário por A, B e C (C representava sempre o cúmplice). Iniciava-se então a discussão. Os sujeitos recebiam um fascículo que continha seis perguntas do tipo: "em relação às forças militares e políticas atuais (no plano internacional), você pensa que é preciso modificar a verba da defesa nacional suíça? Sua opinião é que se deve: *suprimir* a verba do exército, *diminuir muito* a verba do exército, *dobrar* a verba do exército". Para cada uma das perguntas, os sujeitos escolhiam uma das oito respostas possíveis, que expressavam oralmente. Logo começava a discussão, durante a qual deviam defender suas posições. Os cúmplices defendiam sua posição à base de argumentos preparados de antemão e fundamentados nas decisões dos tribunais militares ao julgar os casos dos objetores de consciência. As perguntas que podiam ser embaraçosas para os sujeitos tinham sido previstas a partir dos argumentos apresentados pelos objetores de consciência ante os mesmos tribunais.

Os cúmplices defendiam suas posições de dois modos. Na primeira condição experimental (R) eram rígidos e conservavam a mesma posição extrema durante toda a experiência. Na segunda condição (E) adotavam posições extremas para as três primeiras perguntas, mas defendiam posições menos extremas nas três últimas perguntas. A posição desviante consistia em ser favorável ao exército suíço, já que a maioria dos estudantes suíços se opõe geralmente a ele.

Fase pós-teste – Depois da discussão, os sujeitos deviam responder novamente ao questionário. Logo se entrevistava individualmente aos ingênuos sobre sua visão dos demais sujeitos, a certeza de sua opinião etc.

Estes foram os resultados da experiência. Em nível da atitude manifesta não existia diferença entre as duas condições experimentais. Que o cúmplice fosse "rígido" ou "equitativo" não implicava diferença alguma. Ao contrário, obtemos outra imagem quando consideramos as opiniões latentes. Como se esperava, o cúmplice "equitativo" modifica mais opiniões a seu favor e engendra menos reações negativas que o cúmplice "rígido" (vide Tabela 12).

Tabela 12 – Mudança na opinião subjacente depois da interação com uma minoria "rígida" ou com uma maioria "equitativa"*

	Mudança favorável à minoria (%)	Nenhuma mudança	Mudança desfavorável à minoria (%)
Condição R	11	28	61
Condição E	39	28	33

* O teste de Mann-Whitney deu um resultado significativo em 0,04.

O resultado mais interessante tem a ver com a *relação* entre os dois tipos de respostas, conforme a condição experimental; ele revela claramente o problema de sua significação psicológica. Encontraram-se as seguintes relações: na condição (R) havia uma forte correlação negativa em nível das atitudes manifestas e a mudança em nível das atitudes latentes. Os sujeitos cujas atitudes latentes divergiam mais da minoria tinham atitudes manifestas muito próximas à desta. Na condição (E), a correlação era positiva. Neste caso, as mudanças manifestas foram no mesmo sentido que as mudanças latentes de opinião e tinham a mesma importância.

No início, uma minoria que recusa reconhecer a posição da maioria exerce uma espécie de pressão sobre os indivíduos, ainda que seja porque não parece existir outra solução; mas quanto mais um sujeito se deixa levar, mais hostil se mostra e mais se opõe sua consciência a ela. Ao contrário, uma minoria "equitativa" pode incitar aos indivíduos a segui-la sem provocar esta reação retardada de hostilidade e de repugnância. Parece, pois, que a equidade apresenta alguma vantagem.

As coisas não são, contudo, assim tão simples como nós desejaríamos. Perguntando-se em que medida um estilo de comportamento poderia provocar um efeito idêntico, Mugny (1973) simplificou seu procedimento experimental. Numa primeira fase, os sujeitos preenchiam uma série de questionários referentes a sua atitude em relação ao exército suíço que representava a posição de um grupo extremista de antimilitares de esquerda. Nesta população, os sujeitos se mostravam mais favoráveis ao exército. O discurso, lido por um cúmplice, continha um ataque em três níveis:

a) O argumento econômico: o exército é o apoio econômico da classe no poder.

b) O argumento ideológico: o exército é o "braço" ideológico que organiza e reforça a hierarquia laboral na divisão capitalista do trabalho.

c) O argumento político: o discurso terminava com uma denúncia contra o exército, mostrando-o como instrumento de repressão das lutas progressistas, controlado pela burguesia. Isso é exemplificado com exemplos históricos.

Entre os pontos *a)* e *b)*, *b)* e *c)* se intercala um breve debate sobre o problema dos objetores de consciência que, segundo a opinião geral, adotam uma posição ideológica contra o exército. Este debate fazia surgir uma atitude de extrema esquerda que aceita a objeção de consciência a título de solução individual, pessoal, mas não como um método que possa implicar uma mudança fundamental na natureza das instituições militares. Neste breve debate introduzia-se uma variante que constituía a maior diferença entre as condições experimentais (R) e (E):

1) Entre os pontos *a)* e *b)*, o debate era o mesmo nas duas condições: "Nós pensamos que o único modo eficaz de debilitar o exército é promover atividades revolucionárias no seio do exército e contra ele. Pensamos que a objeção de consciência é demasiado individualista para minar o exército".

2) Entre os pontos *b)* e *c)*, os indivíduos da condição (R) escutavam a mesma ideia, mas expressa com maior força: "Na luta contra a arregimentação ideológica, cremos que métodos como a objeção de consciência carecem de sinceridade, são individualistas, pequeno-burgueses e quase reacionários. Devemos lutar em e contra o exército". Na condição (E), o cúmplice adotava uma posição ligeiramente mais conciliatória entre *b)* e *c)*. "Eu gostaria de voltar ao tema da objeção de consciência, que antes não expus bem. Nossa postura é que a objeção de consciência coletiva, se estiver bem organizada, é um método de luta útil e válido contra o exército. Não obstante, acreditamos também que é importante levar a luta ao interior do próprio exército".

Nestas duas condições, a posição ideológica fundamental é a mesma. O que as distingue é que na condição (R) a minoria não leva em conta as possíveis opiniões do auditório e mantém um ponto de vista inflexível; na condição (E), a minoria se esforça em reconhecer as possíveis opiniões do auditório e parece condescender: "Eu conheço vossas opiniões sobre a questão e estou disposto em reconhecê-las e levá-las em consideração". As duas minorias se comportam evidentemente com a mesma consistência.

Nesta experiência, o estilo de comportamento qualificado de "equitativo" resultava mais eficaz para provocar uma mudança que o estilo de comportamento rígido ($t = 1,821$, $p < 0,05$). Não obstante, nenhum deles teve um impacto próprio. Se 70% dos sujeitos da condição (E) modificaram sua opinião em relação ao cúmplice, outro tanto ocorreu com 57% dos sujeitos na condição (R).

Mugny obteve resultados idênticos em outras duas experiências que não se publicaram, utilizando o método de comunicação de panfletos de extrema-esquerda que os sujeitos liam individualmente. Mas observou também que uma minoria rígida, dogmática, tem mais possibilidades de incidir nos sujeitos cujas opiniões já são próximas as suas que naqueles cujas posições estão mais afastadas. Por outro lado, uma minoria que se apresenta de modo "equitativo", tem mais possibilidades de exercer uma ampla e uniforme influência sobre todos os sujeitos. A diferença inicial de posições entre o emissor e o receptor complica, pois, consideravelmente o quadro.

Trata-se de um antigo problema dos estudos sobre a influência social. Sabemos, por exemplo, que a influência é diretamente proporcional às diferenças de posição até um determinado ponto otimizado de divergência, mas depois deste ponto diminui. Constatou-se também, de diferentes modos, que um desviante extremista exerce uma influência muito forte ou muito fraca, enquanto que um desviante "moderado" tem um efeito mais uniforme sobre o conjunto da população. Por isso, provavelmente, tantos partidos revolucionários e igrejas colocam água no vinho para fazer-se respeitar mais e para aumentar o número de adeptos, esperando o fim da história ou o dia do juízo final.

Esta relação foi também observada entre o tipo da mensagem e o tipo de receptor em estudos sobre o impacto das comunicações. Durante a Segunda Guerra Mundial foram apresentados aos homens de um campo de treinamento militar argumentos que expunham um duplo ponto de vista sobre a previsível duração da guerra com o Japão. Os resultados indicavam que, para os homens que estavam já convencidos do ponto de vista apresentado, os argumentos de tese única modificavam mais eficazmente as atitudes que os argumentos de dupla tese. Para os que no início eram opostos ao ponto de vista, os argumentos de dupla tese eram mais eficazes (HOVLAND et al., 1949). Possuímos hoje conhecimentos mais precisos sobre estes fenômenos e sabemos que dependem de certos aspectos do estilo de comportamento com os que se apresentam, e não simplesmente do grau de diferença e do número das alternativas que contém uma mensagem.

Todos estes achados coincidem com a ideia de que, comportando-se de modo dogmático, uma minoria influencia nas opiniões daqueles cujas convicções eram mais ou menos as mesmas que as suas, mas confirma os outros em suas posições iniciais. Por outro lado, uma minoria "equitativa" modifica, não só as opiniões daqueles que já estavam bem dispostos em relação a ela, mas também dos que eram inicialmente contrários.

Como o laboratório às vezes esquece a realidade mais ampla, tentaremos agora esquecer um instante o laboratório e voltar a tais realidades mais amplas. Em vez de falar de "condição (R)" e de "condição (E)", falaremos de "esquerdistas" e de comunistas. O observador mais ingênuo da história contemporânea sabe, ao menos na Europa, que estas duas correntes marxistas têm mais ou menos as mesmas origens intelectuais e falam a mesma linguagem, mas diferem em seus métodos e suas relações em relação à sociedade. Os grupos esquerdistas se consideram muito radicais e muito revolucionários e se mostram desconfiados ante tudo que possa interpretar-se como uma submissão, ou um compromisso de sua parte. Consideram que a "submissão" e o "compromisso" constituem tendências negativas nos comunistas, aos quais consideram como meros reformistas. Estes, por sua vez, estabelecem uma distinção entre o que chamam de tática e de estratégia. Estão dispostos a prorrogar temporalmente a realização de alguns de seus objetivos políticos a fim de fechar alianças, acordos etc. que, a seu juízo, acabarão reforçando suas posições.

Os achados de Mugny tendem a sugerir que os grupos esquerdistas terão tanta, senão mais, influência sobre as pessoas que já são simpatizantes das ideias marxistas, como podem ter os comunistas. Mas o outro lado da moeda é que, ainda dentro desta fração de população, suscitarão a hostilidade em razão de seu dogmatismo e sua resistência em reconhecer a possibilidade de opiniões diferentes. Além da fração de pessoas já simpatizantes com a esquerda, os métodos dos comunistas são, sem dúvida, mais eficazes. Foi Lenin, no começo do século XX, o iniciador destes métodos destinados, de fato, a igualar aos esquerdistas da época. Ordenou concretamente apoiar a classe campesina e testemunhar-lhe solidariedade em sua luta contra o czarismo, antes de proceder a uma distribuição equitativa da terra entre os campesinos. Esta última medida ia, evidentemente, contra a doutrina ortodoxa da coletivização imediata. Escrevia Lenin: "A burguesia campesina que quer a democracia, o proletariado das cidades que quer o socialismo e o baixo campesinato, compreenderão melhor esta ordem que as frases brilhantes, mas ocas, dos revolucionários-socialistas populistas".

Não compete a mim, nem a ninguém, decidir entre diferentes grupos ou diferentes métodos políticos. Cada qual escolhe seu próprio caminho, e a capacidade de ganhar partidários não é o único critério de verdade histórica. Procurei limitar-me à exploração, à luz dos achados resultantes de estudos experimentais, das razões pelas quais certos grupos exercem influência mais direta que outros. Gostaria de levar esta discussão um pouco mais longe, para compreender melhor o sentido destes achados experimentais.

Mugny indicou muitas vezes que os estilos de comportamento "rígido" e "equitativo" oferecem o mesmo grau de consistência e que o sujeito é consciente disto. É só a dinâmica dos estilos o que os diferencia, o que lhes confere significações distintas e determina relações diversas com o público majoritário. Extrapolando mais, cabe dizer que dentro de seu próprio grupo, em se tratando de uma minoria, é mais conveniente o estilo de comportamento dogmático. O estilo "equitativo" só se torna importante em caso de contatos entre maioria e minoria, ou com outro grupo. Cabe dizer também que o primeiro estilo é compatível com as relações intragrupos e o segundo estilo com as relações intergrupos. Em suma, dentro de um grupo a rigidez é eficaz: salvo algumas exceções, quanto mais rígido é o estilo, maior influência exercerá. Por outro lado, nas relações externas o estilo "equitativo", igualmente firme e consistente, deve utilizar-se a fim de influenciar no ambiente social.

Dito de outra maneira, não é possível comportar-se da mesma forma dentro e fora de um grupo. É algo que os estudantes e, às vezes, os participantes na interação social nem sempre levaram em conta. Contudo, para que o comportamento "interno" e o comportamento "externo" sejam diferentes, há que distinguir entre os ambientes sociais interno e externo em nível da organização e das capacidades. Neste sentido, um grupo se assemelha a um organismo vivo. As relações entre os grupos estão determinadas em grande parte pelo êxito ou fracasso ao estabelecer esta distinção e pelo fato de que os grupos afetados possuam ou não um meio social interno.

Podemos ilustrar esta reflexão com o mesmo exemplo histórico de antes: o dos esquerdistas e dos comunistas. Os grupos esquerdistas se dirigem ao mundo exterior como se tratasse de seu próprio mundo interior. Comportam-se com as pessoas do exterior do mesmo modo que com as do interior. Seu êxito em uma determinada parte da sociedade vem precisamente daí. Ao mesmo tempo, sua rigidez faz nascer uma latente hostilidade. A coerção e a retórica demasiado firmes engendram focos de oposição.

Veja-se o exemplo de como reagia um leitor da publicação extremista *Science for the People* (julho 1973, p. 13) ante o estilo desta:

> [...] Fui testemunha das reações de meus colegas (e refleti sobre minhas próprias) em relação a *SftP*. Penso que todos coincidimos em dizer que a revista é interessante e suscita a reflexão (também a discussão, e isto está bem). Por outro lado, todas as pessoas a quem deixei alguns exemplares comentaram sobre sua retórica extremista defasada. Eu penso o mesmo. Fiz meus primeiros ensaios em SDS (*Students for Democratic Society*) quando era estudante (1965-1969), e pouco a pouco rompi com o grupo (por elevados que fossem seus motivos e suas recriminações) porque estava cansado de escutar o modo estúpido e exagerado como transmitia sua mensagem. Temo reagir da mesma maneira ante a *SftP*. Desejo que vocês tenham um redator severo que releia os textos a serem publicados e elimine todas estas palavras carregadas de emoção e que a esquerda extremista contaminou (lamentavelmente) para sempre, segundo a opinião de grande parte do públi-

co que a *SftP* trata precisamente de ganhar. Pouco importa, por exemplo, que a palavra genocídio seja o termo exato que vocês queiram empregar, aprovado pelo dicionário e pelos escritos das Nações Unidas. A palavra está contaminada. Quando vejo o termo genocídio num título me dá náusea, não pelo suposto ato de genocídio, mas porque, nove em cada dez vezes que se utiliza o termo, é mal empregado por extremistas rígidos. A palavra suscita fortes reações, em mim ao menos, contra quem a emprega, não contra o autor do ato. É possível que eu seja o único em reagir assim [...] O conteúdo de sua revista é realmente formidável; mas seu colorido emocional a coloca em desvantagem.

Apesar disso, seguirei sustentando seu grupo por todos os meios ao meu alcance.

A resposta do redator-chefe não é menos interessante. Onde o leitor pede uma mudança de retórica, o redator vê uma lacuna intelectual a preencher:

[...] Como a acusação de "retóricos" é lançada com frequência contra os extremistas, muitas vezes com razão, cremos que se impõe uma resposta. Os dirigentes da América e de boa parte do mundo são os autores conscientes de crimes contra o povo; não pode haver neste caso uma retórica que possa exagerar o problema. Além disto, muitos políticos justificam estas atividades com palavras tais como "liberdade" e "democracia". O problema da retórica se apresenta quando as pessoas que tentam comunicar sua visão da realidade não conseguem justificá-la ante os demais, nem mostrar que existem outras soluções reais, que as situações escandalosas não são aspectos inevitáveis de nosso mundo essencialmente corrompido. Se determinadas palavras estão "contaminadas" é porque não fizemos o que era preciso para justificá-las. Isto permite às pessoas que não viveram até o fundo a situação na que se fundamenta uma "análise extremista", recuar frente a conclusões que seriam escandalosas. Nós não devemos permitir que isto ocorra. Muitos de nós deveríamos contribuir mediante a luta, a palavra e a escrita a fim de separar o que é retórica do que é verdade...

Quem tem razão? Não tentarei decidir. Está claro, porém, que estas duas pessoas não se entendem. Cada qual vê o problema em nível diferente. O leitor está de acordo com o conteúdo da revista e com os objetivos do movimento "extremista", mas quer uma mudança, uma reforma na retórica. Este leitor julga exagerado e rígido o estilo de comportamento e reage contra a coerção que tal estilo representa. Mas o redator defende esta retórica, justifica-a e não vê razão válida alguma para mudar. Acredita, por outro lado, que uma melhora do conteúdo e um esforço em apoiar as ideias sobre uma base real mais sólida suprimiria os aspectos negativos e, por isso, arbitrários e coercitivos.

Na realidade, quando o leitor pede ao redator que adapte o emissor ao receptor, o redator pede ao leitor que adapte o receptor ao emissor; o leitor considera a retórica como importante e ao mesmo tempo modificável, e o redator como secundária e ao mesmo tempo imutável. Esta controvérsia é o reflexo do processo observado no laboratório e dá também uma ideia dos fatores subjetivos que podem impedir um estilo de comportamento rígido de exercer influência, ainda quando o conteúdo da mensagem que se transmite goze de uma grande simpatia.

Este exemplo específico esclarece também um fenômeno mais amplo. Vemos que este tipo de grupo recusa absolutamente "abrir-se", e todas as indicações feitas neste sentido dentro do grupo são interpretadas como uma traição, um abandono ou uma renúncia, ainda que estas indicações refiram-se a problemas que não são essenciais. Isso significa que tais grupos não possuem os meios para penetrar nos setores da sociedade que lhe são opostos, por fraca que possa ser esta oposição.

Por que a "abertura" é considerada como uma ameaça? Por que não é possível a flexibilidade? Pode-se contestar que é, sobretudo, porque estes grupos carecem de um meio social interno; o "fechamento" é a única garantia de unidade, a única proteção contra as dissoluções e os perigos do ambiente externo. Seus competidores e adversários, os comunistas, adotaram dois estilos de comportamento. Um procura manter a coesão e estabilidade do próprio grupo; o outro orienta-se em direção aos outros grupos e classes sociais. Um se adapta ao ambiente interno, o outro ao ambiente externo.

Vemos também que as concessões políticas e econômicas vão muitas vezes a par com o reforço da disciplina ideológica e que a noção de coexistência, e ainda de unidade de diferentes grupos sociais, tende a manifestar-se juntamente com a insistência na solidariedade do grupo, a fidelidade aos objetivos e a ideologia tradicionais. Isto pode ser paradoxal visto a partir de fora e, por outro lado, desde outro ponto de vista, esta dualidade se ajusta exatamente às exigências psicossociológicas reveladas pelas experiências descritas. Dando um passo à frente, observamos algo semelhante a um padrão de desenvolvimento: a princípio um grupo minoritário, desviante, comporta-se de modo rígido, o que permite consolidar-se ao abrigo de uma unanimidade fechada e um ambiente interno. É sua fase de diferenciação. Depois de certa evolução, é capaz de desenvolver um comportamento mais flexível, que deriva do fato de que seu meio ambiente interno está constituído e separado de seu ambiente externo. Seu novo estilo "equitativo" permite-lhe manter sua consistência ainda fechando alianças, levar em conta pontos de vista opostos ao seu, estabelecer compromissos, numa palavra, ampliar sua esfera de influência, sem por isso correr o risco de desfazer-se ou de perder consistência. Foi alcançada, foi-lhe imposta a exigência de levar cada vez mais em conta a diversidade do ambiente exterior, de ser cada vez mais flexível e menos consistente, quer dizer, submetido às necessidades de seu ambiente interno. Até que deixe de ser minoritário ou realmente desviante, atuando cada vez menos por inovação do que por conformidade. O estudo dos diversos grupos, movimentos e partidos – sobretudo o Partido Comunista – permitirá testar estas conjeturas. Mas a genética dos grupos sociais ainda está em sua infância. A análise dos estilos de comportamento contribuirá, no meu ponto de vista, a dar-lhe o impulso que falta. Por ora, contudo, a evidência experimental possível permite apenas a conclusão modesta de que um comportamento "equitativo" é uma maneira eficaz de exercer influência social.

As funções e os fatores determinantes dos estilos de comportamento começaram há bem pouco a serem examinados. No momento devemos contentar-nos com descrever os estilos e seus efeitos. Qual é o melhor estilo? Qual é o mais eficaz? Estas perguntas traem um modo de abordar o problema que seria mágico e não científico. Não existe uma última arma nem um método infalível de influência. Tudo depende das circunstâncias, dos estados internos da minoria ou da maioria e de suas relações com o meio ambiente social. A decisão e a habilidade em empregar um ou outro desses estilos comportamentais depende dos estados internos e das circunstâncias internas, tanto quanto da razão de desejar influenciar.

Quero sublinhar, contudo, a consequência do estilo de comportamento enquanto fonte de influência. O senso comum atribui os efeitos da influência ao *status* social, à liderança, e a muitas outras formas de dependência. Eu sustento que estas diferentes formas de dependência não são fatores decisivos da influência social. Uma minoria pode modificar as opiniões e normas de uma maioria independentemente de seu poder ou de seu *status* relativo na medida em que, em igualdade de circunstâncias, a organização de suas ações e a expressão de suas opiniões e seus objetivos obedeçam às condições que expus de consistência, de autonomia, de esforço e equidade.

Afirmo, inclusive, que a preocupação quase exclusiva pelas variáveis "externas" – *status*, liderança, competência etc. – ocultou os verdadeiros problemas colocados pelos processos de influência social e se traduziu em atenção exclusiva às características mais evidentes: precisamente as que não requerem explicações. Ao insistir no poder e na influência como conceitos intercambiáveis, concentrando-se na dependência e negligenciando os estilos comportamentais, muitos psicólogos sociais trabalharam arduamente em edificar um saber científico relacionado a fenômenos que, enquanto sabemos, não levantam problemas e não necessitam de explicação. Ou, no mínimo, eles tomaram como ponto de partida uma perspectiva que não era problemática e, consequentemente, levantaram perguntas que não necessitavam de respostas.

7
NORMAS SOCIAIS E INFLUÊNCIA SOCIAL

5ª proposição: O processo da influência é determinado pelas normas de objetividade, normas de preferência e normas de originalidade.

Imaginemos que mostramos o mesmo quadro a três pessoas diferentes. É possível que a primeira fale de seu realismo, a segunda expresse uma simples admiração, e a terceira encontre nele qualidades que suscitem seu entusiasmo. A primeira pessoa manifesta uma avaliação da exatidão com que o tema do quadro é retratado; a segunda exterioriza uma reação espontânea de gosto; a terceira expressa uma avaliação da qualidade desse quadro em comparação com outros. Se desejarmos que estas três pessoas cheguem a um acordo, em primeiro lugar devemos decidir sobre qual a característica do quadro que deve ser objeto de acordo: seu realismo, a reação de gosto que suscita, ou suas qualidades técnicas e estéticas. É óbvio que o resultado pode ser muito diferente se escolhemos um ou outro destes três aspectos. Por que é assim?

De modo geral, o consenso tem duas funções psicossociológicas. Estas funções são, por um lado, para a pessoa que emite opiniões e juízos, ratificar estas opiniões e estes juízos e, por outro, reafirmar sua própria identidade. Não há dúvida de que a importância social está ligada ao fato de sermos "exatos", situar-nos do lado da exatidão objetiva. Mas é igualmente importante "ter razão", ver que os demais aceitam seus juízos e opiniões e, assim, ver aprovada a própria individualidade. No primeiro caso, a pessoa deseja verificar que sua percepção e sua compreensão da realidade correspondem à realidade socialmente aprovada. No segundo, trata-se de justificar e sustentar a própria visão da realidade ou, dito de outro modo, uma realidade privada, e tratar de comunicar esta realidade privada de forma que se torne realidade pública. O que *nós* consideramos verdade deve ser assumido como verdade pelos demais; queremos que os demais gostem do que gostamos. Estas duas funções do consenso entram no processo de influência, mas são as normas sociais que determinam a função que domina e, portanto, modela as interações sociais e os intercâmbios de influência.

Quais são estas normas? Em primeiro lugar, a norma de *objetividade*, que se refere à necessidade de contrastar opiniões e juízos segundo o critério da exatidão objetiva, de forma que se possam tomar decisões em função da possibilidade de que sejam universalmente aceitas. Em segundo lugar, a norma de *preferência*, que supõe a existência de opiniões mais ou menos desejáveis que manifestem diferentes gostos. Esta norma considera o consenso como resultado de uma série de comparações entre tais opiniões. Finalmente, a norma de *originalidade*, que seleciona os julgamentos e as opiniões em função do grau de novidade que representam. O consenso, segundo esta norma, seleciona o julgamento, ou a opinião, que se considera, ao mesmo tempo, como mais adequada e mais insólita. Realismo, admiração e entusiasmo, em nossa experiência imaginária, correspondem cada um a uma destas três normas e, caso se pedisse às três pessoas que chegassem a um acordo, obedeceriam inconscientemente a uma destas normas com tanta exatidão como se a norma se houvesse traduzido em instruções experimentais explícitas.

Podemos ver que, num extremo, a norma de objetividade outorga prioridade à função de ratificação do consenso, enquanto que, no outro, a norma de preferência dá prioridade à função de autovalor, que deixa uma margem às variações e às opções individuais. No meio do caminho entre ambas, a norma de originalidade exige o respeito da exatidão objetiva e facilita, ao mesmo tempo, o autovalor, já que a possibilidade menos comum se presta a maior consideração. Ao mesmo tempo, essa norma exige evitar o trivial, o familiar e o que é corriqueiro.

Quais são os efeitos destas normas sobre as relações interpessoais e sobre as relações entre indivíduos e grupos? A norma de objetividade implica, sem dúvida, uma pressão em relação à conformidade, já que, por definição, não pode haver mais que uma resposta exata, e todas as respostas desviantes são necessariamente falsas. Os desvios são intoleráveis e devem ser reabsorvidos para que o acordo se produza. Além disto, os intercâmbios regidos pela norma de objetividade se centram no objeto, pois são suas propriedades e dimensões as que decidem o valor dos argumentos propostos.

No outro extremo, a norma de preferência pressupõe, no limite, a ausência de pressão e uma tendência a que a opinião individual seja a única, admitindo, evidentemente, que se permita a todos responder. O juízo se expressa em função de escalas de valor individuais, pessoais. Se os indivíduos ou os grupos têm ocasião de comparar suas respostas, o ponto de partida é a escala subjetiva de valores, e tudo se examina e decide sobre esta base. Em tal caso, o consenso representa uma convergência de gostos, o fato de que todos mostram reações e gostos similares.

Uma vez mais, a norma de originalidade se situa entre as outras duas. Ela cria uma pressão centrífuga, cada membro do grupo vê-se obrigado a assumir uma posição singular e evitar imitar as respostas dos demais, ao mesmo tempo em que justifica esta posição apelando a um objeto externo, ou a um campo de atividade profissional, artística ou científica. O interesse excepcional, ou a novidade de uma posição particular, faz nascer uma possibilidade de consenso, mas este consenso se alcança só pela demonstração tanto de seu poder heurístico como de seu acordo com a realidade. É o *objeto* – um fenômeno observado, uma obra de arte, uma cor – o que está no centro da discussão. Não obstante, é "o objeto de um sujeito" o que se vê e se reconhece, e em tal sentido suscita controvérsia. Quando falamos, por exemplo, de uma fotografia de Cartier-Bresson, do efeito de Zeigarnik, do azul de Picasso ou das ondas de Broglie, referimo-nos a objetos ou a fenômenos que estão "marcados" por alguém desde o momento em que esta pessoa descobriu, inventou ou criou o objeto e representa idiossincrasias pessoais. Em um nível mais familiar, na vida cotidiana, é certo também que determinadas cores, determinadas arrumações de mobiliário, certas ideias, determinadas decorações, podem associar-se aos atos e às opiniões de um amigo, de um colega, ou a uma classe social particular. Na realidade, o objeto é um objeto marcado por uma pessoa particular, mas é igualmente independente das individualidades. Uma fotografia de Cartier-Bresson é simplesmente uma foto; o azul de Picasso, um azul entre tantos etc.

Em última análise, a norma de objetividade exige que no curso da interação social cada qual pense e se comporte em função da realidade pública, esta realidade que está aberta à observação de todos, que é a mesma para todos e que é facilmente interpretada por todos os que têm olhos para ver e ouvidos para escutar. Não há lugar para dúvidas: três linhas retas não podem ser outra coisa além de três linhas retas, o azul não pode ser mais que azul, uma casa não pode ser mais que uma casa. As pessoas de mente sã não podem ser induzidas ao erro sobre tais temas; são coisas "claras", "evidentes", "imediatas". Se um indivíduo vê três linhas curvas, onde outros veem três linhas retas, se vê verde onde os demais veem azul, se vê um elefante rosa onde os outros veem uma casa, há algo que não funciona nele; perdeu o contato com a realidade.

Ao contrário, a norma de preferência organiza todos os intercâmbios em torno das realidades privadas dos indivíduos e dos grupos. As divergências neste terreno aparecem como divergências de opiniões e de gosto a propósito de fotos, paisagens, obras de arte, de cozinha etc. Eles não correspondem a juízos de veracidade. Tais divergências se justificam em função da experiência, da motivação, da cultura e das opções que constituem a história do indivíduo ou do grupo afetado. Evidentemente, busca-se também um consenso neste terreno e por isso pode haver influência. Mas seria difícil encontrar outra coisa além de um denominador comum a um grande número de realidades privadas diferentes, como são, por exemplo, as atitudes do mercado financeiro e os comportamentos de votar, que não implicam que uma pessoa tenha abandonado sua opinião ou suas preferências privadas. Por outro lado, se o consenso buscado neste terreno se traduz na expressão de um mesmo gosto em relação a um mesmo objeto, em um mesmo grau, pelas mesmas razões e nas mesmas circunstâncias, já não é questão da escala comum de preferências, senão de conformidade de opinião e de opção.

A norma de originalidade combina a realidade pública e a realidade privada. Pressupõe a existência de uma realidade privada num indivíduo ou grupo, ou exige que se crie uma. Nos domínios da arte, da ciência, da tecnologia e da cultura, tudo começou pela aparição de uma visão ou de uma atividade que era única para um artista, para um cientista, para um engenheiro ou para um povo. É possível que este artista, cientista etc. tenha ficado isolado durante longo tempo, mas este fato permitiu à realidade privada descolar-se de seu ambiente e reforçar-se. Apesar do isolamento social, a norma influi ainda em cada indivíduo, mas é através da interação com outros que a realidade privada se transforma em realidade pública e viável para os demais. Paradoxalmente, só quando esta transformação se torna realidade aparece a singularidade de uma ideia, de um estilo, de uma crença, de uma teoria ou de qualquer outra coisa. Se o criador, em meio à monotonia que pode reinar em seu campo, não vê sua criação apreciada pelos demais, sua dúvida aumenta.

A aparição de um "estilo", em tal situação, oferece uma defesa provisória contra a dúvida e abre caminho também à transformação de várias realidades privadas em realidades públicas. Assim, o *Bauhaus*[1], que num princípio servia simplesmente aos artistas e às desenhistas originais como lugar para se encontrarem, trabalhar e transmitir suas ideias através de seus estudantes, mais tarde tentou modelar todos os objetos visuais do meio ambiente, influindo deste modo na realidade cotidiana de milhões de pessoas. A busca de originalidade é, acima de tudo, o desejo de mudar a realidade dos demais.

Até agora, o processo de influência foi analisado só em sua função de validação, conforme exige a norma de objetividade. Como se não soubéssemos até que ponto a influência está estreitamente ligada com a valorização de uma pessoa, de uma classe social, de uma escola de pensamento ou de um Estado! A inovação, em geral, apela a uma norma diferente: a norma de originalidade. As pessoas não querem somente objetos convencionais, juízos verdadeiros e exatos; desejam também objetos e julgamentos novos. Nada poderia ser mais prejudicial à reputação de um artista, ou de um cientista, do que ser acusado de trivialidade, ou de imitação. Mostrarei que a norma de originalidade, assim como a norma de preferência, tem um importante papel no processo de influência.

Já recordei que Crutchfield descobriu que não se observava nenhuma conformidade quando se pedia aos sujeitos expressar uma preferência. Este achado se interpretou como a prova de que as preferências não mudam devido à pressão social. Mas agora de-

---

1. *Bauhaus:* Escola de Arquitetura e Artes Aplicadas fundada em Weimar por Gropius (1919). Sua finalidade era orientar as artes em relação a um funcionalismo coerente com as exigências da técnica e a indústria modernas [N.T].

vemos rejeitar esta interpretação. Allen e Levine (1971) pediram a indivíduos submetidos a pressão majoritária emitir juízos sobre vinte estímulos de três tipos diferentes: nomes de personagens célebres (p. ex., Twain, Whitman), características de personalidade (por exemplo, impulsivo, reflexivo) e linhas retas. Em uma das condições experimentais se sublinhou que não havia respostas exatas e se pediu aos sujeitos que expressassem suas preferências pessoais. Quando estes sofriam a pressão do grupo, modificavam mais suas respostas do que quando tomavam suas decisões privadamente. Isto justifica a conclusão dos autores de que "os juízos de preferência não estão imunes à pressão do grupo" (p. 124).

O que acontece quando uma minoria exerce influência num meio social onde a originalidade é objeto de estima? A primeira resposta é que, como a pressão em direção à conformidade é habitualmente muito forte (a norma de objetividade costuma ser a mais vigente), a norma de originalidade encontra muitos obstáculos que deve superar antes de poder criar uma pressão em relação à diferenciação. Em segundo lugar, quando o grupo reconheceu o critério da "novidade", a consistência do comportamento exigida na resposta não é tão grande como a que se exigiria se prevalecesse a norma de objetividade. A terceira sugestão é, ao mesmo tempo, muito evidente e complexa. Se a resposta da minoria parece "nova", "surpreendente", "estimulante", suscitará certamente certo interesse. Atua ao mesmo tempo como um exemplo que objetiva as exigências da norma. A norma exige uma resposta original por parte de cada indivíduo. Quando uma pessoa imita a resposta minoritária, diferencia-se dos outros unicamente por ter validado a resposta minoritária. Mas as exigências da norma não foram satisfeitas, já que a segunda resposta é imitativa e não original. É preciso, pois, buscar novas respostas. Num grupo que insiste na originalidade, o efeito da minoria será, antes de mais nada, o de provocar imitações da resposta minoritária e logo fazer nascer no grupo respostas originais. A quarta e última sugestão está ligada ao fato de que, enquanto uma minoria, numa situação que exige originalidade mostra-se desviante, seu comportamento, contudo, conforma-se à norma em vigor. Desse modo ela mostra certas qualidades num terreno que é importante para o grupo e suscita atitudes favoráveis, podendo, eventualmente, conquistar o direito ao papel de líder.

Numa série de experiências, Moscovici e Lage utilizaram o seguinte paradigma experimental a fim de explorar estas quatro possibilidades. Pediram a grupos de seis sujeitos que julgassem as cores e a luminosidade de uma série de trinta e seis lâminas. Tais lâminas eram idênticas quanto à cor (azul), mas sua luminosidade variava. Uma minoria composta de dois cúmplices julgava as lâminas como "verdes". Poder-se-ia considerar-se tal juízo como "original", ou mesmo como "inexato". Em suas instruções os experimentadores insistiam na originalidade. Cinco eram as condições experimentais. Na condição 1, denominada "registro de originalidade simples", a tarefa era descrita de modo muito objetivo. A única manipulação tinha a ver com o objetivo da experiência tal como se apresentava aos sujeitos: era dito a eles que a experiência tinha a ver com a originalidade na percepção das cores.

A condição 2 era uma "condição de discussão", na qual os sujeitos discutiam, antes da experiência propriamente dita, sobre a definição e o significado da originalidade. Esta discussão podia revelar não só a concepção que os sujeitos tinham sobre o comportamento original, mas também toda a resistência que podiam opor ao mesmo. A noção de originalidade é, na verdade, ambígua. De um lado, um indivíduo que se distingue dos outros por um comportamento inventivo, interessante, é qualificado de "original". Mas, por outro lado, o termo pode designar também um comportamento extravagante, incompreensível, patológico e pode, ainda assim, expressar uma simples inexatidão de juízo. A discussão versou sobre ambas as interpretações, sem chegar a um consenso.

A condição 3 era uma "condição normativa", na qual se insistia sobre a norma de originalidade e se valorizava o aspecto positivo do comportamento original ante os sujeitos. As instruções chamavam a atenção para a relação com os novos modos de ver, sobre as novas utilizações da forma, da cor e da linha que tinham modificado a pintura, a arquitetura, o *design* contemporâneos etc. Dizíamos aos sujeitos que nosso desejo era estudar a gênese da arte em relação a tais inovações, dentro de uma situação simplificada, na qual as pesquisas apontavam para a relação com a originalidade da percepção das cores. Na tarefa, evidentemente, eram apresentados os demais aspectos, exatamente como antes. Nesta condição, mais que nas anteriores, as instruções incitavam os sujeitos a buscar respostas originais, e a resposta minoritária parecia conformar-se à norma.

A condição 4 era uma "condição de valorização dos indivíduos" que procurava reforçar a convicção que os sujeitos tinham de sua própria originalidade, de sua aptidão para produzir e comunicar respostas "diferentes". Antes da experiência propriamente dita, os sujeitos foram submetidos a um teste fictício de "criatividade". Este teste era individual e depois dele se atribuía a cada sujeito uma pontuação qualificada de "superior à média". A experiência propriamente dita se desenvolvia imediatamente depois, com um experimentador diferente. Como na primeira condição, as consignas eram de "originalidade simples". As emoções, bastante intensas, suscitadas por esta situação, tornavam necessária uma sessão especial de explicação e diálogo onde se indicava aos sujeitos o verdadeiro objetivo da experiência.

A condição 5, que era uma "condição de resistência à norma", era incluída porque os sujeitos habituados à norma de objetividade experimentavam dificuldades para aceitar a norma de originalidade. Estas dificuldades se manifestavam nas pressões tácitas à uniformidade que os sujeitos exerciam uns sobre outros e na tendência a voltar às respostas objetivamente "exatas" imediatamente depois de ter dado uma resposta "diferente". Estas pressões e estas tendências apareceram na discussão final e também através de outros indícios, como o tom da voz, os gestos etc. Na experiência anterior (condição 3), a norma de originalidade se impunha imediatamente antes da situação de interação. Isto não permitia aos sujeitos habituar-se à norma, nem retroceder frente aos estímulos experimentais que por si mesmos induziam fortemente juízos objetivos. Decidimos, pois, incluir na condição 5 uma demora que permitia aos sujeitos habituar-se à norma de originalidade e formar uma imagem de si mesmos na nova situação. Foi solicitado a eles que viessem na véspera da experiência, a fim de familiarizar-se com o procedimento. Leu-se um resumo das consignas experimentais, que faziam com que soubessem que as respostas originais se referiam à percepção das cores.

As diferentes condições eram, pois, as seguintes:

Condição 1: consignas de originalidade simples.

Condição 2: discussão dos sujeitos entre si sobre o significado da originalidade.

Condição 3: reforço da norma de originalidade.

Condição 4: valorização dos sujeitos ("teste de criatividade").

Condição 5: superação da resistência à norma (intervalo de tempo).

As duas primeiras condições introduziam a originalidade unicamente a título de critério alternativo na percepção das cores; a objetividade era sempre a norma dominante. A terceira condição insistia na norma de originalidade. A quarta condição punha ênfase na subjetividade e na aptidão do sujeito para experimentar os estímulos de um modo novo. A quinta condição, dando à norma de originalidade um caráter ainda mais dominante, atenuava a norma de objetividade e a resistência à diferenciação dos sujeitos.

Ao analisar os resultados, são comparadas estas condições com o grau de influência exercida por uma minoria numa condição onde se pedia aos sujeitos emitir juízos objetivamente exatos. Eis os pontos importantes:

- porcentagem de respostas "verdes";

- porcentagem de respostas originais (topázio, cinza, verde incluído) em relação ao número total de respostas;

- porcentagem de grupos onde aparecem estes dois tipos de respostas em relação com o número total dos grupos (estabelecia-se uma distinção entre os grupos que deram a única resposta original "verde" e os grupos que deram outras respostas originais);

- porcentagem de indivíduos que deram respostas originais em relação ao número total de sujeitos.

A tabela 13 mostra a distribuição das respostas.

Tabela 13 – Influência de uma minoria consistente numa situação que exige originalidade no julgamento

Porcentagem	Condição 1 (6 grupos)	Condição 2 (6 grupos)	Condição 3 (6 grupos)	Condição 4 (7 grupos)	Condição 5 (6 grupos)
De todas as respostas originais	8,10	13,08	17,59	21,63	28,58
De resposta "verde"	7,87	11,69	10,76	13,19	15,04
De grupos influenciados (todas as respostas originais)	67	83	100	100	100
De grupos que deram a resposta "verde"	67	83	100	100	100
De indivíduos influenciados (todas as respostas originais)	37,50	62,50	67	86	92
De indivíduos que deram a resposta "verde"	37,50	46	42	68	62,50

Entre as 5 condições, só três (as condições 3, 4 e 5) deram um nível elevado de respostas originais. A porcentagem variava entre o 17,59% e o 28,58%, e estas respostas se deram numa proporção importante de sujeitos (67% a 92%). Todos os grupos foram afetados.

Como se pode perceber, a natureza do influxo minoritário varia segundo as condições experimentais. Nas duas primeiras condições a introdução da norma de originalidade não produz nenhum efeito especial em comparação com a norma de objetividade. Ao contrário, nas três últimas condições notamos um efeito sensível, já que se mantém um nível elevado de respostas originais. Assim, pois, a minoria consistente exerce sem dúvida um grande impacto quando as exigências de originalidade são claramente realçadas.

Dito com mais precisão, vemos que na "condição normativa" entre 17,59% de respostas originais, 6,37% deram como respostas certos matizes de verde, tais como: turquesa, azul-esverdeado etc. Estas "respostas de matizes" permitiam aos sujeitos adotar uma posição de compromisso: reconhecer a presença do verde nas lâminas sem dar uma resposta claramente contrária às convenções. Que dizer sobre este ponto? Nós tínhamos convidado os sujeitos a emitir juízos originais, sem, ao mesmo tempo, estruturar a situação de modo particular. Eles adotaram de fato uma solução que lhes permitia distinguir-se dos outros através das pequenas diferenças dos nomes com que designavam as lâminas. Esta solução permitia-lhes evitar o conflito, conservando ao mesmo tempo a "ilusão" de serem originais.

Contrastando com isso, a "condição de valorização dos indivíduos" era uma condição muito mais estruturada, que impulsionava ainda mais os sujeitos a adotar uma atitude original. Obtivemos 21,63% de respostas originais que se repartiam assim: 13,19% de respostas "verde", 3,67% de respostas de "matizes" e 4,76% de respostas que designavam outras cores (cinza, amarelo etc.). Observaram-se, assim, três atitudes: convergência em relação à resposta minoritária, originalidade total e compromisso. No grupo de controle, em que os sujeitos passaram só pelo teste de criatividade, sem serem submetidos à influência, apareciam as mesmas três atitudes, mas em menor grau: houve 2,94% de respostas "verde", 2,45% de respostas de "matizes" e 3,275 de respostas designando outras cores. Está claro que a minoria acentua consideravelmente as tendências já existentes e induz ao mesmo tempo os sujeitos a preferir as respostas "verde", posto que na condição experimental esta resposta se encontra com mais frequência que no grupo de controle. Examinando mais atentamente estes resultados, percebe-se que os três tipos de respostas não são produto de sujeitos diferentes, mas *dos mesmos sujeitos.* Acreditamos que isto seja um sinal de certa desestruturação da percepção e de uma incerteza, devidas, provavelmente, às consequências afetivas do teste de criatividade. Além disto, este teste era imediatamente seguido da situação de influência, e os sujeitos, ao verem-se forçados a abandonar as respostas objetivas, não tinham tido tempo suficiente para consolidar uma nova atitude.

Na "condição de resistência à norma" não havia nenhuma tentativa de manipulação em nível da personalidade. Concedia-se, simplesmente, ao sujeito um período de tempo para familiarizar-se com a exigência de originalidade da experiência e para adotar uma estratégia de comportamento congruente. Nesta condição, 28,58% das respostas eram originais. Distribuíram-se deste modo: 15,04% de respostas "verde", 0,69% de respostas de "matizes" e 12,84% de outras cores (cinza, amarelo, branco etc.). Nesta condição, a aparição de respostas totalmente novas foi mais forte. Um exame profundo dos dados revela que, desta vez, os diversos efeitos da influência se manifestam em indivíduos diferentes. Dito de outra forma, certos indivíduos responderam fundamentalmente "verde", enquanto que outros responderam fundamentalmente "cinza". Quais foram os critérios adotados para a escolha das respostas originais? A resposta "amarelo", a única que designa verdadeiramente uma cor, podia justificar-se racionalmente. O fato de certos sujeitos responderem "azul" e outros "verde" indicava a possível existência de algo de amarelo entre ambos. Ao responder "amarelo", os sujeitos escolheram, pois, uma resposta que estava implícita em outras duas respostas em conflito. Mas era "cinza" o que dominava nesta categoria de respostas e expressava basicamente a *luminosidade* das lâminas. A busca de originalidade induziu, pois, determinados sujeitos a trocar a *dimensão da resposta* ante a aparência coercitiva do estímulo e sob a pressão da influência. Os estímulos possuíam duas dimensões (a cor e a luminosidade) e, ao mesmo tempo em que alguns inovaram no aspecto da cor, outros escolheram a dimensão de luminosidade, a única solução de substituição.

Lamaine (1966) obteve um efeito similar quando estudou a criatividade dos grupos, estando um deles em condição de inferioridade. Este grupo escolheu um novo critério para a avaliação das respostas, que o faz incomparável com o outro grupo. Como estas duas pesquisas demonstram, os obstáculos que devem enfrentar na situação de originalidade os induzem a uma reação análoga: embasam suas respostas numa dimensão que os demais não levam em conta. Dito com mais precisão, em nossa experiência isto indica uma *oposição à minoria*. Cabe perguntar, pois, se não estamos aqui ante a criação de uma contranorma num grupo forçado a inovar, com um subgrupo que propõe de modo consistente uma resposta nova[2]. Como consequência, parece que o reforço da norma de originalidade induz a uma diversificação das opiniões dentro dos grupos. Mas embora ofereça algumas indicações, esta in-

---

2. Os resultados que comentamos aqui se devem às normas e não à diferença temporal. Num grupo de controle (seis grupos de seis sujeitos cada um), utilizamos o mesmo procedimento experimental, mas baseando-nos na norma de objetividade. Os resultados foram os seguintes: Respostas "verde" = 8,21%; Grupos "influenciados" = 50%; Indivíduos influenciados = 12,50%.

dagação não é capaz de levar a implicações maiores. Serão necessárias novas pesquisas para averiguar tais conclusões.

Estudos anteriores já nos ensinaram que o contexto normativo determina o comportamento dos indivíduos e grupos. O controle social requer uma norma de objetividade que insista na validez das opiniões e juízos. Enquanto o interesse se centrar na conformidade, o problema das normas diferentes não aparece. De fato, os psicólogos sociais consideraram os processos de influência como se as normas não existissem, ou tivessem pouca importância. Mas, a partir do momento em que entra em jogo a inovação, as normas exigem nossa atenção. Seu estudo e, sobretudo, o da norma de originalidade, ligada à existência de uma minoria e do desvio, deve ser prioritário.

Isto nos induziu a preocupar-nos predominantemente com esta norma em nossas pesquisas. Em todas as experiências que acabamos de descrever, a minoria funcionou como uma espiral desencadeante do processo de mudança, que conduziu à adoção de novos juízos. Os sujeitos estavam mais dispostos a abandonar o juízo "evidente" do que estariam caso a objetividade não ostentara a primazia. Não só adotaram para seu próprio uso o juízo minoritário, senão que emitiram novos juízos. Além disto, suas respostas indicavam, com frequência, uma tendência a evitar o conflito suscitado pela influência, quer dizer, a optar por uma resposta de "matiz" que fosse, realmente, original e que, além disto, as consignas experimentais não tinham favorecido. Parece, pois, que estes sujeitos, apesar da norma de originalidade, tiveram dificuldades para liberar-se da norma de objetividade.

À maior influência da minoria numa situação que postula originalidade, quer dizer, ao maior número de respostas "verde" adotadas pela maioria, corresponde uma maior variação de respostas "individuais" ou "diferentes". Por quê? Nas situações regidas pela mesma norma de objetividade, os sujeitos só têm que escolher entre a resposta "minoritária" e a "majoritária" (em nossas experiências "verde" ou "azul"). Mas, segundo procuramos destacar, quando se introduz a noção de originalidade, ocorrem várias coisas diferentes. Se só introduzimos a originalidade como *critério* de juízo das propriedades, principalmente das propriedades físicas, de um estímulo ou de um objeto, não tem efeito algum. Pelo contrário, a introdução da originalidade como *norma* parece autorizar os membros da maioria a adotar mais abertamente a resposta minoritária. Isto não transforma automaticamente a maioria em ativa ou inovadora. Só quando é reforçado o aspecto subjetivo, pessoal, do comportamento, há efetivamente resistência à pressão em relação à conformidade, e, então, intervém a atividade e a inovação. Dito de outro modo, cada indivíduo da maioria se comporta como a minoria desviante, e ela mesma se faz desviante. Tal é o resultado do conflito criado pela norma. Depois de tudo, adotar a resposta minoritária não é ser original. A fim de evitar este conflito (como na condição 4), os sujeitos vacilam e tratam de dissociar-se ao mesmo tempo da resposta minoritária e da resposta majoritária. Assumem a via do compromisso e recorrem a respostas de "matizes" e não a de cores. Se o conflito é ainda mais intenso (como na condição 5), os sujeitos encontram sistematicamente respostas orientadas em relação a outra dimensão, o que lhes permite parecer mais originais e diferentes da minoria. Podemos notar, rapidamente que, nesta condição, não havia reações de fuga ou respostas aleatórias; os sujeitos tinham claramente a intenção de dar respostas muito vinculadas aos estímulos objetivos. Não se busca a autovalorização, como salientei no começo deste capítulo, às expensas da validação de juízos.

O efeito da minoria é, pois, obrigar os sujeitos a reforçar sua singularidade; a minoria os libera também, de certo modo, das coerções físicas do estímulo, mas não os induz a abandonar completamente a realidade objetiva.

A consistência da minoria tem importância numa situação que requer originalidade? Numa experiência muito semelhante à que acabo de descrever, o cúmplice dava a resposta "verde" em 67% das provas e a resposta "azul" em 33%. Nos sujeitos, a porcentagem de respostas "verde", que revelava a influência da minoria, era de 8,45%. Mas quando a norma de objetividade estava em vigor e se buscavam respostas objetivamente corretas, a minoria inconsistente não tinha efeito algum. Parece, pois, que numa situação que postula originalidade, a existência de uma forte resposta minoritária, inclusive menos consistente, basta para exercer influência.

Os resultados que comentei são necessariamente provisórios. Fazem supor, contudo, que o mecanismo de influência é muito diferente quando se pesquisa um juízo *objetivamente correto* e quando se estuda um juízo correto e ademais *original*. Isto não é tudo. Costumávamos considerar as normas como se fossem produto exclusivo dos processos de influência. Agora, contudo, parece que as próprias normas desempenham um papel no curso destes processos, determinando a natureza do consenso fixado como objetivo e as funções que desempenha na validação e na valorização do indivíduo. Destaquei três destas normas que julgo distintas e essenciais ao mesmo tempo: as de objetividade, preferência e originalidade. Não excluo a possibilidade de que existam outras. Mas duvido muito que, sem levá-las em conta, seja possível chegar a uma ideia coerente da mudança de opinião e do comportamento do grupo.

8
CONFORMAR, NORMATIZAR, INOVAR

6ª proposição: As modalidades de influência incluem, além da conformidade, a normatização e a inovação.

O estudo da conformidade não pode por si só explicar o processo de influência em seu conjunto, que implica outras modalidades de influência social: a normatização e a inovação.

A conformidade

A conformidade intervém quando o indivíduo, comparado a um grupo cujas opiniões não compartilha, preocupa-se em saber: "Como posso evitar estar em desacordo com o grupo? Devo continuar defendendo meu ponto de vista quando o grupo ou seus líderes não estão de acordo com ele?" O fato em si de propor estas perguntas revela a impossibilidade para o indivíduo de conservar sua posição: a submissão é inevitável. Ficar isolado ou ignorado parece ser um preço elevado, uma vez que perdeu a certeza de ter razão e não pode recuperar a confiança inicial em suas próprias opiniões.

Neste caso, uma maioria que representa o grupo enfrenta uma minoria, um subgrupo ou um indivíduo que se encontra numa posição isolada. A maioria simboliza ao mesmo tempo a norma e a realidade, enquanto que a minoria representa a exceção, o anormal e a irrealidade. É evidentemente uma forma muito cômoda de dividir os seres humanos de forma dicotômica. Não obstante, esta maneira de apresentar as alternativas e de organizar as relações apresenta alguns problemas. É difícil, por exemplo, saber se a maioria tem objetivamente o direito a identificar-se com a norma. Estamos de acordo em afirmar que o roubo é contrário à lei moral e ao direito criminal; mas isto não impede a muitos de nossos concidadãos roubar sem o menor escrúpulo. Os estudantes "colam" nos exames, os comerciantes defraudam com os pesos, os contribuin-

177

tes falsificam as declarações de renda sem que ninguém se incomode muito. Apesar das numerosas infrações, todos pensam e agem como se as regras proclamadas pela sociedade se aplicassem estritamente. Este acordo é essencial para que a influência seja possível. Dentro de seu marco, a conformidade define o comportamento de um indivíduo ou subgrupo quando este comportamento está determinado por normas e expectativas legítimas de grupo, situação que leva o indivíduo ou subgrupo a integrar em seus próprios juízos e opiniões os juízos e opiniões do grupo real ou ideal, independentemente de toda diferença original. A função da conformidade é eliminar o desvio que ameaça de modo permanente a integridade de toda a entidade social. Esta função de conformidade intervém plenamente e com êxito quando: a) a maioria do grupo está em total acordo sobre as atitudes e os juízos, quer dizer, quando existe um conjunto preciso e bem definido de respostas, de normas etc.; b) a pressão social se exerce sobre um indivíduo ou subgrupo que está "fechado" na cultura do grupo ou que não dispõe (ao menos teoricamente) de uma cultura, de um conjunto articulado de respostas, de normas etc., de substituição, de meios para impô-los.

Na fenomenologia da conformidade, é habitual e útil distinguir entre o consentimento externo ou comportamental e o consentimento interno, que implica aceitação dos valores e crenças. Apesar de sua importância prática, esta distinção só modifica ligeiramente as características fundamentais desta modalidade particular de influência. Examinemos mais de perto este jogo da conformidade. Pela própria natureza das coisas, um dos participantes, a maioria, tem seu próprio código, seu próprio conjunto de definições do entorno social e material. Ela decide o que concorda com o senso comum e com a natureza humana e o que é correto em matéria de opiniões e juízos. A atração ou a coesão do grupo incita a todos a respeitar as regras e as normas previamente transmitidas. A unidade, a unanimidade, a alegre proclamação de tópicos culturais tranquilizantes, tudo serve para consolidar a solidez da tradição e a sabedoria das opções e decisões anteriores. Elas excluem também a possibilidade de adotar outras regras e normas, que serão apelidadas de "bárbaras", "primitivas", "estrangeiras", "extravagantes", "irrealistas" etc.

O outro participante, o indivíduo ou subgrupo minoritário, não tem a possibilidade de encontrar no seio do grupo um apoio alternativo, normativo ou cognitivo, ainda que tenha optado em distanciar-se do grupo para desafiar-lhe ou que o próprio grupo tenha lhe identificado como "diferente", "raro", "delinquente" etc. Não dispõe de nenhum meio para obter recompensa moral do grupo por seu comportamento, como tampouco pode esperar suscitar um consenso favorável a suas opiniões e juízos. Na falta de tais possibilidades, a minoria sofre, evidentemente, a incerteza interna derivada da "incompreensão" aparente que a separa da maioria. Quando o contraste entre maioria e minoria se acentua e os indivíduos "normais" se diferenciam dos indivíduos "desviantes" em relação a um código previamente aceito por todos, a maioria se vê em transe de canalizar ou eliminar o conflito se deseja manter o controle da situação. A minoria está igualmente obrigada a agir. Sua incerteza em relação a uma norma preexistente a coloca numa posição psicológica difícil. Nenhuma das outras partes pode evitar o conflito. O grupo não pode, porque deve tratar de reestabelecer o consenso e relações estáveis entre seus membros e o mundo exterior. Tampouco o indivíduo pode evitar o conflito, porque perdeu sua consistência interna e se encontra impossibilitado de dominar a situação ou de sobreviver em sociedade. É evidente que, das duas partes, a maioria possui só uma estreita margem de desvio em relação a sua posição habitual e que não sente motivação alguma para fazer concessões, enquanto que a minoria tampouco tem outra saída senão submeter-se ou abandonar o grupo, o que constitui uma opção difícil. Quanto mais próxima está a maioria da unanimidade, maior é sua consistência e com mais convicção tratará a seu "oponente", recusando ou pretendendo recusar todo compromisso ou diálogo em sua intenção de manter seu próprio ponto de vista. A minoria sabe que pode ver-se condenada ao isolamento, perdendo de uma hora para outra uma realidade comum, e que se encontrará fora da lei ou se verá envolvida num conflito interno que acabe rompendo sua resistência e a obrigue a reintegrar-se à maioria. A minoria se submete quando abandona de modo temporário ou permanente sua própria posição, a fim de adotar plenamente a posição do grupo, ou quando renuncia a sua tentativa de dissidência, seja por submissão ou por ruptura interna (do subgrupo ou da personalidade, no caso de um indivíduo).

Esta descrição se aplica obviamente com mais exatidão a um "grupo fechado" enfrentando um problema de vida ou morte. A maior parte das situações não são tão dramáticas e o curso do conflito é ao mesmo tempo menos agudo e mais sutil. Mas isto não anula em nada o dito, em primeiro lugar porque a realidade nos oferece muitos grupos fechados e muitos problemas de vida ou morte e, além disto, porque a representação conceitual de um fenômeno concreto deve expressar um tipo "ideal" no sentido de Max Weber, evitando refletir simplesmente a infinita variedade da realidade. O que queremos sublinhar aqui é que as pressões em relação à conformidade tem como objetivo a redução ou a reabsorção do conflito suscitado num grupo por uma minoria ou um indivíduo que é desviante, seja para propor uma nova norma ou por não acatar a norma existente. Toda a dinâmica da interação e da comunicação fica em consequência configurada.

A normatização

De que modo a interação dos indivíduos ou dos subgrupos termina no compromisso, numa nivelação de suas respectivas posições? E por que há compromisso? Quando nos grupos a influência recíproca move seus membros a formular ou aceitar compromissos, falamos de normatização. Este conceito faz, em efeito, explícita a pressão exercida de modo recíproco no curso das relações que tendem a estabelecer uma norma ou um juízo de opinião aceitável por todos. Sheriff, que realizou os trabalhos mais profundos sobre este fenômeno, sublinha que não falamos aqui de conformidade nem de posição anterior de grupo; não há maioria nem minoria, nem desvio real ou potencial. É uma questão de *pluralidade* de normas, de juízos e de respostas, todos eles considerados como equivalentes. Por que nesta situação o resultado é um processo de nivelação ou compromisso? Em primeiro lugar, porque as pessoas em interação possuem capacidades e competências iguais e, por isso, suas opiniões têm o mesmo peso ante todos; ninguém pode legitimamente impor uma opinião aos demais (FRENCH, 1956). Em segundo lugar, porque todos os indivíduos implicados têm o mesmo estilo de comportamento; não tem especial confiança em si mesmo nem nenhum motivo em particular para excluir concessões. Finalmente, porque o compromisso do indivíduo é muito frágil, já que sua resposta não foi reforçada em um sentido ou em outro.

Mausner (1954) realizou uma experiência muito convincente sobre este propósito. Pediu aos sujeitos que estimassem a longitude de várias linhas, primeiro individualmente e logo em duplas. Cada grupo compreende dois sujeitos que individualmente deram respostas muito diferentes. Diz-se à metade dos sujeitos que suas estimações individuais podem ser falsas na nova situação. Assim, há três espécies de grupos: no primeiro, os dois sujeitos receberam um reforço positivo, no segundo um dos sujeitos recebeu reforço positivo e o outro reforço negativo, e no terceiro ambos receberam reforço negativo. Os resultados demonstram que só os grupos em que os dois sujeitos tinham recebido reforço negativo tendem a convergir em direção a uma posição média quando estão em situação de grupo. É evidente que o abandono da norma individual está relacionado à ausência de rigor e de certeza por parte do sujeito. Nestas circunstâncias não há motivação para manter o próprio juízo e correr o risco de emitir um juízo diferente para tirar vantagem sobre o companheiro, porque também este se encontra na mesma posição. O comportamento mais apropriado parece ser o de evitar as respostas extremas e escolher as mais próximas às próprias. Não sendo assim, as possibilidades de chegar a um acordo serão muito mais frágeis e o risco de manter um estado de tensão muito maior.

Além disto, dado que a redução do conflito de resposta intrapessoal (quer dizer, a manutenção da consistência intrapessoal) depende da redução do conflito de resposta interpessoal, não é desejável, ou é perigoso, permitir divergências de juízo. A existência de uma pluralidade de normas individuais em relação a um estímulo idêntico acaba na obliteração progressiva de cada norma, com o aumento da incerteza e da ansiedade. Há uma incitação a coordenar as respostas e se produz uma negação tácita a fim de evitar um conflito onde não haverá nenhum vencedor.

Também se sente a necessidade de fazer concessões e se chega a uma convergência de juízos e opiniões, com o desaparecimento e nivelamento das diferenças que deles emanam. Isto explica por que nas experiências sobre o fenômeno autocinético os juízos individuais são em principio muito diversos, mas ao cabo de algumas provas convergem em direção a um valor comum. Estas concessões mútuas permitem a cada pessoa confirmar, em certa medida, a validez de seu juízo sem ter de submeter-se totalmente a um ponto de vista diferente. Chega-se ao consenso limando os juízos extremos definidos com clareza e evitando as situações onde se imporia uma opção. Chega-se ao consenso simplesmente adotando a posição menos sujeita à controvérsia. A regra de ouro das negociações segundo a qual a verdade se situa numa via média se aplica aqui eficazmente, evitando-se assim uma rua sem saída. Resumindo, o produto do grupo (opinião, norma etc.) expressa uma dupla recusa: a de provocar uma divergência a favor de um dos adversários sociais. A única alternativa seria prolongar o conflito; portanto, *a influência que se exerce, a normatização, está marcada pela necessidade de evitar o conflito e de impedir o descordo em relação ao esquema de referência.* Os oponentes tratam de descobrir o que é "sensato" e não tanto o que é verdadeiro; ninguém quer dominar, mas ninguém deseja, tampouco, ficar marginalizado. Semelhante situação não só determina um movimento positivo em relação à cooperação e à compreensão mútua, senão que permite também escapar às opções entre termos incompatíveis. O processo consiste basicamente em suprimir as diferenças e aceitar o mínimo denominador comum. Muitas de nossas transações diárias nos tribunais, na política, nos sindicatos etc., apoiam-se nesta doutrina que está profundamente ancorada em nosso sistema social e ideológico.

A inovação

Num grupo ou sociedade, as transformações podem intervir de muitas maneiras; às vezes são importantes e chamativas, outras vezes são secundárias e passam quase inadvertidas. Não existe ainda uma boa descrição teórica destas mudanças, como tampouco existem pesquisas sérias acerca de seus efeitos. Limitemo-nos aqui a alguns casos especiais. Podemos começar, por exemplo, fazendo a distinção entre a inovação "desde cima" e a inovação "desde baixo". A primeira compreende as mudanças introduzidas pelos líderes, quer dizer, pelas pessoas que possuem a autoridade necessária para impor novos comportamentos aos seus adeptos ou para persuadi-los a aceitar comportamentos desviantes. Enfocarei o processo de mudança e de inovação desde baixo, onde a mudança resulta da ação de uma minoria que não possui um *status* privilegiado quanto à posição social e competência. Podemos apresentar as situações típicas que a minoria deverá afrontar:

- a maioria não possui normas ou ideias bem definidas *a priori* sobre um problema específico;

- a maioria possui estas normas ou estas ideias mediante as quais estabeleceu um consenso implícito.

No primeiro caso, a inovação equivale à criação de novas atitudes, e no segundo implica uma mudança das atitudes ou dos juízos existentes. Vamos examinar agora estes dois casos e suas implicações psicológicas:

Primeiro caso: evitar que se manifeste o conflito

Quando um grupo de pessoas se encontra diante de um conjunto de objetos sobre os quais deve emitir um juízo e não existem normas ou regras para guiar suas respostas, os indivíduos que o compõem tendem a vacilar e a emitir opiniões, relativamente inconscientes. Apenas começam a emitir opiniões, tomam consciência da divergência existente entre os próprios juízos e o dos outros. Dado que não existe motivação para aumentar a incerteza ou para comprometer-se num conflito, quer dizer, para diferenciar-se uns dos outros, terão espontaneamente que buscar um compromisso, que se observa no estabelecimento de uma média quando os valores se oferecem numa só dimensão, ou em frequências iguais ou quase iguais quando há opção entre várias dimensões. O processo de normatização está em curso. Não obstante, este processo, esta série de mútuas concessões, ficará bloqueado se um dos indivíduos expressa um ponto de vista pessoal, descarta seguir o compromisso do grupo e se mostra decidido a efetuar opções bem definidas. Ao agir assim, o indivíduo não só lança um desafio a toda norma que constituía uma média dos juízos individuais, como também destrói seu valor. Ao mesmo tempo, antes que os outros tenham tido ocasião de constituir adequadamente a norma do compromisso, o indivíduo exerce influência sobre o resultado com sua reação coerente, que acrescenta peso a certas respostas no grupo e influencia na definição do objeto. Além deste aspecto negativo que consiste em obstruir o compromisso, o indivíduo desempenha um papel positivo oferecendo uma solução que teoricamente é tão válida quanto qualquer outra que se submeta ao grupo. Além disto, dado que seu comportamento é mais consistente que o dos membros do grupo, oferece para o consenso uma base mais segura. Por todas estas razões, uma minoria segura e consistente canaliza as respostas da maioria e deixa sua marca sobre a norma comum. Apesar de sua aparente simplicidade, estas observações devem examinar-se com atenção. A evidência empírica de que dispomos tende, em conjunto, a corroborá-las.

Gurnee (1937) chamou a atenção sobre um fenômeno que é provavelmente familiar a todos. Muitas vezes, quando um grupo de pessoas deve resolver um problema, seus membros vacilam e variam antes de chegar a um juízo ou tomar uma decisão. Mas em certas ocasiões aparece uma pessoa de reações mais vivas, que desde o princípio propõe uma hipótese adequada. Gurnee fez notar que este indivíduo costuma assumir o comando durante todo o subsequente processo de libertação.

Shaw (1963) ofereceu alguns elementos de estudo sobre este fenômeno. Ele queria examinar o efeito da qualidade da informação de que dispunha um grupo sobre seu comportamento e sua ação. Em sua experiência, pedia-se a cada grupo de três sujeitos que debatessem dois casos. Numa condição experimental se dava a um membro escolhido do grupo duas opções; na segunda condição lhe dávamos quatro; e na terceira, seis. Os outros dois membros do grupo não possuíam informação alguma sobre estas opções. Shaw concluiu que, quanto mais reduzido era o número de opções de que dispunha o membro informado, mais rapidamente entrava em discussão, em comparação com os membros não informados. Shaw assinalou ainda que quanto menos numerosas eram as opções dadas ao indivíduo, mais rápido entrava em discussão, com maior rapidez se aceitavam suas soluções e mais se apreciava sua contribuição. Era também mais provável que este indivíduo fosse escolhido como líder. Estes achados indicam que o sujeito que apresenta um número menor de soluções parece mais sistemático e mais apto em oferecer opções claras. É o mais eficaz e o que mais possibilidades tem de ser escolhido como líder. Estendendo a lógica deste argumento, cabe supor que um só indivíduo será mais consistente que três indivíduos (ao menos que tenham chegado previamente a um acordo). Uma só pessoa é, quem sabe, mais capacitada para concentrar a atenção do grupo sobre uma só proposição.

Existem algumas provas que apoiam esta suposição. Torrance (1959) observou o impacto do testemunho de um indivíduo frente ao grupo. Os grupos se compunham de seis a doze indivíduos, aos que se lhes pedia que provassem um alimento denominado *pemmican*. Alguns dos sujeitos ficaram favoravelmente impressionados pelo alimento, outros não. Um dos resultados deste estudo foi que, quando um só indivíduo manifestava sua desagradável impressão, a influência no grupo era maior do que quando a impressão se expressava por duas ou mais testemunhas. Está claro que o testemunho de um só sujeito que forçosamente concorda consigo mesmo é mais eficaz que os de um grupo de indivíduos que não podem manter entre eles o mesmo grau de unanimidade. Em virtude da alta consistência de seus julgamentos, o indivíduo isolado se converte no centro de atenção. Torrance explica isto da seguinte forma:

> Parece que se um indivíduo é o único membro de um grupo que tem experiência do objeto, ele é a única vedete. Todos confiam em seu julgamento e ele pode falar sem medo de ser contradito. Se outras pessoas possuem também experiência do objeto, o primeiro deve partilhar com elas seu papel de vedete. Ainda que o julgamento concorde com o dos outros membros do experimento, provavelmente não se sinta tão protegido da contradição como quando era o único em possuir experiência do objeto. Evidentemente, se os membros que fizeram esta experiência formam uma coalisão para consolidar suas "versões", sua influência pode ser reforçada (p. 255).

Isto supõe que um indivíduo que expressa uma posição de modo consistente e firme pode atrair a atenção sobre si. Tem a possibilidade de arrastar a outros membros da maioria, somar-se à sua posição como ponto central de consenso. Quando a minoria inclui mais de um indivíduo, seus membros devem consolidar sua posição a fim de apresentar uma "frente unida".

Segundo caso: aceitar o desafio e criar um conflito

Vamos considerar agora o caso da influência exercida por uma minoria que atua conscientemente para modificar as normas e as tradições estabelecidas. A fim de deixar claras nossas ideias, consideremos primeiro como acontece a interação social. A presença de uma norma se revela pelo conformismo espontâneo de todos os que dela compartilham. Esta norma leva cada membro do grupo, ou de uma "cultura", a aceitar sem vacilar um determinado modo de vestir-se ou de falar, a concordar sobre o que é útil etc. Enquanto exista um quadro de categorias que mostre o que está permitido e o que está proibido, o "bom cidadão", "o bom pai", poderão distinguir facilmente o bom do mau comportamento, o que está bem do que está mal. Quando um indivíduo ou subgrupo isolado se distancia desta linha de concordância, desta classificação geralmente aceita, a convergência das respostas individuais em relação a esta norma fica interrompida e se mostra como uma exceção em relação à conformidade, que de resto se mostra onipresente. Além disto, esta minoria cria a dúvida sobre a certeza do julgamento da maioria, apresentando um modelo diferente para realizar os mesmos objetivos e explicar os mesmos fenômenos. Esta substituição da uniformidade pela diversidade aumenta a incerteza do grupo de duas maneiras. Em primeiro lugar, afeta a consistência da pressão social sobre cada membro do sistema social e constitui uma ameaça dirigida contra o consenso social unânime. Onde antes imperava só uma "cultura", agora se encontram duas "culturas" frente a frente, sendo que a segunda oferece à primeira uma possibilidade de mudança. Em segundo lugar, a introdução de dimensões completamente novas, ou o rearranjo de antigas dimensões, e a criação de diferenças ou de contrastes onde antes não os havia, provocam uma perturbação da consistência interna (intraindividual). Por exemplo, na época da revolta estudantil de 1968 na França muitas pessoas viram ameaçadas suas normas de julgamento e sua escala de valores porque os estudantes tinham abraçado a causa dos trabalhadores. O fato de que os dois grupos considerados até então como símbolos das duas classes reciprocamente excludentes, a classe média e o proletariado, associassem-se a grupo único, criou tensões marcantes em função da incompatibilidade destas respostas em relação às respostas já anteriormente assimiladas. As reações confusas e inseguras da polícia e das organizações políticas derivaram desta nova combinação das dimensões sociais.

O rearranjo das dimensões sociais existentes explica as mudanças que se produzem inesperadamente na arte, na ciência e na vida econômica. A partir do ponto de vista da consistência, tanto social (externa) como individual (interna), a maioria encontra-se frente a um número crescente de soluções existentes e se vê forçada a interpretar como uma simples opção, preferência ou convenção arbitrária o que antes se considerava como uma certeza absoluta, uma necessidade, por assim dizer, decretada pela natureza. Antes da publicação dos trabalhos de Copérnico sobre o sistema heliocêntrico, os astrônomos e os teólogos acreditavam que o universo era como Ptolomeo o tinha descrito, com a terra no centro e os planetas girando ao seu redor. Depois dos trabalhos de Copérnico, tentaram defender que as duas hipóteses eram igualmente verdadeiras. A solidez do universo tinha desaparecido, para dar lugar ao capricho humano. Segundo a terminologia de Lewin, aconteceu um "degelo" das normas e dos conhecimentos. Um autêntico degelo só pode se produzir quando uma minoria estabelece opiniões coerentes e convicções firmes, exerce uma pressão constante e acaba tornando suas opiniões tão persuasivas quanto as que eram aceitas costumeiramente.

É fácil compreender por que as minorias, como o exemplo já citado de Copérnico, ou artistas e escritores eminentes etc., resistem em aceitar compromissos e tendem a expressar suas ideias de modo mais categórico. Ao fazê-lo, definem com mais clareza sua visão da realidade e reforçam suas características mais permanentes. Assim, o grupo se vê forçado a escolher entre termos que representam alternativas quase igualmente válidas ou sólidas. Ao mesmo tempo, a exigência de reconhecimento da verdade e da objetividade afeta o curso do conflito de tal modo que é cada vez mais difícil não prestar atenção à minoria.

Se uma resposta deve ser "objetiva", o desacordo é insólito e todo conflito que é produzido entre duas posições contraditórias sobre o mesmo objeto só pode ser resolvido mediante um compromisso. Se as minorias apelam a entidades, classes ou categorias superiores, tais como a verdade, a beleza, a história etc., é, ao menos em parte, porque desejam apresentar sua alternativa como indispensável e aprovada por um terceiro que também é seu aliado.

No capítulo anterior vimos até que ponto as normas são eficazes quando estas são sustentadas, nas experiências, por um "terceiro" que representa a ciência, a universidade, ou alguma autoridade do gênero. Habitualmente, as maiorias consideram a este "terceiro" como um aliado natural e falam com frequência em nome do membro invisível. Ao apelar com igual confiança à autoridade superior, as minorias legitimam suas opções, suas posições e suas imagens do mundo e da sociedade. Ao mesmo tempo, semeiam a dúvida sobre a legitimidade das opções, das posições e das imagens de mundo e de sociedade que a maioria possui. Mais ainda, revelam flagrantes contradições. Não vimos nos últimos anos como os movimentos estudantis punham em evidência o abismo que separa as ideias ensinadas pelos professores e os compromissos que caracterizam sua prática? Quando a legitimidade do ponto de vista da minoria se afirma deste modo, enquanto que o da maioria é questionado, é estabelecida uma espécie de equivalência entre as partes. Já não podem definir-se como "maioria" ou "minoria" em relação à autoridade moral superior que as duas invocaram, e cria-se assim a sensação de uma pluralidade. É sobre a base desta pluralidade antagônica que uma opção se torna possível.

Deste modo, a minoria realiza seu objetivo, que é alcançar o reconhecimento de uma identidade ou de uma verdade social original. Isto significa que a minoria assume a psicologia de uma pessoa ou de um grupo que é diferente e deseja ser diferente, capaz de aceitar a desaprovação e insensível à hostilidade física e psicológica, bem como à contínua tensão. Em vez de insistir na uniformidade que é própria da maioria, a minoria desviante insiste na individualidade, interessando-se no que divide mais, que no que une. A minoria transforma o que, desde o ponto de vista da maioria, só pode considerar-se como uma negação da lei ou da concepção tradicional da realidade, em uma nova lei, ou uma nova concepção da realidade que oferece uma solução de mudança.

Assim, a Reforma foi julgada, e continua sendo por uma parte do mundo católico, como uma espécie de não religião, ou de religião herética inferior. A Reforma se converteu em outra religião, como todos sabem, após numerosos conflitos e transformações na sociedade. Os indivíduos e os grupos agem seguindo a hipótese de que uma pessoa que não é como eles não é uma pessoa. Só progressivamente nos damos conta de que o "não eu" é "outro eu". Assim costumam evoluir as relações entre pais e filhos, e ainda entre as classes e as nações. A intensificação das divergências é uma condição indispensável para passar de uma ordem social, de um ponto de vista a outro, ou de uma verdade a outra. Neste sentido cabe dizer que o grupo ou o indivíduo inovador é criador de conflitos; que a negociação que acontece entre a maioria e a minoria, em relação à inovação, gira em torno da criação de um conflito onde antes não existia. Encontramos aqui a propriedade característica deste modo de influência. *Gravita ao redor da criação de conflitos, como a normatização gravita ao redor da negação de conflito e a conformidade ao redor do controle, ou da resolução de conflitos.*

Neste quadro, a pressão social consistente exercida pela minoria é uma das condições prévias do êxito; ela determina um bloqueio ou uma ruptura nas instituições de grupo e na aplicação das normas sustentadas pela maioria.

Por outro lado, quando uma minoria contrasta fortemente com o ponto de vista aceito e faz valer ao mesmo tempo suas próprias posições de modo sistemático, imprime uma direção ao campo de forças e das comunicações com o grupo, criando um polo de persuasão que lhe é próprio. Pesquisas levadas a cabo por Festinger confirmam amplamente que o indivíduo desviante que mantém sua posição atrai para si a maior parte dos meios de comunicação. Utilizando estes canais de comunicação, a minoria (se não é passiva!) pode exercer uma contrapressão ativa e direta sobre o grupo e obrigá-lo a escolher entre sua solução e a solução do grupo. Ao tornar-se centro de atração do grupo, seus argumentos e seus atos recebem maior audiência que os dos membros conformistas. É inegável que, do mesmo modo que o grupo conta com a pressão causada pela divergência para absorver o desvio e resolver o conflito, também uma minoria ativa acentuará a divergência e o conflito a fim de alcançar o máximo de força das mensagens dirigidas a ela. Esta tática de polarização da atenção é comumente empregada para desencadear o processo de influência. Além disto, tem um efeito de ruptura sobre a maioria que conta com a uniformidade e pode temporariamente reforçar a minoria, a qual necessita ser tranquilizada sobre o fato de ser diferente. Em todo caso, a abertura de canais de comunicação e o giro destes canais em direção à minoria desviante aumentam suas possibilidades de transformar a maioria.

Isto se vê claramente na repetição feita por Emerson (1954) da experiência de Schachter (1951). De acordo com a teoria da comunicação informal de Festinger e Schachter, previu que um aumento da pertinência da tarefa e da coesão do grupo levaria a um correlativo desenvolvimento dos esforços para reconduzir o indivíduo desviante ao redil, multiplicando as comunicações em sua direção. Se o desviante continua ignorando estas pressões, nascerá uma tendência a salientar as fronteiras do grupo, a rechaçar ao desviante e a reduzir o número das comunicações enviadas em sua direção; quanto mais coerente seja o grupo e mais pertinente a tarefa, maior será esta tendência. Em conjunto, estas previsões se confirmaram. Não obstante, os alunos do ensino médio utilizados por Emerson se sentiram menos seguros de suas opiniões e foram influenciados pelo desviante e isolado. Em consequência, houve poucos casos de rechaço do desviante e o número de comunicações que foram dirigidas permaneceu constante até o final. Isto significa, conforme concluía o autor, que: "as pressões em relação à uniformidade tendiam a mudar o eu [...]" (p. 693), quer dizer, levaram a uma mudança da opinião majoritária. Ao que parece, os sujeitos não tinham outro modo de evitar o conflito das respostas que a minoria lhes impunha senão ceder a ela. É importante considerar que a minoria possui uma grande vantagem ao negociar em tais circunstâncias, já que geralmente o grupo vacila na hora de desencadear um verdadeiro processo de separação, ou rechaço. Uma minoria deste tipo, resistindo às regras existentes, ou desfiando-as, mostra que pode libertar-se dos empecilhos sociais.

Existem poucos estudos experimentais que apoiam estas afirmações, mas os que existem prometem muito e confirmam em parte o que acabo de dizer. Nós abordamos o estudo da influência de uma minoria quando há conflito entre várias possibilidades. Para isso utilizamos um paradigma experimental no qual: a) o conflito se intensifica pela consistência e consenso da minoria; b) o juízo exige implicitamente a objetividade; c) as respostas de uma minoria e da maioria se excluem mutuamente, ainda que uma não seja a negação da outra, como quando se diz que duas linhas são desiguais; d) as discrepâncias de juízo não podem ser atribuídas a diferenças em função das características individuais; e) o juízo da maioria num laboratório concorda exatamente com o de qualquer pessoa normal fora dele, enquanto que o juízo da minoria é exatamente o contrário do que normalmente se esperaria num laboratório. Realizamos uma série de experiências, cada uma das quais implicava uma localização da influência diferente. Na primeira experiência tentou-se determinar uma mudança só na resposta, quer dizer, no modo como os sujeitos caracterizavam o estímulo. Na segunda experiência o objetivo era provocar uma mudança no código perceptivo. Neste caso a hipótese era que um sujeito que sofreu a influência da minoria manifestará seus efeitos nas discriminações operadas depois da situação da influência, em nível de percepção.

Os sujeitos eram estudantes de Letras, Direito e Ciências Sociais. Em razão da natureza do material experimental, lâminas coloridas, preferiu-se utilizar como sujeitos as estudantes jovens, porque as mulheres, em geral, interessam-se mais pelas cores que os homens. Os estímulos eram lâminas sobre as quais se montaram dois tipos de filtros diferentes: 1) filtros para fotos que permitiam a passagem dos raios luminosos da longitude de onda dominante (λ = 483,5) na gama azul; e 2) filtros neutros que reduziam a intensidade luminosa. Em cada grupo de seis lâminas, três eram mais luminosas que as outras. Introduziu-se esta variação da intensidade da luz a fim de tornar a tarefa mais realista e menos cansativa. Controlou-se seu efeito.

Cada grupo experimental compreendia quatro sujeitos ingênuos e dois cúmplices. Uma vez que os sujeitos se colocaram em fila frente à tela de projeção, foram informados que a experiência era sobre a percepção das cores. Assim, souberam que deveriam julgar a cor e a variação da intensidade luminosa de um conjunto de lâminas e explicou-se brevemente o que significava a intensidade luminosa. Antes de emitir seus juízos, foi administrado coletivamente o teste de Polack, fingindo com isto garantir que a "discriminação cromática" de cada participante era normal.

Na realidade, a administração deste teste buscava um duplo objetivo: primeiro, eliminar os sujeitos que pudessem ter anomalias de visão e, segundo, pôr em evidência ante os sujeitos o fato de que todos os membros do grupo gozavam de uma visão normal, de forma que as respostas dos cúmplices não pudessem ser atribuídas a anomalias de visão.

Conhecidos os resultados dos testes, e depois de confirmar que todos possuíam uma visão normal, informou-se aos sujeitos sobre o tipo de respostas que deveriam dar e sobre a maneira de desenvolver a experiência. Deviam responder em voz alta, nomeando a cor da lâmina e avaliando a intensidade luminosa sobre uma escala de cinco pontos (de zero para a mais apagada a cinco para a mais luminosa). Foi-lhes dito ainda que haveria um ensaio prático, no qual não deviam julgar nada além da intensidade luminosa. Depois deste ensaio prático preliminar foi mostrado seis vezes cada grupo de seis lâminas diferentes, variando sistematicamente, a cada vez, a ordem de apresentação. Este procedimento deu lugar a um total de trinta e seis provas, as quais tinham uma duração de quinze segundos cada uma, separadas por uns cinco segundos de escuridão. Em cada prova os cúmplices exerceram influência respondendo "verde" em cada lâmina. Ambos eram pessoalmente consistentes, e também entre si.

Ao final do ensaio os sujeitos preencheram um questionário sobre os estímulos e sobre os demais membros do grupo. Como de costume, foi revelado aos sujeitos o objetivo real da experiência antes que fossem embora.

Parecia lógico perguntar se nos sujeitos desta prova podia efetuar-se uma modificação do código perceptivo, ainda que pudesse não produzir-se nenhuma mudança nas respostas dadas publicamente no decorrer da experiência. Levantou-se a hipótese de que havia um deslocamento do umbral de percepção azul-verde que poderia revelar reações reprimidas durante a interação social. Pode ser que alguns sujeitos não estivessem dispostos a adotar abertamente a resposta minoritária e se sentissem obrigados a permanecer fiéis à norma geral, ainda que começassem a colocar em questão sua validez. Era possível esperar que entrasse em jogo uma validez latente e se expressasse pela extensão do termo "verde" a estímulos situados numa zona que o grupo de controle chamaria "azul". A reação oposta (a extensão do conceito azul a estímulos da zona verde), seria o resultado da polarização.

A primeira parte da segunda experiência se desenvolvia como a primeira, ou seja, a maioria se via confrontada com a influência da minoria. Ao final desta fase, o experimentador agradeceu aos sujeitos e lhes disse que outro investigador do departamento também se interessava pelos fenômenos da visão e lhes solicitava que participassem em outro projeto de investigação totalmente diferente do que acabavam de realizar. O experimentador saiu então da sala, e entrou imediatamente o segundo experimentador, reiterando a petição. Obtendo o consentimento dos sujeitos, explicou-lhes que a experiência tinha por objetivo estudar o efeito da fadiga sobre os fenômenos da visão. Descreveu então o material experimental, isolou os sujeitos mediante paredes de papelão e pediu-lhes que anotassem suas respostas individualmente, numa folha de papel. O material experimental se compunha de dezesseis discos na gama azul-verde do teste de percepção de Farnsworth 100-cores. Três discos em cada um dos extremos das escalas azul e verde estavam totalmente isentos de ambiguidade, mas os outros dez estímulos eram virtualmente ambíguos. Depois de ter-se assegurado que os sujeitos tinham compreendido as instruções, o experimentador anunciou que ia começar o teste. Foi apresentado cada disco sobre fundo neutro, durante uns cinco segundos, no centro de uma mesa visível por todos os sujeitos. Foram mostrados os dezesseis discos dez vezes, sem pausa; a ordem de apresentação era feita ao acaso. Depois deste teste, entrou o primeiro experimentador e solicitou aos sujeitos que respondessem o questionário pós-experimental, e a experiência terminou do mesmo modo que a anterior.

A terceira experiência estava destinada a verificar a hipótese de que uma minoria que não expressa sua opinião com firmeza e consistência não exercerá influência significativa. O procedimento era o mesmo das experiências anteriores, salvo que os cúmplices respondiam algumas vezes "verde" e outras "azul", na proporção de um terço e de dois terços, respectivamente. Numa condição, um dos cúmplices respondia "verde" quando o outro respondia "azul" (inconsistência diacrônica), e na outra condição respondiam "verde" ou "azul" segundo proporções determinadas de antemão, mas independentemente um do outro (inconsistência diacrônica e sincrônica). O grupo de controle era o mesmo nas três experiências.

Estes foram os resultados: A resposta "verde" (que indica a extensão da influência exercida pela minoria) representa 8,42% das respostas dos 128 sujeitos nas duas primeiras experiências. Não há diferença significativa entre os dois conjuntos de grupos. Ao contrário, na terceira experiência não há mais que 1,25% de respostas "verde". Entre os 22 sujeitos do grupo de controle só uma pessoa deu a resposta "verde" (duas no total), o que constitui 0,25% das respostas não influenciadas. Isto significa que o grupo de controle percebeu os estímulos como azuis e que esta norma está muito enraizada socialmente. Esta diferença entre os grupos de controle e os grupos experimentais é significativa segundo o teste U de Mann-Whitney ($z = 2,10$, $p = 0,019$, teste unilateral); 43,75% dos sujeitos dos grupos experimentais deu quatro ou mais respostas "verde". Comprovou-se que nestes grupos havia, na realidade, de quatorze a dezoito respostas "verde". Isto significa que ao menos um indivíduo deu mais de duas respostas "verde". Em todos os grupos, 32% dos sujeitos se submeteram. Havia, assim, dois tipos de grupos: aqueles nos quais nenhum sujeito foi influenciado e aqueles em que foram influenciados alguns sujeitos. Nestes últimos grupos, 57% dos sujeitos, quer dizer, uma média de dois por grupo, deram a mesma resposta que os cúmplices. Nestes grupos, 18,75% das respostas eram "verde".

O número de respostas "verde" não procede tanto de indivíduos isolados que se submeteram totalmente aos cúmplices, mas de uma modificação global dos juízos no seio do grupo.

Os resultados da terceira experiência indicam que a minoria exerceu influência na maioria (em %):

	Condição I (Inconsistência diacrônica)	Condição II (Inconsistência diacrônica e sincrônica)
Respostas verdes	0,35	1,25
Grupos influenciados	17,0	40,0
Indivíduos influenciados	4,0	20,0

Em todos os casos, a porcentagem de respostas "verde" está muito próxima da do grupo de controle.

Em que medida se confirmou a hipótese fundamental segundo a qual uma minoria pode ser tão eficaz quanto uma maioria? Numa experiência realizada por Elisabeth Lage e por mim, uma minoria de dois sujeitos ingênuos se encontrou frente uma maioria de quatro cúmplices que argumentaram que as lâminas azuis eram verdes. Em comparação com o grupo de controle, é evidente que exerceram uma influência importante, mas esta não era significativamente superior à da minoria, como mostram os resultados do seguinte quadro (em %):

	Minoria	Maioria
Respostas "verde"	10,07	12,07
Grupos influenciados	50,0	30,77
Indivíduos influenciados	42,50	34,61

Podemos dizer que a influência de uma minoria é tão grande quanto a de uma maioria de cúmplices. Assim, pois, a importância de uma fonte de influência não está em relação direta com o grau de influência exercida.

Examinemos agora os resultados do teste de discriminação, cuja finalidade era determinar se os sujeitos que mudaram suas respostas sobre a influência da minoria consistente mudaram também no nível de seu código perceptivo. Ainda assim, queria-se verificar outra hipótese: que os sujeitos que não mudaram sua resposta social mudam, quem sabe, em certa medida, em nível do seu código perceptivo, *ainda que pertençam a grupos onde a minoria não modificou as respostas dadas publicamente pela maioria.* Utilizou-se como medida a frequência com que, nas respostas ao teste de discriminação, o conceito "verde" passou à zona "azul".

A comparação das medidas dos umbrais constitui a melhor verificação desta hipótese. Para cada condição experimental havia um valor de umbral médio obtido a partir dos dados particulares relativos aos seguintes umbrais: o umbral 50% ("azul" apareceu com tanta frequência como "verde" na avaliação do estímulo); o umbral inferior (o estímulo suscitou 75% das respostas "verde" e 25% das respostas "azul"); o umbral superior (o estímulo suscitou 75% de respostas "azul" e 25% de respostas "verde"). Deduziu-se o efeito da influência comparando a medida do umbral do grupo experimental com a do grupo de controle (o grupo de controle não tinha sido submetido à influência durante a primeira fase da experiência).

Nós avaliaremos: a) o deslocamento destes três limiares dos grupos experimentais por comparação com os grupos de controle; b) a dispersão das respostas em cada tipo de grupo; c) as respostas dadas durante a interação social pelos sujeitos influenciados em comparação com os sujeitos não influenciados.

A primeira destas comparações mostrará se a influência sofrida durante a fase de interação social modificou o código perceptivo dos sujeitos experimentais. Ela oferecerá a resposta à questão levantada neste capítulo.

A segunda comparação mostrará a direção e a extensão do deslocamento de umbral na mesma condição experimental. Uma ampla dispersão das respostas poderia indicar um dos possíveis efeitos de réplica: quer a extensão da resposta "verde" a estímulos considerados como azuis pelo grupo de controle, ou então a extensão da resposta "azul" a estímulos considerados como verdes pelo grupo de controle. Qualquer que seja a direção específica da réplica, tal deslocamento de umbral significa um conflito de resposta que se prolonga depois da fase de interação social.

A finalidade da terceira comparação é determinar se os sujeitos reagem de modo diferente a este teste de discriminação, segundo as respostas específicas que deram durante a fase de influência. Dito de outro modo, o deslocamento do umbral perceptivo só acontece nos sujeitos que foram influenciados em suas respostas dadas publicamente durante a fase de interação social ou se produz em todos os sujeitos independentemente de suas respostas anteriores? Esta comparação, que é a mais importante de todas, oferece, de um ponto de vista geral, informações sobre os efeitos persistentes da influência num nível oculto.

Tal como esperávamos, os códigos perceptivos dos sujeitos experimentais se modificaram sobre o efeito da influência. As três medidas (umbral diferencial, umbral inferior e umbral superior) diferem de modo significativo entre os grupos experimentais e os grupos de controle, como mostra o seguinte quadro:

Umbral inferior	$t = 1,68$, $p > 0,05$[1]
Umbral diferencial	$t = 1,78$, $p > 0,04$[2]
Umbral superior	$t = 2,33$, $p > 0,04$[3]

A influência da minoria exerceu, pois, um efeito não só sobre os juízos manifestos, senão também sobre os processos ocultos que os sustentavam. De modo geral, o juízo "verde" se ampliou para englobar estímulos julgados como azuis pelo grupo de controle.

---

1. p unilateral.

2. p unilateral.

3. p unilateral.

Esta reação não era exclusiva dos sujeitos que foram manifestamente influenciados durante a fase de interação. Produziu-se tanto nos sujeitos que defenderam a resposta "azul", como entre os que deram respostas "verde"; a este respeito não havia diferença significativa entre os dois subgrupos. Resulta, pois, que a análise dos efeitos latentes revela um aspecto mais importante da influência que o que mostraria a análise dos meros efeitos manifestos. Dito de outro modo, é possível determinar que os sujeitos estavam de fato influenciados pela minoria, independentemente das respostas individuais que pudessem dar durante a fase de interação social.

Este aspecto dos resultados nos parece particularmente importante na medida em que demonstra com clareza que a resposta dada publicamente não constitui a totalidade do comportamento influenciado. Não obstante, o grau de dispersão dos resultados indica que a extensão do deslocamento do umbral varia consideravelmente entre os sujeitos (umbral diferencial: $t = 1,88$, p bilateral $< 0,10$, p unilateral $< 0,05$; estímulo do umbral superior: $t = 1,71$, $p < 0,10$).

Produz-se o mesmo fenômeno quando a minoria desviante é inconsistente? Já sabemos que tal minoria, que comprova incoerência e confusão em suas posições, não tem efeito sobre os juízos manifestos da maioria. Não é capaz de criar o conflito necessário para forçar a maioria a revisar suas opiniões. Os dados administrados pelo teste pós-experimental de discriminação mostram que a minoria inconsistente já não tem efeito sobre o juízo latente. Não existe diferença alguma entre os grupos experimentais e os grupos de controle, nem no deslocamento dos umbrais diferenciais, nem na dispersão das respostas. A minoria inconsistente parece, pois, incapaz de exercer influência em qualquer nível.

Estes achados oferecem uma prova suplementar no que se refere à importância, para a fonte de influência, de um estilo de comportamento consistente. Pareceria que uma minoria consistente fosse mais eficaz no nível das respostas ocultas do que no nível das respostas manifestas, enquanto que uma minoria inconsistente é ineficaz nos dois níveis.

Mas o que acontece se a fonte de influência é uma maioria? As respostas dadas durante a interação social representam uma concordância superficial, ou revelam uma autêntica adesão ao ponto de vista da maioria? Se a primeira hipótese é a correta, não devemos esperar uma mudança em nível do teste de discriminação depois da situação de influência, mas se a segunda possibilidade prevalece, devemos esperar descobrir tal mudança.

De fato, não há efeito algum no código perceptivo. Não observamos mudança dos umbrais diferenciais dos sujeitos dos grupos experimentais em comparação com aqueles dos grupos testemunhais, ainda que haja uma gama mais ampla de respostas nos grupos experimentais. Este resultado parece proceder do fato de que certos sujeitos continuaram respondendo "azul" a estímulos considerados como verdes para o grupo de controle. Não é possível, lamentavelmente, analisar esta tendência de modo sistemático; parece indicar uma polarização dos juízos. Os resultados do teste de discriminação dos sujeitos que foram influenciados durante a fase de interação social não diferem dos resultados dos sujeitos que não foram influenciados. Uma maioria que é unânime não tem, pois, um efeito marcante sobre o juízo oculto da minoria. A influência majoritária não parece conduzir mais que a um acordo superficial, enquanto que a influência minoritária possui um efeito que se mostra, ao mesmo tempo, na superfície e se estende a uma mudança de juízo mais profunda. Estas diferenças se devem, quem sabe, às variações de intensidade no conflito que se experimenta subjetivamente. Na realidade, o conflito que nasce das tentativas de influência não é o mesmo quando as minorias estão implicadas do que quando é uma questão de maioria. O caráter desviante de um juízo é muito mais aparente quando é compartilhado apenas por alguns indivíduos. Se, por outro lado, o juízo é apresentado de modo coerente e consistente e com convicção, então os outros membros do grupo não podem deixar de tomá-lo em consideração. O conflito resultante parece anunciar a reestruturação do sistema perceptivo-cognoscitivo que é fonte do juízo. O ponto de vista da minoria se integra, pois, na apreensão da realidade como feita pelos sujeitos majoritários, ainda que tivessem aceitado anteriormente como óbvia a norma contrária da maioria.

Mas estas diferenças parecem depender de outro fenômeno ligado a elas. Podemos crer logicamente que é mais fácil para uma minoria mudar o código perceptivo, quer dizer, as respostas ocultas da maioria, do que mudar suas respostas sociais, enquanto que a maioria terá mais influência nas respostas sociais dadas publicamente, do que nos códigos perceptivos, quer dizer, nas respostas ocultas dos indivíduos. Esta hipótese, que tinha sido formulada *a posteriori* faz alguns anos (MOSCOVICI & NEVE, 1971), foi confirmada recentemente, ao menos em parte, por Mugny (1974). Em sua experiência, Mugny empregou um dispositivo destinado a criar a opinião ótica de Müller-Lyér. Esta ilusão, bem conhecida, consiste em fazer aparecer como desiguais duas linhas objetivamente de igual comprimento, colocando-as em contextos de percepção diferentes; nos extremos de uma das linhas horizontais, a forquilha de dois ramais para aumentá-la, enquanto que nos extremos da outra linha a forquilha está invertida, o que faz parecer mais curto o segmento horizontal.

Este procedimento utilizado por Mugny era simples. Apresentou o experimento aos sujeitos como um estudo científico da percepção. Uma vez dada a explicação, a experiência começou com uma medida do código perceptivo, "operacionalizado" pela avaliação do ponto onde as duas linhas pareciam ser subjetivamente iguais. Dito de outro modo, os sujeitos julgaram em que ponto se igualavam os dois segmentos das linhas. A experiência prosseguiu em três fases: medida antes da resposta social, na fase de influência, e medida depois da resposta social ou verbal. Cada fase se desenvolvia do seguinte modo: o próprio experimentador manipulava os segmentos móveis das linhas segundo um programa que era o mesmo para cada fase. Os sujeitos deviam dizer se a linha esquerda era mais comprida que a linha direita, se era mais curta ou se era igual. Além disto, os sujeitos deviam, em cada prova, avaliar em centímetros a diferença entre ambas as linhas. Cada fase compreendia cinco provas. As diferenças reais entre as linhas para cada prova eram as seguintes (o signo + indica que o segmento esquerdo era mais comprido em tantos centímetros): primeira prova: + 5; segunda prova: − 1. O total das diferenças para as cinco provas era de + 14. Os sujeitos tinham três segundos e meio em cada prova para olhar o dispositivo.

Depois que os sujeitos responderam individualmente às cinco provas, foram expostos à influência social e informados de que o experimentador queria saber se algumas informações sobre as respostas de outras pessoas os ajudariam ou não a avaliar as diferenças. Nas duas condições experimentais foi dito aos sujeitos que se tinha solicitado antes a vinte e cinco pessoas que realizassem "a mesma tarefa que vocês".

Na condição majoritária, o experimentador acrescentou que tinha decidido dar-lhes as respostas de algumas das vinte e cinco pessoas que acabava de mencionar e que lhes daria as respostas das vinte pessoas que tinham respondido sistematicamente do mesmo modo, mas não as respostas das outras cinco.

Na condição minoritária utilizou-se o mesmo protocolo, com a diferença de que as cifras "vinte" e "cinco" tinham sido invertidas. O experimentador disse aos sujeitos que lhes daria as respostas das cinco pessoas que tinham respondido sistematicamente do mesmo modo, mas não lhes proporcionaria as respostas das outras vinte.

Mostrou-se primeiro o dispositivo aos sujeitos e depois se lhes mostrou as respostas, fossem das vinte ou das cinco pessoas; eles expuseram logo sua própria avaliação das duas linhas. As respostas dos cúmplices do experimentador eram sistematicamente superiores às diferenças reais em 4 centímetros. Para as cinco provas o total era de + 34 (primeira prova: + 9; segunda prova: + 4; terceira prova: + 7; quarta prova: + 11; quinta prova: + 3).

Concluída esta fase de influência, houve uma medida que se seguiu à resposta verbal. A experiência terminou com uma "pós-avaliação" da impressão subjetiva de igualdade.

Eis as medidas que foram analisadas como resultados:

a) A resposta verbal: a medida consistia em somar as respostas de cada sujeito nas cinco provas para cada fase da experiência. Utilizaram-se dois índices de influência: a diferença entre as medidas da fase pré-teste e da fase coletiva, e a diferença entre a fase pré-teste e a fase pós-teste.

b) O "código perceptivo": foram medidas "antes" e "depois" as diferenças entre o ponto real de igualdade e o ponto subjetivo de igualdade das duas linhas. A diferença entre estas duas medidas constituía o indicador de influência relativo ao "código".

Possui a maioria mais influência em nível verbal e a minoria em nível perceptivo? Os resultados obtidos parecem indicar que é efetivamente assim. A partir das análises estatísticas do quadro

14, vemos que a diferença nas mudanças que se manifestam nas avaliações antes da interação e durante a fase de influência é muito significativa ($t = 3,32$, $p < 0,005$). A maioria teve mais influência sobre a resposta social que a minoria, ainda que esta produzisse igualmente certo efeito ($t = 1,992$, $p < 0,05$).

Tabela 14 – Médias das avaliações em nível da resposta verbal*

Condição	Fases		
	Individual "antes"	Interação "durante"	Individual "depois"
Maioria	6,73	24,86	17,06
Minoria	7,20	12,60	8,13

* As médias correspondem ao total das cinco provas. As diferenças reais chegam a um total de + 14 e as diferenças atribuídas à fonte de influência chegam a + 34. n = 15 por cada célula.

Esta influência nas duas condições da experiência mantém-se sem influir sobre as respostas da fonte de influência? Uma comparação das diferenças antes e depois da interação mostra que a influência continua sendo elevada para os sujeitos que eram opostos à maioria ($t = 2,041$, $p < 0,03$). Na condição minoritária esta diferença não é significativa: os sujeitos deixam de responder segundo o sistema minoritário. Está claro que a maioria exerce uma influência muito maior do que a minoria em nível verbal. Mas a minoria exerce maior influência sobre o código perceptivo da maioria? A análise estatística (cf. Tabela 15) das diferenças entre o ponto de igualdade subjetiva obtido antes e depois da fase de interação indica que a minoria influi mais no código perceptivo que a maioria ($t = 1,882$, $p < 0,05$). Observamos que as mudanças alcançadas na condição minoritária são significativas, mas não são relevantes na condição majoritária. Apesar de todas as dificuldades encontradas para operacionalizar o código perceptivo, é certo que, em conjunto, existem razões fortes para crer que a hipótese relativa a esta inversão da eficácia da minoria em relação à maioria contém boa porção de verdade.

Tabela 15 – Médias das diferenças entre os pontos de igualdade subjetiva e o ponto real de igualdade (nível do código perceptivo)*

	Fases	
Condição	Antes da interação	Depois da interação
Maioria	+ 1,80	+ 1,70
Minoria	+ 1,83	+ 2,63

* As médias correspondem às diferenças das duas provas, n = 15 para cada célula.

Todas as observações anteriores se referem ao efeito das relações entre maioria e minoria na modificação do código perceptivo. Mas é um conjunto de dados particularmente interessante a respeito. O deslocamento da fronteira azul-verde na experiência de Moscovici et al. (1971) era mais evidente nos grupos onde a maioria dos sujeitos ingênuos não tinha adotado a resposta "verde", que nos grupos onde a maioria estava manifestamente influenciada ($t = 1,50$, que é próximo a 1,68, valor significativo a 0,01 num teste bilateral). Tinha-se esperado, nos grupos onde não houve influência manifesta, ou onde cabia supor que a resposta "verde" fosse reprimida, que houvesse maior número de respostas "verde" no teste de discriminação pós-experimental. Efetivamente assim ocorreu. É significativa a diferença entre os grupos onde a maioria não estava manifestamente influenciada e os grupos em que ela estava ($X2 = 14,94$; $p < 0,002$). Podemos concluir disto que uma minoria consistente tem uma influência maior ainda sobre o código perceptivo da maioria que sobre a resposta dada em público. Os sujeitos, que respondem espontaneamente de acordo com uma norma de designação de cor, mudam seu código perceptivo depois de ter sofrido a pressão minoritária, independentemente de que sua resposta verbal mude ou não.

O que ocorreu é que alguns sujeitos que provavelmente partilhavam uma norma universal (para perceber e/ou nomear cores), ou mudaram suas respostas sob a pressão minoritária e qualificaram de "verde" o que a maioria das pessoas chamaria "azul", ou continuaram respondendo "azul" a um estímulo que, sob pressão, começaram a ver como "verde". Em um e outro caso, a mudança parece ser o resultado de uma intensa atividade cognitiva dos indivíduos. Ante uma minoria que sustenta vigorosamente um ponto de vista diferente do seu, os sujeitos da maioria, não tendo uma razão que os obrigue a recusar a posição minoritária, tentam compreender esta posição e ver através dos olhos da minoria. Não permanecem passivos nem se contentam simplesmente em aceitar ou recusar uma norma oposta à sua. É este esforço cognitivo suscitado por indivíduos aparentemente convencidos da validez de suas próprias respostas (nossos cúmplices), o que explica provavelmente o deslocamento perceptivo.

Se estes dados são dignos de fé, então devemos considerar algumas implicações mais gerais. A noção de "código perceptivo" é difícil de definir. Não obstante, suponhamos que designa um conteúdo que podemos ver e tocar, em oposição ao "código linguístico", que se refere ao modo como classificamos e designamos os objetos. Resulta, pois, que uma minoria desviante pode provocar modificações significativas em nível do código perceptivo mais facilmente do que em nível do código linguístico; em nível do que se vê e se pensa mais facilmente do que em nível do que se nomeia e se designa. Por sua vez, uma maioria parece influenciar mais no código linguístico do que no código perceptivo. Se for realmente este o caso, então podemos supor que as minorias modificam as respostas das pessoas e sua maneira de ver as coisas a um nível oculto antes que suas respostas reais mudem e ainda, às vezes, sem que elas saibam. As pesquisas sobre a conformidade nos habituaram ao fenômeno inverso: os indivíduos adotam *externamente* os juízos e as opiniões do grupo, ou da autoridade, embora continuem ligados, em particular, aos seus juízos e opiniões anteriores. Onde há inovação, a influência é mais eficaz em nível particular que em nível público. O contraste entre os juízos e opiniões públicos e os privados é uma característica dos fenômenos, mas estes evoluem em direções opostas. Num caso se trata de uma *simulação* e em outro de uma *conversão*.

Tentemos examinar mais de perto estes contrastes. Numa situação de conformidade, a pressão exercida sobre o indivíduo para que responda de um determinado modo definido pela maioria e para que aceite o marco de referência comum, é sempre explícita. A mudança assim suscitada é, ao menos por certo tempo, puramente externa. O indivíduo se encontra num estado de submissão *forçada*, no qual está obrigado a dizer o que não quer dizer, a fazer o que não quer fazer, seja por indiferença, seja por medo de ver-se isolado ou rechaçado pelo grupo. Inicialmente a coletividade aceita este tipo de submissão, porque detesta o desvio e sabe por experiência que, com o passar do tempo, é possível crer no que se diz e querer o que se faz. Pascal compreendeu isto há três séculos, aconselhando aos cristãos a orar, sejam ou não crentes, e afirmando que a fé acabará triunfando. Quais são as razões de tais transformações? Tem sua origem puramente na existência de um conflito entre as opiniões e juízos privados e as opiniões e juízos públicos. Considerando que estes últimos não podem ser modificados, a fim de resolver o conflito modificam-se os juízos privados, o que permite ao indivíduo justificar sua submissão às pressões de uma maioria sem nenhuma razão concreta.

Numa situação de inovação onde a pressão em relação à mudança está implícita, a nova resposta aparece como uma solução de substituição à resposta existente, e a adoção desta nova resposta não é resultado da coerção. Se um membro da maioria se sente interessado ou atraído por esta resposta, começa-se uma mudança nesta direção; dita mudança é comumente indireta ou inconsciente, em uma palavra: particular. Como as pessoas fazem e dizem coisas por razões puramente rotineiras, frequentemente isto tem como efeito esvaziar de conteúdo os juízos e os comportamentos habituais. Quando se põe em evidência que estes não possuem sentido real algum, o conflito que surge é uma tensão externa entre o que se começa a crer, as ideias que se acabam de adotar e as crenças e ideias dos "outros", dos quais pretende-se ainda compartilhar. Para as minorias, o problema é aproveitar as modificações que suscitaram e progredir no movimento que desencadeiam.

Quando as minorias fracassam, ou quando as fazem fracassar, a maioria obtém vantagens. É um fenômeno conhecido há alguns anos como "recuperação". As críticas, os exemplos e as ações de um grande número de minorias e de grupos marginais produziram importantes mudanças em nível dos valores, da linguagem, da maneira de vestir, assim como nas esferas política e social. Mas estes grupos não foram capazes de legitimar as novas linguagens e os novos comportamentos, nem estavam em condições de fazê-lo. Não obstante, criou-se um novo espaço social e psicológico que foi aproveitado por outros grupos financeiros, intelectuais e políticos que legitimaram estas novidades. De uma hora para outra os cabelos compridos, as exigências dos estudantes e das minorias raciais, os costumes sexuais que antes estavam escondidos e proscritos, foram integradas nos programas dos partidos extremamente conservadores e adotadas por meios sociais aos quais lhes pareciam repugnantes, e se converteram em pontos de apoio para a indústria e o comércio. As minorias promoveram estas mudanças cujos objetivos foram modificados, mas não foram capazes de aproveitar-se delas, de provocar uma transformação.

Evidentemente, nem sempre acontece assim. Exemplos como a Reforma, ou os partidos socialistas, deveriam bastar para convencer-nos disto. As conversões alcançadas são mais numerosas do que pensamos.

Em resumo, nas situações de inovação sempre nos perguntamos: "Por que as pessoas resistem depois de terem sido convencidas pela minoria?" Como sabemos, nas situações de conformidade, apresenta-se uma questão inversa: "Por que as pessoas não resistem, se não estão convencidas pela maioria?" É evidente que as minorias provocam conversões, mas os convertidos encontram, no exterior, obstáculos ao expressar seus verdadeiros sentimentos. A maioria faz as pessoas submissas, obtém o consentimento de muitos que dissimulam suas opiniões com demonstrações explícitas de adesão total. Os problemas práticos que surgem em ambos os casos apresentam homologias em suas mesmas diferenças. As minorias transformam as atitudes e as crenças particulares em comportamentos públicos, enquanto que as maiorias empregam todas suas energias tentando transformar os comportamentos e as declarações públicas em atitudes e crenças particulares. Mas, em ambos os casos, a ruptura entre o grupo e as pessoas, entre o que se diz e o que se pensa, entre o que se faz e o que se quer, é uma solução possível a que devemos, simultaneamente, a ruptura da personalidade e o mundo esquizofrênico onde vivemos.

O fato de que a maioria dos indivíduos possa qualificar de "azul" o que começou a ver como "verde" tem outras implicações. Valeria a pena demonstrar este fenômeno experimentalmente, a fim de se chegar a uma descrição mais precisa do mesmo, mas o valor da demonstração vai além disto. Revela o caráter de uma mudança a que não cabe, literalmente, dar um nome. Os fatos objetivos já não são os mesmos; a minoria desviante produziu seu efeito e surge a inovação. Mas não houve um ajuste linguístico. As palavras e as fórmulas que se referem aos fatos objetivos permanecem sem mudar, como se a minoria não tivesse produzido efeito algum, como se não houvesse inovação. As pessoas creem que ao continuar utilizando a mesma linguagem, ao continuar fazendo os mesmos atos, manejam uma realidade que é também idêntica. Sua crença é errônea. Pensemos no exemplo de um inglês que vota no partido conservador. Este partido de centro-esquerda aparece, ao mesmo tempo, como representante da propriedade privada, da política econômica do *laisser-faire* e dos interesses da burguesia. Ao votar ao longo de trinta anos neste partido, o inglês expressa sua adesão a seus valores, a sua filosofia social e política e a seus interesses. Não obstante, se olharmos o partido conservador mais de perto, vemos que de fato ele adotou e assimilou toda uma série de medidas, nos planos econômico e jurídico, que são francamente socialistas (segurança social, nacionalizações etc.) e contrárias às doutrinas e à tradição que se supõe fossem as suas. Isto se explica pela história, pela força das circunstâncias e pela evolução das relações de classe. A pessoa que continua se chamando conservadora evoca com esta palavra um conteúdo político muito diferente do que era antes, igual aos nossos sujeitos que seguiam chamando "azul" o que tinha começado como "verde". Observamos aqui a criação de uma ilusão social: a ilusão da estabilidade, quando todos os fatos estão em transe de mudança. Tampouco é raro o efeito inverso: as palavras e as formas linguísticas mudam, enquanto que os atos e seu conteúdo são os mesmos. O significado deste fenômeno é claro: mostra a diferença entre os dois tipos de influência enquanto mecanismo produtor das ilusões sociais. Os mais poderosos destes mecanismos são os que fazem a inovação aparecer como resultado do conformismo. Certos provérbios ilustram este efeito: "Vinho novo em odres velhos". "Nada de novo debaixo do sol". "Quanto mais muda, mais igual se parece". Correlativamente, a inovação pode transformar-se com rapidez em conformismo, como demonstram amplamente as revoluções dos salões, as modas de esquerda e a imitação na arte e na ciência.

As ideias que aqui apresentamos não se aplicam só em nível individual ou interindividual. Todos os tipos de conformidade partilham as características a que fiz alusão. Todas as organizações, todas as sociedades buscam criar uma impressão de unanimidade. Quando os políticos defendem a lei e a ordem contra a anarquia e a desordem, pretendem falar em nome de uma maioria silenciosa. Ao menos esta é a impressão que dão. Ao fazê-lo dão a entender que as pessoas que *não são* silenciosas, são desviantes: são as que amam o "ruído" em meio a uma coletividade tranquila e séria, que não deseja outra coisa senão perseguir seus objetivos em paz. Em todo caso, a coletividade não se entusiasma por motivações profundas em relação à mudança; no melhor dos casos apontará correções, aqui e ali, a erros e excessos. Tudo isto constitui um caráter evidente da conformidade: a sociedade global busca manter o controle sobre as diversas partes que a compõem, apelando ao eficaz conselho de "lei e ordem".

A normatização é um traço comum das instituições. Pensemos no exemplo das comissões parlamentares. Compõem-se de representantes de todos os partidos, que comumente têm ideologias opostas e opiniões diferentes sobre o tema debatido. Seu trabalho consiste em escutar as opiniões de especialistas que estão longe de estarem de acordo e em considerar as opiniões apresentadas pelos delegados dos diferentes grupos cujos interesses são opostos: patrões e trabalhadores, indústria e agricultura etc. Cada um dos participantes: os delegados dos grupos de interesse, os representantes dos partidos políticos e os especialistas em menor grau, trata de impor seu próprio ponto de vista e fazer prevalecer uma decisão que lhe seja favorável. Não obstante, ainda nestas circunstâncias todos estão de acordo em um ponto: o conflito, que é a razão de ser da comissão, não deve transformar-se em confrontação aberta. Todas as tentativas de exercer influência orientam-se neste sentido, ao mesmo tempo em que buscam um compromisso "equitativo". Os informes que saem destas comissões mostram claramente em que medida, durante estes debates, as interações estão dominadas por estes dois motivos: a atenuação do conflito e a busca de um compromisso que se aproxime, o máximo possível, da posição de cada grupo do jogo. Eu suponho que os pesquisadores que estudaram os sistemas políticos estabeleceram uma distinção fundamental entre os sistemas fundados na normatização como modo de influência e no compromisso como norma das relações entre partidos políticos – como o sistema anglo-saxão, por exemplo – e os sistemas fundados na conformidade e na pressão para escolher entre a ortodoxia e as alternativas heterodoxas, como o sistema francês. Isto não quer dizer que a conformidade e a opção estejam ausentes no primeiro, nem que a normatização e o compromisso estejam ausentes no segundo, mas não são características distintivas do sistema. Se as comissões parlamentares são aceitas como um índice de normatização, como um modo de influência, então sua existência na Inglaterra e nos Estados Unidos se opõe a sua ausência na França. Eu não sugiro que isto nos proporcione elementos para comparações políticas depreciativas, ou que um ou outro sistema leve a uma maior democracia. Chamei a atenção sobre esta distinção porque corresponde, no nível dos grupos sociais, aos fenômenos observados no laboratório entre os pequenos grupos e entre os indivíduos.

Não me estenderei mais, a esta altura, sobre a inovação. Inúmeras vezes sublinhei o paralelismo existente entre os processos revelados pela experimentação e os que se observam no mundo real. Cabe dizer que os estilos de comportamento são puramente individuais, ou que só têm efeito nas situações interindividuais? Espero que chegue o dia em que, com a necessária perspectiva de tempo, escreva-se a história dos movimentos contra a guerra da Argélia na França e contra a guerra do Vietnã na América. O fato de ter sido observador próximo ou distante de uma e da outra não pode impedir a surpresa diante da semelhança das atitudes dos membros destes dois movimentos e diante do valor moral e físico que alardearam. Como resposta aos que invocavam os motivos de oportunidade ou de estratégia, eles opuseram uma negativa absoluta ao compromisso sobre as questões de democracia, de tortura ou de genocídio. Apesar da vontade de afrontar a evidência, da força para suportar as sanções, o ostracismo e o isolamento por parte de seus grupos sociais e profissionais, houve em centenas e milhares de homens e mulheres uma consistência e uma autonomia de comportamento que se manifestaram com toda clareza. Desde as discussões universitárias e *sit-in* nos Estados Unidos, as reuniões e os clubes clandestinos e as "manifestações de intelectuais" na França, até as marchas e demonstrações de massa, as pequenas correntes dispersas e isoladas de dissidência se uniram para converter-se em ondas de protesto. Uma vez surgida a oportunidade de expressar-se, estes movimentos cresceram em ritmo constante e aumentaram sua pressão sobre seus respectivos governos. Isto não significa que ditos movimentos foram os responsáveis pelo final das guerras da Argélia e do Vietnã, mas sua contribuição foi certamente decisiva e é difícil subestimá-la. Na criação destes movimentos, assim como seu efeito sobre a sociedade, entraram em jogo alguns dos fenômenos estudados pelos psicólogos sociais, ainda que a ciência não pudesse, evidentemente, reproduzi-los em tão ampla escala. Por isso é necessário considerar os movimentos sociais em grande escala que se produziram no mundo como experiências naturais. De outro modo, não faltarão argumentos para limitar a generalidade das asserções emitidas em psicologia social, para limitar o poder de seus conceitos e de suas teorias interpretativas sobre a realidade em que vivemos.

Neste capítulo procurei analisar um amplo panorama, chamando a atenção sobre certos fatos e certas relações que nos são familiares e sobre outros não tão familiares. Partindo da ideia de que nossa compreensão da influência social deve incluir uma avaliação do papel do conflito, defini a conformidade, a normatização e a inovação como modalidades de influência que dependem da redução, da negação e da criação do conflito. Era o único ponto de partida válido para elucidar a natureza específica destas modalidades que pudesse permitir uma pesquisa de seus mecanismos.

9
MINORIAS DESVIANTES
E REAÇÕES DAS MAIORIAS

1 A desvantagem de ser diferente

Até aqui examinamos o modo com que as minorias desviantes, mas ativas, podem ser capazes de exercer influência sobre as maiorias. Que visão têm os demais destas minorias? Que atitudes adotam em relação a elas os que sofreram influência? A psicologia social contemporânea responde a esta pergunta apoiando-se na noção de *atração*. Entre os fatores que criam esta atração está a necessidade básica de aprovação social, que incita o indivíduo a evitar aqueles que o evitam e a buscar os que aceitam e reconhecem seu modo de pensar e fazer. Também intervém a necessidade de comparação social, que incita o indivíduo a obter informações sobre si mesmo e sobre os outros, a fim de formar um juízo correto sobre suas próprias atitudes e opiniões. Mas, que características devem possuir as outras pessoas para aprovar e oferecer uma base de comparação social a um indivíduo? Devem situar-se no mesmo terreno que ele ou, ao menos, em um terreno que lhe seja familiar. Uma distância muito grande entre o "eu" e os "outros" provavelmente aumentará as tensões e incertezas já existentes e, é importante acrescentar, tornará mais problemático o reconhecimento esperado. Assim, só entre pessoas próximas umas das outras, pertencentes ao mesmo grupo, compartilhando um plano comum e uma concepção similar da realidade, formam-se laços interpessoais. Caso se produza uma incompreensão, se o equilíbrio mantido até então se rompe, o indivíduo estará disposto a modificar suas opiniões e mudar seu comportamento para restabelecer o nível de aprovação social alcançados, bem como os meios existentes de comparação social. Por isso se deixa influenciar e também por isso se sente atraído pela própria origem desta influência. De fato, o indivíduo deseja manter contato com aqueles que se assemelham a ele, evitando distanciar-se ou diferenciar-se. Somos atraídos por nossos semelhantes; como se vê, sintetizando, o princípio que sustenta todas as teorias e as experiências existentes:

> A atração interpessoal e a influência social (WALSTER & ABRA-HAMS, 1972) estão intimamente ligadas, até o ponto que, se um indivíduo compreende os diferentes processos, pode provavelmente ter a intuição das relações existentes entre eles. Assim, pode ser que muitos leitores adivinhem já as diversas maneiras em que a atração e a influência estão ligadas. Quase todos os teóricos estão de acordo que uma pessoa simpática será mais eficaz para exercer uma influência social que uma pessoa menos simpática (p. 223).

A rede de simpatias e antipatias constitui um critério eficaz a partir do qual podemos avaliar os modos de percepção das pessoas e a maneira com que mutuamente se julgam e se influenciam.

Este critério traz também uma resposta às duas perguntas que fizemos. Em razão de seu caráter particular, uma minoria não pode nem servir de critério de comparação, nem oferecer aprovação social, falta-lhe poder de atração. Por outra parte, a "simpatia" é correlativa à atração. Em consequência, uma minoria está condenada a ser evitada e detestada. Todo desviante em potência sabe isto, como mostra uma experiência de Allen (1974). O material utilizado na discussão do grupo era a história clássica do jovem delinquente Johnny Rocco. Os sujeitos participantes do grupo acreditavam (por instrução dos aplicadores) que seu juízo sobre o tratamento que devia ser aplicado a Johnny Rocco era diferente dos juízos dos demais. A experiência tinha sido programada de forma que exigia a intervenção de um voto para eliminar a um dos sujeitos na fase posterior à discussão. Como se esperava, 69% dos sujeitos, estudantes, pensavam que seriam evitados por serem, em cada caso, o único elemento em desacordo com o grupo. Um estudo anterior de Schachter (1951) completa o esquema, mostrando claramente que uma minoria tem bons motivos para temer; pois, de fato, é evitada e detestada. No decorrer desta experiência, os grupos de sujeitos discutiram a história do caso Johnny Rocco, depois de lê-la individualmente. Um grupo padrão tinha nove sujeitos: seis sujeitos ingênuos e três cúmplices do experimentador. Os cúmplices exerciam um destes três papéis: o indivíduo *modal*, que assumia uma posição idêntica à do sujeito ingênuo médio; o *desviante*, que assumia uma posição aposta à opinião geral do grupo; e o *indeciso*, que no início estava de acordo com o desviante, mas durante a interação se deslocava progressivamente a uma posição de conformidade, uma posição modal. Havia, pois, um desviante consistente e um desviante inconsistente. Os resultados da experiência mostraram claramente que o indivíduo modal era o preferido e o desviante consistente o menos preferido. Estas conclusões foram muitas vezes reiteradas e não há razão alguma para duvidar delas, sobretudo porque correspondem ao que já se sabe, em geral, destes processos. Estamos seguros de encontrar resultados análogos em outras experiências nas quais uma minoria desviante tenta exercer influência sobre a maioria. Mas é precisamente este achado previsto e esperado que suscita novos problemas. Como é possível que uma minoria, ainda que detestada ou antipática, exerça influência? O que busca a minoria na maioria, e o que espera obter dela, além de sua concordância? Tentando esclarecer estes problemas, conseguimos descobrir um âmbito de relações interpessoais e sociais que é mais amplo que o campo da atração interpessoal e social.

2 Os malvistos e os admirados

As provas empíricas relativas ao modo como as minorias são vistas e a atitude que suscitam foram obtidas principalmente a partir de experiências nas quais os sujeitos ingênuos foram expostos à influencia de um ou dois cúmplices, depois de responderem individualmente a questionários pós-experimentais. O procedimento é bem conhecido e não é preciso descrevê-lo em detalhe. Utilizaram-se diversos tipos de questionários, mas todos incluem as perguntas sobre temas que visam avaliar, de um lado, se, e em que medida, os sujeitos da maioria experimentam simpatia pela minoria desviante e, de outro, como julgam o comportamento e as qualidades desta minoria. Agora, exporemos em linhas gerais e de modo sistemático, os resultados obtidos a partir destes questionários.

A experiência "verde-azul" (MOSCOVICI et al., 1969)

Nesta experiência, a minoria desviante estava composta de dois indivíduos que sustentavam, com consistência, que certas lâminas, objetivamente azuis, eram verdes. O objetivo era demonstrar que os sujeitos não atribuem competência nem poder a uma minoria consistente. A única qualidade atribuída de modo significativo à minoria era a certeza observada em seus julgamentos. Se esta certeza observada se deduzia a partir de seu comportamento consistente, então cabe esperar que uma minoria que se comporta de modo inconsistente pareça insegura. Tal resultado demonstraria de modo conclusivo que o estilo de comportamento é um fator que determina o êxito da inovação. A fim de estudar o modo com que os sujeitos veem ao agente de influência em diferentes condições experimentais, tanto em termos de recursos quanto de convicção atribuídos a este agente, orientamos nossa indagação em relação a três características: a competência, a convicção e a liderança.

Pedimos aos sujeitos que avaliassem, sobre uma escala de onze pontos, a competência de cada membro do grupo, a julgar pela luminosidade e cor. Depois, classificaram a cada membro segundo o grau de confiança que havia demonstrado ao emitir suas respostas. A classificação se fez sobre uma escala de quatro ou seis pontos, segundo o número dos sujeitos. Finalmente, os sujeitos tomaram decisões coletivas para saber se era preciso aceitar ou recusar aos líderes nomeados e para saber a quem designariam como líder na próxima experiência.

Observamos que julgavam a minoria como incompetente em relação aos seus julgamentos sobre as cores. Os sujeitos ingênuos foram julgados mais competentes que os cúmplices, independentemente de ter respondido "verde" durante a interação.

Notaram-se também diferenças na competência atribuída a cada cúmplice. O cúmplice que respondia primeiro era julgado menos competente que o outro cúmplice. De certo modo, o primeiro que respondia era considerado responsável pelo julgamento inesperado, ainda que os dois cúmplices emitissem os mesmos juízos. Mais tarde voltaremos a este ponto.

Todos estes resultados mostram claramente que a influência de uma minoria não se deve à atribuição de uma competência superior em matéria de designação das cores. Por outro lado, ainda que os sujeitos não reconheçam uma competência particular à maioria consistente, podemos ao menos esperar que atribuam uma maior convicção à minoria.

Observamos que o sujeito ingênuo atribui efetivamente maior confiança à minoria que a si mesmo. Os dois indivíduos minoritários não foram julgados como tendo igual confiança em si mesmos. O primeiro que respondeu foi considerado como tendo maior confiança em si mesmo: menos competente, mas mais seguro. Estes dois julgamentos levam a supor que o primeiro cúmplice é o iniciador da resposta. A confiança atribuída ao cúmplice está estreitamente ligada à consistência de seu comportamento. Na realidade, basta uma mudança de comportamento, de consistente para inconsistente, para que o cúmplice não seja julgado como uma pessoa de confiança. A influência da minoria se deve, sobretudo, à consistência de seu comportamento, à confiança que os sujeitos manifestam a partir de sua conduta, à segurança que os sujeitos lhe atribuem por este comportamento consistente. Se for verdade que a influência é função da consistência dos cúmplices, também será que os sujeitos lhe confiram um *status* sociométrico privilegiado? Não necessariamente. Já apontamos que a influência de uma minoria consistente não se deve a um poder particular. Em consequência, não esperamos necessariamente que se outorgue a um indivíduo minoritário influente o papel de líder. Nossos resultados mostram que, a este respeito, os indivíduos minoritários conseguem um escore diferente dos sujeitos ingênuos. Não são aceitos, nem evitados ou escolhidos como líderes com mais frequência que os sujeitos ingênuos. Não há, pois, *status* superior associado à sua influência. Por outro lado, quando os membros minoritários são inconsistentes, eles são rejeitados, enquanto líderes, com uma frequência significativa maior que outros membros do grupo.

A partir destes resultados vemos que a minoria consistente exerce influência na medida em que os sujeitos ingênuos lhe atribuem uma maior segurança. Se os membros da minoria são consistentes, não são rechaçados enquanto líderes, mas tampouco são indicados para esta tarefa.

A que se deve a visão tão díspar dos dois cúmplices? Parece que cada um deles exerceu um papel diferente na dinâmica do conflito entre maioria e minoria. O primeiro a responder "verde" desempenhava o papel de inovador, enquanto que o segundo, ao emitir seu mesmo ponto de vista, aparecia como um seguidor. Mas, enquanto a iniciativa de mudança pertence ao inovador, é o seguidor que efetiva a influência. O comportamento do seguidor confere uma dimensão social à resposta minoritária.

Estas observações apresentam algumas sugestões sobre os conflitos relativos à influência em situações de inovação e sobre as relações interpessoais que nascem destas situações. Permitem, ainda, compreender melhor como uma minoria consistente pode influenciar numa maioria, mesmo quando esta maioria compartilha uma norma explícita e objetiva. Constata-se, sobretudo, que os indivíduos minoritários forçam a maioria a considerar seu ponto de vista, não em razão de alguma competência especial, senão porque propõem seu ponto de vista com coerência e firmeza. Estas qualidades não tornam, necessariamente, a minoria atraente, mas sem elas a minoria é definitivamente rejeitada.

A experiência "adoção de um padrão/repetição"

Nesta experiência, Nemeth et al. (1973) realizaram duas séries de comparações. De um lado equipararam a influência de um indivíduo que contestava aleatoriamente (condição de resposta aleatória), com a de um indivíduo que contestava de modo consistente. De outro, compararam a influência de um cúmplice que repetia sempre a mesma resposta ("verde" ou "azul-verde"), com a de outro cúmplice cujas respostas seguiam certo padrão. Os estímulos apresentados aos sujeitos eram azuis.

Conforme o previsto, os resultados da experiência mostram que a confiança prestada aos cúmplices era maior na condição de adoção de um padrão (consistente) que na condição de resposta aleatória (inconsistente). Ainda assim, os cúmplices eram considerados mais organizados na primeira condição. Os sujeitos ingênuos disseram que confiariam mais nos cúmplices na primeira condição do que na segunda.

O contraste observado entre os tipos de minoria consistente – minoria segundo um padrão e minoria repetitiva – é também instrutivo. Neste experimento, a minoria que se contentou em responder sempre "verde" não exerceu influência. Quando respondeu exclusivamente "azul-verde" sua influência foi apenas marginal. O questionário pós-experimental mostrou que os cúmplices cujas respostas seguiam um padrão eram considerados positivamente. Eram percebidos como mais seguros em seus julgamentos e mais "exatos" na percepção das cores que os sujeitos ingênuos. No caso das respostas exclusivamente "azul-verde", não havia diferença significativa entre as respostas que seguiam um padrão e as repetitivas. Mas os cúmplices que respondiam "verde-azul" gozavam de mais admiração, simpatia e confiança quando suas respostas seguiam um padrão, do que quando eram só repetitivas. Esta diferença não existia entre as respostas que seguiam um padrão e as repetitivas quando as respostas eram exclusivamente "verde".

Isto vem completar nosso esquema. A minoria consistente, por seu comportamento e sua atitude manifesta, não só é admirada e considerada como segura e digna de fé, o que indica certo reconhecimento social de sua posição no grupo, mas também goza de simpatia e de algum modo é considerada como mais digna de aprovação social que os demais membros do grupo. Isto é assim independentemente da influência de fato exercida. Para que a minoria consistente adquira esta imagem positiva, basta-lhe, simplesmente, ser ativa e fazer conhecer sua existência.

A experiência "pintura" (NEMETH & WACHTLER, 1973)

Nesta experiência, que anteriormente descrevemos em detalhe, foram convidados quatro sujeitos ingênuos e um cúmplice que foi apresentado como alemão, italiano, ou de origem étnica desconhecida. Em cada prova foi solicitado aos sujeitos que expressassem uma preferência por um dos quadros qualificados de "italiano" ou de "alemão". Os resultados mostraram que a presença de um cúmplice que adotava uma posição consistente, fosse pró-italiano ou pró-alemã, tinha como efeito tornar os sujeitos mais pró-alemães do que no grupo de controle. Os cúmplices tinham, evidentemente, uma ideia preconcebida. Como eram vistos?

Em geral, os sujeitos ingênuos consideraram que o cúmplice estava mais "seguro de sua decisão" que os demais membros do grupo. Quando foi apresentado como italiano (Angelo), ou de origem étnica desconhecida (Bob), foi considerado muito mais seguro do que quando apresentado como alemão (Fritz). Além disto, em seus próprios grupos, Angelo e Bob foram julgados como mais seguros do que os sujeitos ingênuos, o que não aconteceu no caso de Fritz. Quando se pediu aos sujeitos que avaliassem mutuamente sua ideia preconcebida na escolha pictórica, julgaram que o cúmplice era mais influenciado pela ideia preconcebida do que os sujeitos ingênuos. Finalmente, os participantes observaram que se sentiram mais influenciados por Fritz, Angelo e Bob do que pelos demais sujeitos.

Os resultados eram exatamente os previstos e concordam com os que já comentamos. O indivíduo minoritário é considerado mais seguro e mais consistente do que os outros membros do grupo. O fato de que tenha uma ideia preconcebida não lhe impediu de exercer influência. Ao contrário, em tais circunstâncias esta ideia se faz compreensível aos demais sujeitos; é estimado como um elemento positivo que indica a forte preferência que se espera de tal indivíduo, mas expressa também certo valor. Foi preciso, certamente, coragem, sobretudo no caso de Angelo, para provar parcialidade. Mas, quem sabe, Fritz precisasse mais coragem para opor-se à norma pró-italiana de seu grupo. Sua posição firme pró-alemã foi provavelmente interpretada como um sinal de sinceridade. O experimento mostra que o indivíduo minoritário se converte, em muitos sentidos, num personagem central do grupo.

A experiência "tribunal"

Nemeth e Wachtler (1973a) simularam em laboratório um tribunal. Numa primeira condição, o cúmplice que adotava uma condição desviante parecia escolher o lugar na cabeceira da mesa. Em outra condição, era-lhe designado este lugar. Exerceu influência na primeira condição, mas não na segunda. Num questionário pós-experimental pedia-se aos sujeitos que expressassem suas opiniões sobre os outros membros do grupo, a fim de poder avaliar a imagem que o cúmplice oferecia. Este foi julgado mais consistente, mais independente, mais espontâneo do que os demais sujeitos, e foi considerado como alguém que levou mais tempo do que os outros na reflexão e avaliação de suas próprias posições. Ao mesmo tempo, o cúmplice foi considerado como menos perceptível, menos afável, menos simpático, menos racional, menos justo etc. do que os sujeitos ingênuos. Estatisticamente, todas estas diferenças são significativas. Aqui vemos, mais uma vez, uma série de características positivas atribuídas ao grupo, ou ao indivíduo minoritário, no que diz respeito à atividade, à independência, à capacidade para estimular, de levar os outros sujeitos a tomar consciência das possibilidades de mudança e renovação. Contribui, pois, de modo específico, às capacidades do grupo. Mas, advertimos também, mais claramente que em outras experiências apresentadas, um conjunto de avaliações negativas. Assim, atitudes que são positivas em nível objetivo, são contrariadas por atitudes negativas em nível subjetivo. Como sublinhou Heider: "Podemos ter uma fria admiração a alguém quando o admiramos, mas não quer dizer que gostemos dele" (1958: 236).

A experiência de originalidade

Nestes casos, o paradigma experimental era idêntico ao utilizado na experiência "verde/azul". Os sujeitos deviam dar respostas originais. Advertimos que, neste caso, a minoria exercia uma forte influência. Em geral, nas cinco condições experimentais os dois cúmplices desviantes foram julgados menos competentes que os próprios sujeitos ingênuos. Por outro lado, foram considerados mais seguros de suas respostas, sobretudo o cúmplice que respondia primeiro. Os papéis da minoria desviante se encontram, pois, diferenciados também no contexto da originalidade. A iniciativa que sustenta a resposta original se atribui ao primeiro cúmplice de modo mais ou menos pronunciada, segundo as condições.

Uma diferença interessante surge quando comparamos esta experiência com outra anterior (a experiência "verde/azul"), na qual a norma do grupo é uma norma objetiva. Na experiência de originalidade, os cúmplices foram considerados como mais atraentes. Em várias condições experimentais obtiveram uma maior opção sociométrica do que os sujeitos ingênuos. Parece, pois, que os sujeitos ingênuos formam uma imagem mais positiva da minoria. Propiciava-se maior confiança ao cúmplice nos grupos que tinham como tarefa encontrar algo novo, do que naqueles cuja missão consistia em encontrar algo objetivamente exato. Deste modo o cúmplice conseguia a liderança.

Estamos agora em condição de examinar todos estes resultados. Até o momento, nossas análises se apoiaram em testemunhos obtidos a partir das respostas de umas 1.500 pessoas, número significativo. O fato de que se tenha observado reações similares na França e nos Estados Unidos nos garante certo grau de generalização (esta generalização tem certos limites: os sujeitos de todas as experiências eram estudantes). Os resultados nos obrigam a dizer que a maior parte dos psicólogos sociais estava correta ao afirmar que uma minoria desviante tem grandes possibilidades de ser evitada, detestada ou, ao menos, considerada com indiferença pela maioria. Mas enganaram-se em deduzir que "o não conformista pode ser glorificado pelos historiadores, ou idealizado nos filmes, mas não é muito estimado pelas pessoas de sua época, a cujas exigências ele não se conforma" (ARONSON, 1972: 15). Estes dois aspectos são totalmente independentes um do outro e representam, às vezes, uma verdadeira opção para a minoria. Agradar aos demais, ou dizer a verdade e arriscar-se a fracassar é, com frequência, a alternativa que enfrenta um indivíduo ou um grupo, e é também o caso de um grande número de artistas ou, inclusive, de cientistas quando não foram bem acolhidos pelo público ou por seus colegas. Em todos estes casos o respeito e a estima se adquirem, muitas vezes, às custas da "simpatia", do afeto e do calor humano.

Os resultados obtidos até agora devem ser elaborados e aperfeiçoados. Mas já se nota uma tendência geral neles: a relação de uma maioria com uma minoria é ambivalente. Seu aspecto positivo é que o indivíduo ou o subgrupo desviante constitui um dos polos do grupo e da mudança social. Seu aspecto negativo é que os desviantes são mantidos à distância, obrigados a ficar na periferia da sociedade; reconhecem-se suas qualidades, seus méritos e suas contribuições, sem admiti-los nem aprová-los abertamente. É como se a sociedade os aceitasse e desaprovasse ao mesmo tempo. Esta ambivalência não se observa só no laboratório, existem muitas sociedades nas quais certos indivíduos ou certas profissões são, ao mesmo tempo, sagradas e segregadas. Os judeus ocupam na sociedade ocidental uma posição tão real quanto simbólica, completamente desproporcional em relação ao seu número. Eles são considerados como uma das raças fundadoras desta civilização. Por outro lado, apesar das habilidades que lhes são atribuídas, muitas vezes são excluídos cuidadosamente, de modo mais ou menos explícito, de numerosas funções importantes e, sobretudo, do estreito círculo do governo nacional. Os cientistas e os artistas são respeitados, glorificados, venerados inclusive por suas diversas contribuições. Ninguém se envergonha de ser seus amigos pessoais, ou de frequentar seu ambiente. No entanto, estas qualidades de inteligência, de sensibilidade, de curiosidade são frequentemente julgadas como distração, falta de senso prático, ingenuidade e irresponsabilidade, que são outras várias maneiras de evitá-los. Sobretudo, não queremos confiar-lhes postos de responsabilidade social e política, que acabam restritos aos homens de negócio, funcionários, clero e militares. Os romanos expressavam esta atitude fundamental em termos claros: admire a obra, desconfie do artista. Desde então a fórmula talvez tenha melhorado, porém a mentalidade subjacente não desapareceu. Podemos inclusive ampliá-la: admire a ideia e o ato desviante, mas deteste seu autor. Esta ambivalência ou *duplo pensamento* é uma constante dos comportamentos sociais em relação às minorias.

3 A busca do reconhecimento social

Esta perspectiva não é tão negativa para uma minoria. Estar marginalizado não é, necessariamente, uma desvantagem, mesmo não sendo uma situação agradável. Ser detestado tampouco é um obstáculo para exercer influência. Porém, o mais importante é conhecer as forças que impulsionam a minoria a assumir o risco de ser detestada, rechaçada, e saber o que ganha com isto. Para encontrar a resposta devemos considerar uma vez mais a natureza das relações sociais. O primeiro ponto é que, para ser querido, é preciso "existir" e ser percebido como existente. Obter o reconhecimento de sua existência é um sério problema para muitas pessoas. Grupos étnicos e sociais, nações, indivíduos criadores, crianças etc. todos desejam e esperam ver reconhecidos sua existência e seus méritos. Não há dúvida alguma de que estamos rodeados de pessoas que se esforçam em ser queridas e aprovadas, e nós as consideramos atraentes ou não. Porém, estas pessoas a partir das quais nós nos modelamos e nos definimos, e cujos julgamentos logicamente nos importam, são todas elas pessoas "visíveis". Por outro lado, aumenta, indiscriminadamente, uma zona povoada de indivíduos e de grupos "invisíveis" que raramente passam por nosso olhar e cujos sentimentos e compromissos omitimos totalmente. Quase não existem ante nossos olhos, exceto ocasionalmente, quando necessitamos deles por razões puramente utilitaristas. Não os vemos, não os escutamos, não lhes dirigimos a palavra. São os velhos para muitos jovens, os pobres para os ricos, os negros para os brancos, os selvagens para os civilizados, os principiantes para os cientistas, ou para os artistas bem situados: multidão de indivíduos ou de grupos que estão reduzidos, de diversas formas, à invisibilidade aos olhos dos demais indivíduos ou grupos. Em toda relação interpessoal e social sempre existem dois aspectos: a visibilidade e a atração, sendo a primeira condição prévia da segunda. O que pretende ser amado, ser escolhido como modelo de comportamento social ou situar-se entre as pessoas que dão aprovação social, deve, aos olhos dos indivíduos ou dos grupos que organizam a seleção, alcançar o lugar das pessoas visíveis. Na realidade, os indivíduos gastam uma enorme quantidade de energia para ser exemplo, ou merecedores, de aprovação social. Isto não é uma necessidade vital para as minorias marginais, desviantes, porém ativas. À custa de qualquer sacrifício, sua primeira preocupação é fazer-se visível, alcançar o pleno reconhecimento de sua existência aos olhos da maioria e na mente de quem representa essa maioria. Os resultados de nossas experiências mostram precisamente este esforço dirigido à maioria, para que leve em consideração as qualidades de um indivíduo, ou de um subgrupo desviante.

Devemos, pois, investigar o que, desde o ponto de vista psicológico, significa realmente a "visibilidade" e o que concluímos neste caso. Quais são os processos sociais e psicológicos ligados à busca da visibilidade? Imaginemos, para começar, este processo desde o ponto de vista de algum indivíduo ou subgrupo hipotético, em situação periférica que representem os grupos já anteriormente descritos como consistentes. Esse indivíduo tem confiança em suas próprias opiniões e crenças, tem a impressão de ter razão. É um ser humano como os demais, produziu algo válido no terreno político, científico ou social e defende alguns posicionamentos concretos. A seu ver é como se guardasse um excedente de recursos pessoais ou coletivos (intelectuais ou materiais). Observa-se esta atitude em pessoas "comprometidas" e conscientes de gozar de "superbenefícios" quando surge um desacordo (seja objetivo ou subjetivo) entre suas próprias avaliações e sobre aquelas que os outros fazem sobre estes mesmos recursos. Quase sempre, esta diferença nasce do fato de que, em razão dos preconceitos arraigados das pessoas e de sua inércia, em razão de seus direitos individuais ou coletivos, os fatos novos passam inadvertidos em relação à avaliação dos outros, e as novas realizações são julgadas com critérios defasados. Por isto é produzida uma invisibilidade e, ao mesmo tempo, uma necessidade de superá-la. Efetivamente, os pais ficam muito surpresos ao se deparar com o fato de que seus filhos cresceram; um professor fica invariavelmente confuso quando algum estudante que ele havia subestimado triunfa no plano social e profissional; as maiorias se surpreendem quando as minorias étnicas adquirem importância em uma esfera na qual não eram consideradas qualificadas. Tais surpresas não são puramente acidentais: ao contrário, aparecem como o ponto culminante de esforços perseguidos de forma obstinada para provocá-las, para fazê-las perceptíveis àqueles que recusavam vê-las até então. Estes esforços são particularmente surpreendentes para aqueles que acreditam possuir os recursos antes mencionados e cuja única oportunidade de preservá-los consiste na possibilidade de se comunicar com os outros indivíduos ou grupos e influenciar seu comportamento, suas crenças e sua forma de pensar. Seu próprio valor, e o valor do que qualquer pessoa produziu, é então atestado e confirmado pela capacidade que ele tem de *agir* e de *realizar* algo frente aos outros; em suma, para "ser contado" e ser "levado em consideração". Deste modo, realiza-se um objetivo comum: o de ser identificado, ouvido e individualizado.

É no plano interpessoal e social onde o indivíduo se torna visível e reconhecido. A necessidade correspondente a este processo de avaliação dos próprios recursos, ou do direito de fazer e deixar sua marca no entorno social e material, é a necessidade de *reconhecimento social*.

As minorias de nossas experiências adquiriram concretamente este reconhecimento. A maior parte das lutas econômicas, sociais, políticas e científicas tendem, como sabemos, a conseguir este reconhecimento. A primeira preocupação de uma nova nação, de uma classe insurgente, de um cientista que acaba de fazer uma descoberta, ou de um artista que dá o último toque a uma escultura, não é *de fato* existir, mas ser reconhecido com suas qualidades específicas por outras nações, outras classes, outros cientistas ou artistas e, inclusive, em outras esferas. Todo representante destes grupos tem a sensação de ter sido reconhecido quando, e só quando, tem razões para considerar que ele e os seus pares iniciaram uma mudança que se produz em outras nações ou em outras classes e, para um cientista ou um artista, quando sua obra exerce influência sobre os trabalhos de outros cientistas ou artistas. Muitos rituais, símbolos, honras, títulos, cerimônias, protocolos de todo tipo possuem, na maior parte das sociedades, o objetivo pode facilitar a avaliação desta influência.

Em resumo, a necessidade de reconhecimento social tem sua origem no pressuposto de que o indivíduo ou o subgrupo dispõe de um excedente de recursos intelectuais ou materiais, e se expressa pela sensação subjetivamente experimentada de certeza e de legitimidade quanto à *capacidade* do indivíduo ou do subgrupo para *influenciar os outros segundo suas próprias tendências e suas próprias aspirações*. Esta necessidade alcança seu apogeu nas minorias: seu comportamento e suas estratégias visam, essencialmente, satisfazê-la. Alcançar visibilidade, conservá-la ou aumentá-la é, pois, um índice da mudança produzida. Cabe deduzir, a título de exemplo, a partir desta análise hipotética, algumas proposições simples acerca da dinâmica das relações interpessoais e sociais. Podemos supor que a necessidade de reconhecimento social conduzirá a:

a) Elevação do nível geral de todas as atividades e iniciativas que tendem a influenciar as crenças ou opiniões alheias. Será o caso, principalmente, nos grupos e indivíduos nômicos e, particularmente, nos sujeitos que confiam em si mesmos e mantêm posições firmes com as quais estão comprometidos.

Baas (1961) observou que a frequência das tentativas feitas para chegar à liderança se une à estima que se tem de si e ao *status* que uma pessoa se atribui, bem como à capacidade para enfrentar os problemas do grupo. Fouriezos, Hutt e Gruetzkow (1950) ressaltaram uma maior participação na realização dos objetivos naqueles que mais confiam em suas próprias opiniões. Veroff (1957) mediu a motivação para o poder e para o reconhecimento mediante um teste projetivo, e observou que os indivíduos que obtinham pontuações elevadas eram julgados por seus professores como apaixonados em sua argumentação e em sua tentativa de influenciar no comportamento dos outros. Strickland (1965) estabeleceu que as pessoas que se orientam em direção ao controle interno têm mais possibilidades de comprometer-se em ações relativas aos direitos cívicos do que aquelas que se inclinam ao controle externo. Em uma interessante experiência Levinger (1959) reuniu grupos de dois sujeitos que não se conheciam, para realizar uma tarefa que exigia uma série de decisões tomadas em comum. Antes da tomada de decisão fazia-se com que um dos sujeitos de cada grupo acreditasse que sua informação sobre a tarefa era superior ou inferior à de seu companheiro. Os sujeitos que consideravam sua informação superior eram mais rápidos e faziam mais tentativas para influenciar. Outros estudos de Lindskold e Tedeschi (1970), Gore e Rotter (1963), Lippit et al. (1952) indicam que os indivíduos confiantes em suas atitudes, em seu valor ou seu saber, têm uma tendência para tomar a iniciativa da ação e tentar, frequentemente, influenciar aos demais indivíduos do grupo.

Correlativamente, uma pessoa ou um grupo que não se sente capaz de influenciar os outros grupos ou de produzir uma mudança, e que, por esta razão, pode não querer sofrer influência ou mudança, irá procurar os contatos com uma pessoa ou grupo com o qual tenha semelhanças, para sentir-se segura e protegida. Byrne e Close (1967) mostraram que ao mesmo tempo em que o sentimento geral de incerteza com relação a si mesmo aumentava, pelo menos até certo ponto, a tendência a simpatizar com pessoas que tiveram atitudes semelhantes igualmente aumentava. Em um estudo de Shrauger e Jones (1968) os sujeitos sentiam-se muito mais atraídos por aqueles que estavam de acordo com eles do que pelos que não estavam, quando não eram capazes de obter informações sobre a exatidão de suas próprias opiniões. Caso dispusessem das opiniões de pessoas qualificadas, esta preferência diferenciada pelos outros não existia. Além disto, Singer e Shokley (1965) mostraram que os sujeitos tinham mais possibilidades de se associarem com seus iguais para avaliar com exatidão suas capacidades, em ausência de normas objetivas sobre a capacidade, do que na presença de tais normas.

b) Procura de contato com pessoas diferentes delas: isso sucede na medida em que a adesão ou a conversão do outro a suas próprias ideias e concepções da realidade seja o único modo possível de fazer reconhecê-las favoravelmente.

c) Preferência pelo contato com grupos e indivíduos dos quais se está muito distante ou com os quais não se está de acordo: várias experiências mostraram que isto ocorre com frequência. Hare e Bales (1965) e Cohen (apud STRODTBECK & HOOK, 1961) mostraram que se cinco sujeitos, aos quais era proposta uma tarefa que exigiria um acordo comum de sentarem-se ao redor de uma mesa retangular de acordo com a disposição 1-3-1-0 (reservando-se um lado para o experimentador), o mais provável seria que os sujeitos se dirigissem às pessoas que estivessem mais distantes deles. Por outro lado, durante as pausas entre as sessões experimentais, é mais provável que se dirijam aos seus vizinhos imediatos. Mas, em relação com nosso tema, Sigall (1970) mostrou que os indivíduos muito interessados em um assunto preferem falar para alguém que esteja em desacordo com eles, mais do que com alguém que esteja de acordo. Esta atitude tem, com efeito, possibilidades de converter o primeiro a seu próprio ponto de vista. Outro modo de expressar isto é dizer que as pessoas preferem se converter aos membros fiéis de seu próprio grupo.

d) Vontade de comparar-se com os outros, principalmente quando surgem problemas difíceis que exigem recursos singulares ou soluções originais. Quando os problemas são tais que podem ser resolvidos por qualquer pessoa e os recursos são fáceis de encontrar e o possível desenvolvimento da ação está bem estabelecido, não há oportunidade para demonstrar as próprias capacidades nem, portanto, meio de obter reconhecimento. Por isso, os cientistas criam hipóteses originais, os artistas se esforçam para realizar coisas excepcionais, os grupos minoritários executam atos subversivos e escandalosos e os fundadores de religiões se apoiam nos milagres, que "resultam" cada vez menos frequentes na medida em que a religião está mais estabelecida.

e) Busca mais intensa do conflito, a fim de fazer a demonstração dos próprios méritos e das próprias ideias, e realizar finalmente os objetivos propostos.

f) Percepção da interação social em uma perspectiva a longo prazo.

Estas proposições podem ser e, sem dúvida, serão ampliadas e completadas por futuros trabalhos. Elas explicam, em grande parte, por que as minorias, em busca de reconhecimento social para sua existência e suas capacidades, estão prontas para assumir riscos, a perseverar durante longos períodos em situações desconfortáveis e a suportar a impopularidade.

Consideremos agora o ponto de vista da pessoa que propicia o reconhecimento àqueles que o buscam. Sem dúvida nenhuma, esta pessoa tem consciência de ser objeto de fortes solicitações e sabe, ainda, que o autor dessas petições é muito diferente dela. Tratando-se tanto de um indivíduo como de um grupo, seu comportamento será cuidadosa e minuciosamente examinado, sobretudo em relação ao esforço que coloca em seu trabalho e em seu sacrifício para ser reintegrado no campo social do qual havia sido excluído, ou para mudar este campo. Indivíduo ou grupo, ambos estão vigiados ou avaliados à distância, como objetos de interesse, bem mais do que de simpatia e, somente no transcurso do tempo, os demais podem considerá-lo como semelhantes a eles, ainda que diferentes em certos aspectos. O respeito e o interesse distante que suscita de entrada aumentarão logo a partir de uma avaliação positiva de suas capacidades e de suas opiniões, de uma apreciação das dificuldades que lhe causa sua posição de desviante e de sua coragem para defendê-la. Começa assim, pouco a pouco, a admiração pelos desviantes. Durante todo este tempo a minoria se comporta de modo firme e consistente e é vista como segura e confiante. Isto, por sua vez, gera a confiança no seio do grupo que a acolhe e, finalmente, lhe é concedido o reconhecimento social, o que não significa necessariamente aprovação social. Como vimos, os membros da minoria, às vezes, seguirão sendo julgados, de certa forma, como menos competentes, menos justos (mais parciais), ou menos desejáveis. Ainda que a minoria seja seguida, cabe não desejar que seus membros ocupem posições de líder, o que significa que uma minoria que trata ativamente de adquirir influência tem mais possibilidades de obter o reconhecimento social tendo a oportunidade, do que aprovação social. Sua influência se aproxima mais à primeira do que à segunda.

Chegamos deste modo a ver as relações entre indivíduos em uma perspectiva um pouco diferente, ao menos estas relações que, nascendo da interação recíproca, conduzem à descoberta de uma pessoa ou grupo desconhecido ou ignorado até então; tais relações outorgam uma nova visibilidade e uma nova identidade à pessoa ou ao grupo que busca ser conhecido e, finalmente, consegue. As semelhanças e as diferenças ficam então subordinadas à atividade ou à passividade das partes em jogo. Para ver de maneira mais clara, vale a pena tomar como ponto de partida um princípio geral que Tajfel (1972) expressou claramente, a saber, que "a categorização social tem por objeto e função organizar e sistematizar o contexto social; é um *guia* da ação" (p. 298). As categorias "semelhantes" e "diferentes" não são exceções à regra; não se encontram isoladas nem são as cópias de um indivíduo ou um grupo. Situam-se ali onde estão a fim de marcar a relação entre o "mesmo" e o "outro", quer dizer, os comportamentos recíprocos nas relações dos agentes sociais. Se isolarmos as categorias de seu contexto, já não aparecem como "guias da ação", resultam mais enganosas e inseguras. O importante não é o caráter semelhante ou diferente de uma pessoa ou grupo, e sim o modo como o outro está implicado em um possível comportamento ou uma possível interação. Isto significa, por exemplo, que os fenômenos psicossociais podem intensificar-se quando, em vez de ser o *reflexo* do que *somos*, o resultado da nossa reação aos desejos e aos julgamentos dos outros, os consideramos como *efeito* daquilo que *fazemos*, o resultado da nossa ação sobre os desejos e julgamentos dos outros. Dito de outro modo: somos muito mais sensíveis ao nosso trabalho, que exige um esforço correspondente por parte de um companheiro social, do que ao que nos é apresentado ou está presente em nós como algo dado e que não exige nenhuma mudança nem esforço por parte de ninguém.

É certo que preferimos ser admirados e amados por pessoas semelhantes a nós. Porém, vale muito mais ser amado e admirado por quem é diferente. Todo mundo sabe, intuitivamente, que o que uma pessoa ama em outra é o que se parece consigo, e o que o agrada é na realidade ele mesmo através do reflexo que ele também reflete na outra pessoa. O encontro entre estas duas pessoas não é fruto do esforço. Uma é amada, ou é simplesmente atraente; não há necessidade de fazer-se amar nem de tornar-se atraente. Quando, porém, é uma pessoa que é diferente que tem sentimentos positivos em relação a nós, sabemos intuitivamente que nos ama pelo fato de sermos nós mesmos, pela impressão que lhe produzimos. Seu amor, sua inclinação por nós são considerados como as consequências de uma ação específica, de uma mudança da qual nós somos responsáveis e como resultado de um esforço que essa pessoa deve ter feito para superar as resistências internas e a distância externa que nos separava dela. Nestas situações, é normal ser ainda mais sensível e responder de forma mais favorável que nas circunstâncias corriqueiras. Isto ocorre inclusive no laboratório. Jones et al. (1971) convidaram alguns estudantes para manter uma breve conversa frente a frente. No curso desta, cada sujeito estava de acordo ou em desacordo com seu companheiro sobre certo número de questões. Logo, os participantes tiveram oportunidade de escutar secretamente uma conversa que outro estudante (cúmplice) mantinha com uma terceira pessoa e na qual o estudante-cúmplice expressava seus sentimentos relacionados a ela: em uma condição parecia sentir simpatia em relação ao sujeito e em outra parecia não sentir. Qual foi o impacto desta segunda conversa, escutada secretamente, sobre os sentimentos dos sujeitos com relação à pessoa com a qual, inicialmente, tinham trocado pontos de vista? Os sujeitos mostraram preferência por aquelas pessoas com as quais haviam estado em desacordo e que, apesar de tudo, sentiam simpatia por elas. Assim, a simpatia aumentava quando correspondia à de uma pessoa que tinha atitudes diferentes. Por isso, provavelmente, os sujeitos desta experiência tendiam a pensar, como todos nós, que devia haver entre eles algo especial e único, já que alguém os julgava atraentes, apesar de não terem nada, ou pouco, em comum.

Outras experiências, particularmente a de Aronson e Lynder (1965), mostram que preferimos uma pessoa cuja simpatia em relação a nós aumenta progressivamente, a outra que sempre a sentiu. Do mesmo modo, detestamos com mais vigor uma pessoa cuja simpatia com relação a nós diminui progressivamente, do que a outra que nunca a tenha sentido. É inútil dizer que, em ambos os casos, quando a simpatia ou a antipatia se desenvolve progressivamente devemos enfrentar as consequências de nossa ação, o efeito que produzimos sobre o outro, o que explica o reforço dos sentimentos.

Devemos desenvolver aqui outro aspecto, o dos vínculos associativos entre as pessoas. Não evitamos, necessariamente, certo grau de distância em relação à outra pessoa, como condição de autonomia afetiva e intelectual, de individualidade e de estima mútua, e que pode muito bem coexistir com a coincidência de pensamento, de ação e de interesses. Desse modo, nas relações, a diferença que permite tal distância será preferida, em oposição àquilo que alguém possa pensar, à semelhança que deve, e às vezes de fato é, suprimida. Isto não é uma hipótese que possa ser descartada sem maior aprofundamento. Depois de tudo, a possibilidade de viver em associação estreita com outros indivíduos ou outros grupos – as famílias e as comunidades são bons exemplos – sem perder a identidade, não só é uma das maiores dificuldades nas relações pessoais e sociais, senão que é também uma das exigências básicas para sua sobrevivência. Parece que esta possibilidade existe quando o respeito e o reconhecimento são recíprocos e o desenvolvimento de uma das partes se considera como uma vantagem para a outra e não como um obstáculo a seu próprio desenvolvimento. Da mesma forma, somente quando os desviantes e os excêntricos são aceitos como são, com possibilidade de oferecer algo próprio, mais do que quando são considerados como ameaças, as relações relativamente harmoniosas são viáveis, ainda que distantes. Poder ser admirado e admirar reciprocamente, sem reservas nem ressentimentos, é uma grande vantagem; é o mesmo que poder ser amado e amar sem ciúmes.

4 Relações de critério único e relações de duplo critério

Visibilidade e atração, admiração e simpatia, são a base de muitas relações sociais e devem ser estudadas em conjunto. Dois paradoxos fundamentais das relações sociais explicam tais fenômenos.

Ainda que nos interessemos muito pelas pessoas e os grupos competentes, criadores, excêntricos, destemidos, independentes, estes nos produzem mal-estar e, por isto, nos distanciamos deles e os evitamos. Com frequência justificamos esta atitude dizendo que são difíceis de abordar, distantes, inumanos ou sobre-humanos. Se alguma vez se tornam atraentes, é somente quando manifestam alguma fraqueza ou alguma vulnerabilidade, mostrando, com isto, que, apesar de tudo, partilham a mesma sorte. As pessoas que as rodeiam são, então, capazes de descobrir, nesses elementos marginais, certa semelhança afirmativa com elas mesmas e a eventualidade de algum tipo de contato pode ser pensado.

No outro extremo da escala, os indivíduos ou os grupos inseguros, tensos, inquietos, evitam habitualmente mudar ou ser mudados, julgar e ser julgados e avaliar seus verdadeiros recursos em uma situação definida ou orientada a uma tarefa. Esforçam-se por estabelecer laços de afiliação ou afetivos exclusivamente com as pessoas cuja sensibilidade é idêntica à sua. "Simpatia" e atração são suas principais preocupações, seus principais critérios de comunicação com os outros. É como se a "simpatia" e a atração, ainda que altamente consideradas, servissem de mecanismos de defesa contra as outras dimensões da comunicação social, que parecem ameaçadas. Somente quando conseguirem estar seguros é que indivíduos deste tipo poderão participar em relações sociais com base em um conjunto de critérios mais amplos e relativos a dimensões mais objetivas e "frias", como por exemplo, a inteligência, a competência, a destreza, o valor e a aptidão para assumir riscos etc. Numerosas experiências em psicologia social confirmam estas observações.

Estes paradoxos nos ensinam o seguinte: existe uma relação inversa entre a atração e a visibilidade, entre a simpatia e a admiração. Também nos ensinam que existem dois tipos de vínculos sociais. O primeiro pode ser descrito como uma relação de critério único. Nesta relação o indivíduo ou grupo que sofre pressões para modificar seu ponto de vista tem uma impressão de unidade com aqueles que possuem a iniciativa destas pressões. Se ele considera que estas pessoas são atraentes, poderosas, simpáticas, irá atribuir-lhes uma segurança de julgamento e dar-lhes-á acesso à liderança. Nada se negocia: nem a autoridade, nem a participação, nem o desejo de manter laços com aqueles que exercem influência. As religiões e os partidos políticos nos oferecem tantos exemplos deste tipo de relação que não é necessário insistir mais. Nas experiências descritas encontramos o mesmo tipo de relações nos casos em que uma minoria consistente adotava um comportamento de acordo a um padrão, ou seja, flexível, ou quando a tarefa do grupo se definia em termos de originalidade. Chamo a este tipo de relação de "critério único", porque basta um só conjunto de critérios para defini-la. O reconhecimento social anda junto com a aprovação social, eles procedem e são reforçados um pelo outro.

O segundo tipo de relação é de duplo critério. Para descrevê-la podemos recapitular algumas das observações feitas a partir das respostas dos questionários pós-experimentais. Uma característica que nos chama a atenção nas experiências examinadas: os sujeitos ingênuos se encontraram com uma minoria que se mostrou segura de sua posição e não queria aceitar compromissos. A minoria se aproximou do conflito em relação aos demais membros do grupo, sem chegar a influenciá-lo. O convite dos demais para que a minoria se somasse a eles, para que aceitasse um compromisso, para que se deixasse influenciar e fosse "racional", fracassou. Ao comportar-se assim a minoria adquiriu o respeito e a confiança dos outros. Conseguiu colocar o grupo diante de uma verdadeira opção, impondo suas ideias e sendo apreciada por esta conduta. A maior parte dos sujeitos ingênuos se deu conta disto. Por um lado, estavam inclusive contentes por poder descobrir a diferença e, de outro, por terem modificado sua concepção das coisas. Não obstante, ao mesmo tempo, tinham consciência de uma espécie de coerção. Viam-se obrigados a mudar, a envolver-se num conflito, a adotar opiniões e juízos da minoria sem poder mudá-la. Por isso, ainda estando favoravelmente dispostos em relação à minoria, não queriam assemelhar-se a ela, nem a julgavam superior ou socialmente preferível.

Quando se está de acordo com outras pessoas, quando se está pronto a aceitar seu ponto de vista e se as admira, isto não quer dizer, necessariamente, que se deseja conviver nem identificar-se com elas. Ao contrário, o indivíduo terá de evitá-las, resistir e levantar barreiras a sua influência. O fato de admirar um homem por suas obras não significa o desejo de sentar-se com ele à mesa, ou de ser seu amigo; tal perspectiva pode, inclusive, provocar pavor e pode acontecer que se evite encontrar-se com ele com frequência. Entre as grandes figuras contemporâneas, De Gaulle, por exemplo, suscitou muita admiração por sua astúcia, seu valor e obstinação. Mas pouca gente quis manter uma amizade com ele. Ele provocou mais ódio e rechaço do que afeto e aprovação. Se um indivíduo se preocupa com questões universais enquanto a maior parte das pessoas se preocupa com pequenos problemas, e se alguém julga a partir de princípios absolutos quando os demais só podem agir a partir de princípios relativos, este indivíduo é aceito por todos, mas com certa restrição. Em qualquer caso, se alguém quer ter razão quando os outros parecem equivocar-se, os primeiros experimentarão o ressentimento.

Tudo isto não se aplica somente aos indivíduos. Observamos atitudes e sentimentos análogos nos grupos. Vejamos, por exemplo, os movimentos juvenis. É inegável que hoje estes movimentos conseguiram questionar muitas coisas e derrubar muitos valores estabelecidos. Forçaram os adultos, pais, professores, líderes políticos, a pensar certos problemas como as guerras coloniais e o racismo, a reduzir a dissonância entre o que se diz e o que se faz. É um eufemismo dizer que, apesar de seu êxito, estes movimentos não ganharam apoio ou a simpatia dos adultos. Estes últimos se esforçaram muito em manter uma distância frente às ideias e aos métodos dos movimentos, ainda que copiassem seu vocabulário, modo de vestir, ou imitassem suas maneiras de escrever. A atitude "racista" em relação aos jovens expressa esta frieza, inclusive este ódio contra os jovens. De um lado, vale a pena submeter-se à influência de um indivíduo ou grupo e mudar. De outro, vale ser influenciado e experimentar o ressentimento, recusando e negando toda a afinidade com a pessoa ou o grupo que exerce a influência.

Reformulando isto na linguagem do presente estudo, diríamos que um incremento do reconhecimento social não implica um aumento correlativo da aprovação social. O laço entre o emissor e o receptor de influência é, com frequência, um vínculo de ressentimento e de distância, bem como de identificação. Isto não deve surpreender-nos. Todas as mudanças, todas as inovações implicam certa violência, uma ruptura com algo que nos é familiar. O grupo ou o indivíduo responsável pela ruptura suportará as consequências de sua audácia, ainda que esta audácia seja considerada por todos como saudável e necessária. Qualquer pessoa que descubra uma verdade, ou inflija uma lei injusta, é admirada por ter corrigido o erro ou por ter se esforçado em liberar-nos da injustiça. Ao mesmo tempo, existe um desejo irresistível de repreendê-la por ter abalado uma verdade ou desobedecido uma lei. A antiga prática de executar os mensageiros das más-notícias não isentava o desejo análogo de encontrar um bode expiatório. O herói cedo se dá conta de que pesam sobre ele certas responsabilidades. Pouco depois da execução de seus grandes inimigos, a revolução se desenvolve a partir de seus próprios líderes. Trata-se precisamente da relação de duplo critério: de um lado, reconhecer e admirar o novo e o excepcional e, de outro, desaprová-lo e negá-lo, a fim de reintegrar o ordinário e o normal.

Este fenômeno envolve diversos graus. Em várias situações cabe esperar uma maior reciprocidade; não obstante, o indivíduo ou o grupo capaz de entrar neste segundo tipo de relação deve estar disposto a abandonar a posição central e viver num campo social diferenciado. Ao contrário, o primeiro tipo de relações sociais postula uma boa dose de egocentrismo e um campo social uniforme. Heider (1958) observa: "Assim, de início, a simpatia e a admiração estão estreitamente unidas. Quanto mais diferenciada e egocêntrica é uma pessoa, menos se distinguirá a simpatia da admiração; mas se a diferenciação e o egocentrismo chegam a um ponto extremo, a diferença entre as duas reações será mais clara e precisa" (p. 237).

Esquematicamente, toda a argumentação pode ser resumida em duas proposições:

a) A atração representa o aspecto passivo e a visibilidade o aspecto ativo das relações interpessoais e sociais.

b) A comparação social (aprovação) expressa a necessidade das minorias ou dos grupos que são, ou se sentem, dependentes, enquanto que o reconhecimento social expressa a necessidade das minorias ou dos grupos que são, ou se sentem, independentes.

Aos olhos dos que pensam que a sociedade é simplesmente adaptativa, passiva e dependente, tudo é uma questão de atração e de comparação social (aprovação). Ao contrário, para os que pensam que a sociedade é desenvolvimento ativo e meio para afirmar a própria independência, tudo é uma questão de visibilidade e reconhecimento social. Mas a sociedade é uma mescla de ambas as coisas, de desenvolvimento imposto e de desenvolvimento buscado, de afirmação e de negação da independência pessoal. Por isto a atração e a visibilidade, a comparação social e o reconhecimento social aparecem algumas vezes unidos e outras separados, segundo a estrutura das relações sociais e segundo a posição que se ocupa nesta estrutura.

Na maior parte das experiências descritas, a minoria é ao mesmo tempo detestada e estimada. Em algumas delas, especialmente quando se valoriza a norma de originalidade, a minoria é ao mesmo tempo amada e estimada. Observamos assim que a minoria se impõe aos olhos da maioria, algumas vezes como um dos termos distantes da relação social e em outras como um termo próximo e familiar desta relação. A complexidade dos dados e os processos em jogo são perceptíveis através de resultados ainda simples e incertos. As ideias que desenvolvemos a partir destes resultados são também simples e incertas. Mas fica um problema que os experimentos e as ideias que discutimos ainda não abordaram.

Como apontamos repetidas vezes, a minoria desviante se converte em um dos polos do grupo. Pode ser considerada como uma fonte de recursos para o resto do grupo. Existe, pois, certo potencial de atitudes positivas em relação a ela. Seria possível que, em nível de reconhecimento social, estas atitudes positivas sejam transferidas a outros níveis, sobretudo aos de afeto ou desaprovação social? Em caso afirmativo, em que circunstâncias? Temos a sensação de que isto é possível, mas não sabemos como nem por quê. Este conhecimento é muito importante para compreender o mecanismo de transformação das relações sociais entre minorias e maiorias. O processo de inovação em nossa sociedade seria então não só melhor compreendido, como também melhor trabalhado. De modo geral, nós menosprezamos seriamente o poder do conhecimento e falhamos em perceber que, quando a ciência revela profundas verdades, ela afeta também o pensamento daqueles que, por sua vez, conformam o mundo em que nós vivemos.

CONCLUSÕES

Ainda resta muito a fazer e aprender sobre influência social. Este livro oferece uma ideia muito simples: a saída do conflito, social ou não, é sempre a favor da parte capaz de modelar seu próprio comportamento, de forma que seja mais ativa e adote em cada caso o estilo de comportamento apropriado. Por isso a psicologia da influência social é uma psicologia do conflito e da diferença, tanto do ponto de vista de sua criação como de seu tratamento. A dinâmica desta psicologia é subjetiva e não objetiva: refere-se à interação dos sujeitos num meio ambiente escolhido e não simplesmente em sua adaptação a um meio ambiente dado. A este respeito, longe de buscar eliminar os "erros" das minorias desviantes, a influência tem, como sua função, incorporar estes "erros" ao sistema social. Consegue isto, seja recuperando-os, ao mudar alguns aspectos do sistema, seja mudando o sistema em si. Como consequência, faz com que o sistema sofra metamorfoses, tornando-o mais diferenciado e complexo, agregando-lhe novas ramificações, resumindo, o faz crescer. A importância atual das minorias reside precisamente em seu papel de se constituírem em fatores e, com frequência, em agentes inovadores, no seio de uma sociedade onde as mudanças se produzem tão rapidamente. Ali onde as minorias não existem, ou não podem existir, tampouco pode haver mudança, ainda que as leis da história nos digam, em princípio, o contrário. Uma sociedade sem minorias ativas e sem desviantes é algo tão impossível e tão impensável, quanto um quadrado redondo. E os esforços empregados em evitá-las ou reprimi-las custam, a longo prazo, mais caro do que custaria suavizar suas consequências, do mesmo modo como custa mais caro a uma pessoa defender-se mais tarde contra seus conflitos ou suas pulsões do que encarar alguns de seus desagradáveis efeitos. Poderá deplorar-se, mas na sociedade atual é certamente desejável que as inovações e as iniciativas contestem e desafiem os fundamentos da "lei" e da "ordem".

Além disto, certos grupos e indivíduos, por sua situação marginal, não tem outra saída senão questionar tais fundamentos de modo radical. É, pois, inevitável que surjam novos problemas e novos atores sociais, estabelecendo novos projetos e novas formas de ação, para defender seus direitos a uma existência plena e íntegra. Na presente obra tratei a questão desde um ponto de vista positivo, como se observa na seleção dos fenômenos estudados e na formulação da teoria.

De acordo com a prática geral, comecei por uma exposição detalhada do modelo funcionalista e de ação e de influência social em vigor. Indiquei as limitações desse modelo que afetam seus pressupostos básicos e sua capacidade de explicar adequadamente determinados problemas. Finalmente, tracei algumas linhas do modelo genético que não só evita as limitações do modelo funcionalista, como abre novas vias de acesso nesta área da psicologia social. Os contrastes entre ambos os modelos são claros, e os resumo na Figura 3.

Figura 3 – A influência social do ponto de vista do modelo funcionalista e do modelo genético

	Modelo funcionalista	Modelo genético
Natureza das relações entre fonte e alvo	Assimétricas	Simétricas
Objetivos da interação	Controle social	Mudança social
Fator de interação	Incerteza e redução da incerteza	Conflito e negociação do conflito
Tipos de variáveis independentes	Dependência	Estilos de comportamento
Normas determinantes da interação	Objetividade	Objetividade, preferência, originalidade
Modalidades de influência	Conformidade	Conformidade, normalização, inovação

Apesar destas oposições, é possível interpretar as noções e os dados existentes, em particular os relativos ao desvio e à conformidade, neste novo esquema. O fato de que isto seja possível mostra a generalidade do modelo. Além disto, alguns problemas novos que até agora quase não tinham sido contemplados podem abordar-se de modo satisfatório mediante este modelo e tudo indica que podemos esperar resolvê-los. Isto será factível quando deixemos de confundir poder e influência, quando consideremos a mudança como um objetivo do grupo e reconheçamos o caráter ativo dos indivíduos e subgrupos. Aquelas teorias que, em sua primeira formulação, não levaram em conta os fenômenos da influência, atualmente devem ser reformuladas a fim de contribuir com esse intento. Por exemplo, a teoria da dissonância cognitiva pode ajudar-nos a compreender a dinâmica dos conflitos, assim como as hipóteses sobre a atribuição podem servir para analisar os efeitos do estilo de comportamento.

O modelo genético também coloca em evidência alguns problemas novos. Um deles é o da conversão: saber como uma ideia, ou uma atitude minoritária, aceita privadamente, às vezes, sem que o indivíduo tenha consciência, transforma-se e é aceita em público. Ou, para expressar-me de outro modo, o problema de saber como uma pessoa ou um grupo podem tomar consciência, chegar a adotar abertamente o comportamento que aceitaram em seu mundo interno. Este problema projeta uma luz diferente sobre um tema clássico. Com efeito, uma vez estabelecido que a conformidade produz a submissão externa, pública, estudamos o modo como esta submissão se *interioriza*, integra-se ao indivíduo. Todas as teorias da mudança de atitude tentaram explicar este fenômeno. Na medida em que a conversão se produz, sobretudo em relação às minorias e às inovações, vemo-nos confrontados, como acabo de dizer, com o fenômeno contrário: o da *exteriorização*, da expressão pública, aberta, de uma transformação produzida no universo secreto de um indivíduo ou de uma pequena fração de um grupo. E este fenômeno fica, por hora, sem explicação. Mas é fácil compreender até que ponto afeta a prática social e política. O que estamos vendo há mais de dez anos? Um movimento atrás de outro – os estudantes, os jovens, os ecologistas etc. – mudam de modo visível a linguagem, a visão ou os comportamentos em seu conjunto, mas raras vezes "transformam", como se diz no *rubgy*, suas tentativas. Quero dizer com isto que tais grupos não recorrem nem à adesão, nem ao voto daqueles sobre os quais exercem uma influência evidente. Racionaliza-se este estado de coisas mediante uma noção obscura, a famosa recuperação; mas isto significa sufocar com uma resposta lacônica uma questão que mereceria uma reflexão mais prolongada e mais profunda.

Outro problema cuja importância devo sublinhar se refere ao método. Os procedimentos experimentais utilizados se vinculam estreitamente ao modelo funcionalista. Supõe-se que as relações entre os sujeitos são assimétricas e as hipóteses das relações de poder aparecem através das instruções dadas pelo observador e de suas intervenções. Se, de acordo com as hipóteses do modelo genético, deseja-se observar fenômenos ligados às relações simétricas entre companheiros, quer dizer, uma influência recíproca e, por conseguinte, minimizar a ingerência fundada no *status*, temos de inventar um procedimento experimental correspondente, bem diferente dos métodos habituais.

Espero ter oferecido descrições e análises suficientemente específicas para que algum dia se alcance tal objetivo. Espero também ter chamado a atenção sobre um número suficiente de problemas e de fenômenos que não receberam atenção até agora, para que meu empreendimento pareça interessante e válido. E espero, sobretudo, ter conseguido transmitir uma nova maneira de perceber aspectos importantes da realidade humana e social e uma nova sensibilidade para com estes aspectos. Só as ideias e os fatos que se apoiam numa percepção e numa sensibilidade renovadas podem nos levar a compreender verdadeiramente e a valorizar nosso conhecimento e nossa vida. Meu ambicioso projeto não tem outra justificativa.

APÊNDICE*
A dissidência de um só**

1

Há alguns anos vem tomando corpo uma psicologia das minorias ativas que constitui ao mesmo tempo uma psicologia da resistência e da dissidência. Rompendo com uma série de ideias recebidas, esta psicologia pressupõe que um indivíduo ou um grupo, independente de seu *status*, seu poder, ou sua falta de poder, é capaz de exercer influência sobre a coletividade da qual faz parte. Isto, a partir de três condições: primeira, optar por uma posição visivelmente própria; segunda, criar e sustentar um conflito com a maioria quando a maior parte se sente normalmente inclinada a evitá-lo; e terceira, comportar-se de modo consistente, ressaltando o caráter irrevogável da opção, por um lado e, por outro, recusando comprometer-se com a essência do projeto que se quer recusar. Passando, assim, de um estado de passividade a um estado de atividade, de uma situação de mero desvio a uma situação de minoria, o indivíduo ou o grupo em questão iniciam uma mudança de relações na sociedade. Justo ali, onde esta não via problema, há agora oposição e, portanto, conflito; ali onde não havia mais que anomia, surge agora uma antinomia. As condições enumeradas podem parecer, num primeiro momento, genéricas. Mas, associadas ao marco de uma teoria da influência social, nos permitem abordar o estudo de fenômenos silenciados, e abordá-los desde um ponto de vista completamente novo. Até agora, esta psicologia foi elaborada unicamente sobre a base de observações e experiências de laboratório. É legítimo avançar e enfrentar uma realidade à qual experiências não nos dão acesso.

---

* O Apêndice está apenas nas edições francesa e espanhola.

** Este texto foi apresentado no Seminário de Psicologia Social da Universidade de Lovaina (seção flamenga). Geneviève Paicheler me ajudou em sua preparação.

Na busca de uma generalização dos elementos teóricos, meu interesse se centrou em Solzhenitsin, personagem histórico importante, exemplar, e minoria ativa no sentido estrito do termo. Trata-se, sem dúvida, de um tipo complexo, com diferentes facetas, que suscita reações opostas, com atitudes consideradas reacionárias por uns e progressistas por outros. Espero convencer vocês de que o sentido de sua ação não se reduz a estas categorias.

Meu interesse por Solzhenitsin deriva também do fato de ele ter redigido uma espécie de diário de uma minoria ativa em dissidência[1]. Neste, ele apresenta toda sua história pública desde o momento em que projetou publicar o inesquecível relato *Uma jornada na vida de Ivan Denissovitch*, até sua expulsão da União Soviética.

2

Lembremos alguns dados de sua biografia. Depois de doze anos de confinamento num campo de concentração, instala-se em Riazan, Rússia Central, onde trabalha como professor escolar. Começa a escrever na clandestinidade, sem grandes esperanças de poder publicar, dada a severidade da censura. Depois da morte de Stalin começa um período de lutas confusas pelo poder, que tem como efeito certa flutuação e um ligeiro relaxamento da repressão habitual. A terrível confissão que constitui o informe de Kruschev e a estigmatização do culto à personalidade marcam o início de um movimento de liberação. As línguas se desatam timidamente, as palavras desgelam. Ousa-se falar dos campos de concentração. E neste clima Solzhenitsin sonha com a possibilidade de publicar seus escritos secretos.

No início inscreve-se numa corrente de revelação de um estado de coisas até então inconfessáveis. Corrente minoritária porque, entre todos os escritores soviéticos, praticamente ninguém se interessa por este problema. Solzhenitsin o aborda em sua primeira obra, *Uma jornada na vida de Ivan Denissovitch*. Envia o manuscrito à revista *Novy Mir*, que então publicava autores novos, menos conformistas, sob a direção do poeta Tvardovski. O desejo de reforma, de mudança e abertura animava a todos os redatores da revista, que,

---

1. SOLZHENITSIN, A. *Le chêne et le veau*. Paris: Du Seuil, 1975.

sem dúvida, respeitavam as regras do jogo e as da censura. O manuscrito fica na mesa de uma redatora. Ao ordenar uns papéis, ela lê algumas linhas às escondidas, apaixona-se pela obra e decide corrigi-la a fim de que chegue ao diretor da revista sem que ele a recuse por sua "desastrosa apresentação, calculada para fazer o revisor desistir até de iniciar seu exame" (p. 25). A principal dificuldade permanece: como proceder com os demais membros da redação para atalhar o caminho até Tvardovski? Felizmente, estes membros vacilam, demoram-se e o manuscrito chega então ao redator chefe. É como se o fato de tocar este tema tabu provocasse uma reação de esquecimento ou desatenção voluntária.

Impõe-se uma primeira observação. Solzhenitsin ocupa uma posição minoritária, desviante. Mas, não basta que uma posição seja minoritária para que tenha importância, é preciso que se inscreva no espaço de um conflito, que seja perigosa. É o que ocorre neste caso: apesar da liberação, era muito perigoso falar francamente dos campos de concentração. Falar ou não falar, e até que ponto, era a questão. Solzhenitsin ocupa, pois, esta posição perigosa, singular, tabu. O que confere um sentido e uma visibilidade à ação, como a de toda a minoria, é que ela enfrenta a estes tabus, a coisas proibidas, que todos presenciam, mas que ninguém ousa falar, nas quais ninguém se atreve a pensar. E este tabu se expõe abertamente no manuscrito de *Uma jornada na vida de Ivan Denissovitch*.

Em conjunto, tal posição coloca um problema à maioria, na medida em que é dificilmente refutável. E o é porque todos se sentem implicados, porque ninguém pode negar as evidências apresentadas de forma massiva. É mais difícil de refutar por tratar-se de escritores e porque a tese é defendida com convicção, talento e de modo radical. O perigo é o estalido do conflito. No início entre a minoria e a maioria, mas também, eventualmente, no seio da maioria, onde podem aflorar as divergências. Pois quem pode acreditar que está imunizado diante de um ponto de vista diferente? Sobretudo quando revela uma realidade tão terrível?

> O Pai, a Justiça (quer dizer: Solzhenitsin) – escreve Zinoviev numa sátira imaginária – toca ao menos o ponto mais sensível, mais doloroso da sociedade ivaniana (quer dizer: soviética), seu ponto nevrálgico. É que o povo ivaniano vive, ainda, com a consciência de um crime que cometeu. Dentro de uma geração não se falará mais

do Pai, da Justiça. Mas, naquele momento, há ainda uma leve possibilidade de forçar o povo a reconhecer que cometeu um crime e expiar seu passado recente. Se isto não ocorre agora, ao longo de dez ou quinze anos será demasiado tarde. Então o povo ver-se-á para sempre condenado a viver com uma consciência tranquila e uma natureza criminosa (p. 44).

Implicada num conflito que não deseja e que afeta a seu núcleo essencial, toda maioria escolhe habitualmente entre três reações possíveis: a ignorância, o compromisso, ou a exclusão. Neste caso concreto, a ignorância já não era possível. A redação de *Novy Mir* propõe o compromisso. Dividida entre suas próprias atitudes não conformistas e suas responsabilidades frente a um sistema político e cultural que a controla, pede a Solzhenitsin que reelabore o manuscrito a fim de eliminar o que há de radical ou incômodo no texto. Pedem-lhe, em suma, torná-lo aceitável aos censores. Não sabem muito bem o que fazer com o manuscrito e, além disto, ignoram até aonde se pode ir para afastar os obstáculos de sua publicação. Trava-se então um longo debate entre os representantes da maioria. E o processo de influência fica bloqueado. A discussão se desenvolve nos termos que o próprio Solzhenitsin, a minoria, colocou. Aparecem as divergências que versam, naturalmente, sobre a possibilidade de tratar o tema tabu, os campos de concentração, e sobre a questão de saber até que ponto convém revelar a verdade em toda a sua amplitude à União Soviética. Passando da redação às instâncias competentes, o relato promove debates e divergências. Mas, dada a natureza da organização soviética, por caminhos tortuosos, o texto chega até o próprio Kruschev, que faz uso de seu poder de decisão em última instância:

> Nikita escutou atentamente esta novela divertida, riu, intercalou exclamações de ah! e grunhiu em momentos oportunos; na metade da leitura chamou Mikoyan para que escutasse com ele. Tudo ficou aprovado de A a Z [...] Mykoyan não colocou objeção alguma a Kruschev e o destino da novela ficou combinado após esta leitura caseira (p. 45). Na sessão ordinária do Politburo [...] Nikita exigiu aos membros que dessem seu aval quanto à publicação. Não posso afirmar, mas creio que os membros do Politburo não expressaram explicitamente sua conformidade. Muitos ficaram em completo silêncio [...] Decretou-se a publicação de *Ivan Denissovitch*. Em todo caso, ninguém manifestou que estivesse decididamente contra da publicação (p. 46).

3

Começa um período de incerteza para Solzhenitsin. Considera-se um ser único e, para os demais, já ocupa uma posição definida: a de minoria. Devo sublinhar que uma minoria só pode atuar eficazmente quando alcançou, junto aos demais, o reconhecimento como tal. Em contrapartida, este reconhecimento a submete a uma série de pressões, obrigando-a a comportar-se como tal e a não abandonar sua posição para unir-se à maioria. Em outras palavras, tem de reafirmar sua dissidência ou voltar atrás, concordando com os que esperam dele tal atitude de retrocesso. Desde a publicação de sua novela, Solzhenitsin é, de certo modo, forçado a comportar-se como minoria: definir melhor sua posição, fazer adeptos e empreender uma ação socialmente significativa. Mas isso não se improvisa, nem se faz conscientemente desde o início. Durante certo tempo segue o caminho do compromisso, cedendo ante as perspectivas do conflito que desencadeou e alimentando a vaga esperança de que as autoridades mudem de política sobre o tema dos campos de concentração. Por outro lado, seu êxito literário o projeta às altas esferas da sociedade soviética que, ao mesmo tempo em que o integra, cobra um preço pelas honras e privilégios oferecidos. Solzhenitsin cede à tentação. Por exemplo, escreve *Por el bien de la causa*, que constitui uma espécie de ponto intermediário entre suas posições e as da revista *Novy Mir* e do partido.

Deve assim superar um novo dilema. Ocupar sua posição à parte, minoritária e ser reconhecido pelos demais como tal, mas também estar alerta: todo movimento em relação à maioria apareceria como uma fuga, um render-se diante dela, uma inconsistência para si, uma traição para todos. E, não obstante, avança nesta direção.

A necessidade de comportar-se como minoria implica assegurar-se incessantemente de que se ocupa, na realidade, uma posição minoritária. Os sinais são: a persistência de seu caráter "perigoso" e as divergências entre ela e os outros – além das divergências no seio da maioria – pelo fato de revelar a verdade proibida. Desde o momento em que começa a reiterar as concessões, a ver as diferenças se diluírem, toma consciência do contraste entre a posição que se supõe que representa e seus atos que se distanciam da mesma. A aprovação entusiasta dos adversários é, neste caso, um índice de mau presságio. Esta constatação lhe deixa um sabor amargo na boca:

Na primavera de 1963, redigi para a revista um relato que não tinha necessidade de escrever: *Para o bem da causa*. Acredito que era de muita *garra* e, ao mesmo tempo, na atmosfera de contenção que reinava desde os encontros no Kremlin, tinha possibilidade de *passar*. Mas tinha tido muita dificuldade de chegar ao destino (sinal evidente de fracasso), e não teve muita repercussão. Isto não impediu que na *Novy Mir* tivesse ampla aprovação e, inclusive, desta vez, uma aprovação unânime (mau sinal!). Pela simples razão de que reforçavam as posições da revista: estava claro que ao me admitirem em seu círculo, eles não tinham cometido um erro ideológico [...] A publicação deste relato me deixou com uma sensação de repugnância, ainda que, em nosso clima de proibição universal, não deixou de impressionar. Mas, no meu relato, eu comecei a distanciar-me de minha postura: via-se aproximar a acomodação (p. 70-71).

Aceitando o compromisso, Solzhenitsin se dá conta de que inicia um processo de recusa de suas opções e, neste sentido, o compromisso lhe resulta insustentável: vê, em si mesmo, o começo de uma traição de suas próprias posições e de sua impassível metamorfose em escritor não conformista, mas preso pelos privilégios do sistema. Por isso, passa a recusar toda e qualquer modificação de suas obras, opõe um veto a toda concessão, seja de sua parte ou da parte de outros dissidentes, por temor a converter-se num representante admirado do protesto acadêmico e confuso (simulacro de uma dissidência de curta duração, exibição de uma veleidade de revolta não congruente com um caráter e uma vontade). E seu rechaço será, a partir daí, sistemático.

Por esta opção, Solzhenitsin adquire sua verdadeira figura, caracterizada pela firmeza das convicções, pelo permanente desafio que lança ao adversário majoritário. Passa a ser minoria ativa e seu possível desvio se transforma em efetiva dissidência. O horizonte de sua conduta vai desde a recusa a compromissar-se até a decisão de modificar aos outros, atraindo-os a suas próprias posições.

4

O estrépito das filas intermináveis de milhões de homens arrancados de seus lares, degradados de suas crenças, humilhados pela tortura, que durante dezenas de anos vagaram aqui e ali sobre os pontos escuros da sociedade soviética, enquanto outras colunas desfilavam com o punho erguido, as bandeiras vermelhas tremulando, ante os tribunais inundados de dirigentes, cantando *La Internacional*, teve sua origem, para muitos, nesta opção. O testemunho de um dos maiores terremotos morais de todos os tempos não podia pecar exatamente neste aspecto moral, sem converter-se, pelo mesmo motivo, em cúmplice de seus carrascos do passado, sem engolir a mentira silenciada da passividade com que os responsáveis e beneficiários de um imenso crime buscavam a qualquer preço. Incapazes de confessar, de pedir humildemente o esquecimento e o perdão (sem falar da reparação), chegavam e chegam ainda com orgulho a impor silêncio às vítimas, para desfrutar em paz do sangue que tinham derramado. E a sociedade, em seu conjunto, os sustenta sob o pretexto de liquidar um passado impossível de apagar, não querendo saber o que se cometeu em seu nome. No lugar de remorsos, não vimos, depois deste terremoto, outra coisa senão o ressentimento contra os evadidos e contra as famílias dos evadidos das valas dos campos de concentração. Não convém dizer a verdade: eis a terrível consigna que sepultou, pela segunda vez, aos mortos insepultos. Quem leu, ou percebeu, alguma crítica, um vago escrúpulo, uma suspeita ética sobre algum dos milhares de SS que a Alemanha produziu? Ou, para dizer a verdade, em algum dos estajanovistas sobre o desmantelamento de um povo que eles acreditavam respeitar e defender? O mutismo das testemunhas que tiveram conhecimento do crime tem o mesmo motivo que o mutismo dos que participaram massivamente: o desejo da consciência tranquila e o medo de obscurecer um estado de esquecimento propício à paz social. Solzhenitsin não leva em conta este desejo, nem esta paz. Tendo decidido, irrevogavelmente, pela posição que é sua, assim mesmo optou contra o compromisso e a favor do conflito. Criar continuamente o conflito onde ele é possível, impedir os outros de evitá-lo, significa assumir uma atitude deliberada frente ao poder. Não se trata de algo novo. Desde o princípio Solzhenitsin concebe suas relações com a revista *Novy Mir* e, posteriormente, com o Partido e o Comitê Central, como relações de tensão. Busca fomentar a tensão resistindo às concessões propostas e procurando aliados que lhe permitam continuar. Mas começa um novo processo quando, ao invés de resistir às pressões, provoca o adversário majoritário. Nesta provocação, o episódio da União de Escritores ocupa um posto central.

Solzhenitsin devia participar de uma assembleia da União de Escritores. No decorrer do Congresso estava previsto, em princípio, discutir problemas suscitados pelos campos de concentração e pelo próprio Solzhenitsin. Mas esperava-se que Solzhenitsin fizesse uma retratação pública: seu talento era reconhecido e ele podia, sem dúvida, encontrar um espaço no sistema liberalizado. Ainda antes do começo do Congresso, Solzhenitsin trabalha para criar um clima de surpresa: envia uma carta a centenas de escritores expondo seus princípios e solicita-lhes que assumam uma posição, concretamente, a opção entre ele e a União de Escritores. Sua carta condena severamente a censura em que participa a União de Escritores: *Proponho que o Congresso exija e consiga a supressão de toda forma de censura – visível ou oculta – sobre a produção artística e que as editoras sejam dispensadas da obrigação de obter uma autorização para a publicação de todo e qualquer tipo de impressos* (p. 445). Insiste na necessidade de levar a cabo a luta antes que a morte venha trazer ao escritor desaparecido um reconhecimento tardio. "É evidente que estou seguro de cumprir com meu dever de escritor em qualquer circunstância, e talvez, depois de morto com mais êxito e autoridade que em vida. Ninguém conseguirá obstruir os caminhos da verdade e estou disposto a morrer para que esta se efetive. Mas, talvez as lições que recebemos consigam nos ensinar a não deixar jamais de escrever" (p. 447). Afirmando assim sua determinação, o tom virulento e o conteúdo explosivo da carta tendem a suscitar, além de um primeiro movimento de surpresa, o escândalo necessário para estimular a visibilidade de suas posições.

No decorrer deste procedimento de criação e explosão dos conflitos, Solzhenitsin trata de ampliar o círculo dos aliados que lhe servem de porta-vozes e que o protegem. Com este objetivo aplica o princípio bem conhecido: os inimigos de meus inimigos são meus amigos. Concede entrevista à imprensa suíça, ao *Le Monde*, expondo de modo taxativo seu ponto de vista. Sente-se assim apoiado, fortalecido: "Não obstante, essas linhas que (o periódico *Neue Zücher Zeitung*) publicou a meu respeito me reconfortaram e consolidaram muito minha posição" (p. 123). Não só sua posição se viu reforçada, senão também sua vontade de levar adiante o conflito que tinha provocado e, o que é mais importante, enfrentar a todas as consequências. Nem a hostilidade das pessoas em relação a ele e seus achegados, nem a perspectiva de retornar ao trabalho obscuro, clandestino, nem sequer a de uma sanção penal previsível o detém. O medo aumenta dentro dele, ao seu redor; mas o importante é enfrentá-lo e dar a entender que nada o fará retroceder. Quando Tvardovski o advertiu sobre as intenções do poder em relação a ele, respondeu expressando-lhe sua determinação de chegar até o final: "E você está disposto a difundir estas coisas? Não é o momento, verdadeiramente não é o momento. A estas alturas, *você sabe como estão as coisas* [...] pode arriscar seu pescoço [...] Vão acrescentar um novo artigo no Código Criminal [...]"

> Eu: Faz tempo que não me importa tudo isto do Código. Não tenho medo.
>
> André Tvardovski: E você começou já a difundi-la (uma carta de acompanhamento a um de seus manuscritos).
>
> Eu não comecei, mas digo com insistência: "sim" (para que o caso se torne irreversível) (p. 206).

Firme neste caminho, Solzhenitsin já não quer deixar que a tensão diminua sob nenhuma hipótese. Por certo, no plano da literatura, no plano de seu modo de vida e inclusive no de sua aparência física: deixar a barba crescer, por exemplo. Isto pode parecer secundário e, não obstante, estabelece uma distância entre ele e os outros, provoca irritação, dá um aspecto simbólico a seu rechaço definitivo a todo compromisso, inclusive o insignificante e o mais fácil.

> E também a questão da barba! A barba [...] é incrível a dificuldade que tinha para que minha barba crescesse. Os impérios vacilavam, as cabeças rodavam pelo chão e ele [...] implicando com minha barba. Com sua desenvoltura de bêbado se explicava assim:
>
> Comenta-se que você quer se disfarçar assim [...]
>
> – Quem diz isso? A quem você dá ouvidos?
>
> – Eu não tenho obrigação de responder-lhe [...] Comenta-se, mas isso não tem nada de importante [...] É uma boa estratégia para atravessar a fronteira.
>
> – E como pode uma barba ajudar a atravessar a fronteira?
>
> – Corta-se a barba e passa-se a fronteira sem ser reconhecido (p. 103).

Até este detalhe físico se inscreve para o membro da minoria num contexto conflitivo, enquanto que, para o membro da maioria, este conflito generalizado parece irrisório. Para o primeiro, todo detalhe conta, para o segundo, só as coisas que considera essenciais. Agora, olhando para trás, um dos membros desta maioria teve que justificar as reações de seu grupo e reduzi-las a quase nada: "Quantas brincadeiras e piadas inspirou sua nobre barba! Em suas *Memórias* esse tema retorna várias vezes, não sem certo despeito devido a sua vaidade ferida. Recordo muito bem os sorrisos bondosos que trocávamos na redação vendo o novo ornamento, e Tvardovski lhe perguntava, em tom de piada, pensava-se burlar a vigilância das autoridades e evadir-se para a América. Sabe-se hoje que Alexander Solzhenitsin aceitou mal a brincadeira, vendo que nestes comentários inocentes a expressão de uma inquietação real que sua barba despertava"[2]. Que justificativas mais vãs! Ninguém diz o que provocou, quem sabe inconscientemente, a opção da barba e por que ter barba irrita aos demais. Há que se recordar que a barba é um elemento russo, o distintivo do *mujik*[3]. Com a ocidentalização, a barba se converteu em signo de passado, uma singularidade que escapa às normas da vida cotidiana, ou as rompe. É a imagem deste passado que Solzhenitsin ressuscita aos olhos de seus contemporâneos, e os incomoda. Inscreve-se, assim, uma diferença no corpo social que a tinha deixado de lado e *ipso facto* proibido. Sublinhemos, de modo mais geral, que a escolha e a reação a um signo físico acompanham sempre a reação frente às minorias. Não é preciso lembrar a reação ao cabelo comprido, as sanções previstas, a recusa de certos países em deixar os jovens entrar em alguns locais por ter deixado o cabelo crescer. O aspecto exterior aparece assim como uma espécie de signo, plenamente visível, da ruptura com a maioria, da provocação que questiona seus valores. Em suma, o signo da diferença.

5

No modelo de influência social que proponho, a criação de conflitos é uma condição necessária. No decorrer dos anos, o conflito ganha em intensidade e eficácia. De um lado, as autoridades, que o evitaram, deram-se conta que era preciso reagir de modo

---

2. LAKCHINE, V. *Réponse à Solzhenitsin*. Paris: Albin Michel, 1977.

3. *Mujik* = Campesino russo [N.T.].

mais coerente, porque o exemplo de Solzhenitsin se espalhou, animando muitas pessoas, sobretudo antigos deportados, a escrever sobre os campos de concentração: "A partir de dezembro de 1962, as salas de redação das revistas e os editores se viram invadidos de manuscritos e relatos, de ensaios, de diários íntimos, de novelas longas e curtas que descreviam a vida nos campos de Stalin, no exílio, nos trens de deportados e nas cadeias, revelando as arbitrariedades da hierarquia burocrática, a sorte de milhões de pessoas que voltavam do 'cativeiro', a morte e os sofrimentos dos milhares de pessoas deportadas nos anos de coletivização, e outros ainda mais dolorosos. Parecia que, durante todos estes anos, as pessoas haviam escrito uma quantidade de coisas de todo gênero sobre suas experiências passadas, sobre o destino de seus amigos e sua família, sobre o reinado do terror, sobre os escárnios e a brutalidade do regime de Stalin. Mas tinham guardado todos estes escritos à espera de tempos melhores. A publicação da novela de Solzhenitsin lhes mostrou que esses tempos melhores tinham chegado"[4].

Por outro lado, Solzhenitsin adota um comportamento consistente. Muitas das pesquisas de laboratório mostraram que este estilo de comportamento é um elemento determinante do processo de influência social. E isto por três razões principais:

• Este estilo acentua as tensões de ordem intelectual e social pela insistência no contraste e na diferença.

• Traduz uma certeza, uma convicção e um compromisso na decisão da minoria em aceitar todas as consequências de seus posicionamentos, mas também um espírito provocativo de expectativa de que os demais mudem ou compactuem com ela.

• Finalmente, põe em questão a regra do jogo social que define que todos devem buscar compromisso – o que significa, sobretudo, que a minoria aceita o compromisso que lhe é pedido – e manifesta uma vontade de instaurar outras regras de jogo.

A consistência é um comportamento de exceção. Por isso, como a maioria das pessoas não é capaz de manifestá-la, suscita a inveja. E, pelo mesmo motivo, o fato de manifestá-la serve como um

---

4. MEDVEDEV, Z.A. *Ten years after Denissovitch*. Nova York: Vintage Books, 1974 [Versão espanhola: *Diez años de la vida de A. Solzhenitsin*. Madri: Taurus, 1974].

exemplo: "Dizer o que se quer, tal procedimento é atrevido, audaz, subversivo, e isto corresponde a nosso desejo secreto de ver alguém atuando por nós. Este alguém nos vinga de nossas humilhações, de nosso silêncio, de nosso oportunismo e de nossos compromissos conosco mesmos. Esta pessoa fala *por nós, os que calamos*[5]. Assim, é como um antigo censor descreve a Solzhenitsin.

O mesmo insiste repetidas vezes na importância de seu comportamento firme. Julgamo-nos, e se julga aos demais, em função da capacidade de comportar-se deste modo. Diz assim a Tvardovski: "A partir de agora não renunciarei, nem modificarei uma só palavra da carta". Assim o vemos, "preparando seu próprio túmulo", numa incansável ação de escrita e de palavra, preparando seus manuscritos denunciadores e lendo-os aonde pode e a quem pode, como se não estivesse na União Soviética, como se não houvesse uma censura, uma polícia, que o acusam, o comprometem e que se preparam para liquidá-lo. Num clima onde cada qual se vigia e vigia aos demais, ele se julga e se comporta como homem livre. A ameaça das autoridades, os conselhos moderadores dos amigos não servem para nada. Se o ameaçam com a não publicação, responde que não contem com isso: guardará os manuscritos e os enviará ao exterior. Aconselham-no a não conceder entrevistas, mas ele segue adiante. Tvardovski o adverte que corre perigo, que está colocando os pés pelas mãos, e ele responde com soberba: "Podem ficar satisfeitos, A.T. Eu morrerei, e então recolherão todas as minhas palavras, sem excetuar nenhuma". Tvardovski enfurece: "Isso se chama narcisismo. É muito fácil imaginar: eu sou o valente e os demais são uns canalhas sem escrúpulos, que aceitam compromissos". Ele replica: "Por que generalizar assim? Não há ponto de comparação. Eu sou alguém isolado, sou dono de mim mesmo, enquanto você é o redator de uma grande revista" (p. 159). Depois deste diálogo, separam-se por um bom tempo. Tvardovski para se perder no álcool e na doença, Solzhenitsin para mergulhar numa clandestinidade intermitente, numa vida ilegal e, às vezes, errante. Sem renunciar, contudo, a manifestar sua posição, mas ao contrário procurando constantemente afirmá-la e consolidá-la.

É este o objetivo que persegue quando deseja ganhar o Prêmio Nobel. Quer provocar um escândalo político fazendo que o prêmio

---

5. LAKCHINE, V. *Réponse à Solzhenitsin*. Op. cit., p. 130.

recaia num dissidente, a fim de que esta dissidência seja reconhecida e proclamada diante do mundo inteiro:

> Compreendi com toda a clareza, decidi e apostei no futuro: *eu* tinha necessidade daquele prêmio. Como ponto de apoio para minha decisão e batalha. E quanto antes o obtivesse, mais solidamente me afirmaria, mais contundente seria meu ataque. Com certeza, pensava fazer o contrário de Pasternack: *aceitarei* com toda audácia, pronunciarei o discurso mais ousado. Resultado: fecharão o caminho de volta. Mas, em contrapartida, publicarei *tudo!* Direi *tudo!* Toda a dinamite acumulada nos depósitos de Lubianka, passando por todos os chamamentos, desde as planícies em pleno inverno, em nome de todos os assassinados, todos os fuzilados, todos os mortos de fome, os mortos de frio! Subir à tribuna do Nobel[...] e fazer explodir. Receber em troca o destino de um proscrito, não é um preço muito caro (p. 288).

Desse modo, Solzhenitsin não só deseja o Prêmio Nobel, senão que sua aceitação reveste o sentido de uma oposição ao regime, à censura que estrangula o escritor. Mas as autoridades suecas se assustam: não convém misturar a literatura com a política. Propõem-lhe entregar o prêmio em condições especiais, às escondidas, à margem dos canais de informação. Assumir o risco do exílio por uma ação sem transcendência é inaceitável, e Solzhenitsin recusa, contando evidentemente com a publicidade que lhe renderá sua recusa:

> Na realidade eu tinha traçado um plano: durante uma semana, não manifestar *nenhuma* reação e observar como os *nossos* começavam a vociferar, por onde atacavam. Mas o telefonema do membro da Academia transtornou meu plano. Guardar silêncio, escapulir, era já de certo modo ir em direção às piores dificuldades. E, segundo o propósito que fiz há tempos de *nunca fazer como* Pasternack, senão o contrário, só me restava declarar com arrogância: Sim, aceito, *sim irei sem falta, enquanto dependa de mim [...]* (p. 296).

Descer ao Grande Hotel como todos os laureados, camuflar-se num apartamento tranquilo, aceitar a escolta de dois detetives? "O mais discretamente possível?" Por nada do mundo! "Não ter contato com a imprensa nem com o rádio?" Isto era condenar-me à inexistência. Eles concederam um prêmio de literatura e não querem saber de política, é natural [...]. "Ater-se às diversas consignas a respeito do traje e do discursinho a ser pronunciado durante o banquete (enquanto todos bebem e comem alegremente [...] falar de nossa tragédia?), e *não além de três minutos*, simplesmente para agradecer" (p. 298).

Minhas previsões viriam abaixo [...], a firmeza de minhas resoluções resultaria inútil. Eu seguia vivendo de milagre, mas não via o modo de explorar esta oportunidade. A amabilidade em relação aos que tinham me indicado ao prêmio requeria de minha parte – e eu era muito consciente disto – não um discurso estridente, senão o silêncio, a discrição, o sorriso de circunstâncias e o cabelo bem penteado. Não custa nada compor e ler um *discurso* para o Prêmio Nobel. Mas se existe medo de expressar o próprio pensamento, afinal de contas *para que* estar presente? [...].

Estas citações dispensam comentários. Se Solzhenitsin se nega a receber o Prêmio Nobel nestas condições é para evitar, com sua presença em Estocolmo, o retorno ao exílio. Se Pasternak oferece a antítese do homem que aceitou o compromisso imposto pelo poder, Solzhenitsin quer ser exemplo de um homem que recusa todo compromisso: o de um prêmio recebido precipitadamente e um retorno que dispense as autoridades de assumir a responsabilidade da expulsão que ele pressentia. Num gesto lúcido, escreve uma curta declaração para ser lida durante o banquete: "Não posso deixar de advertir que a concessão do Prêmio Nobel coincide com a jornada dos Direitos Humanos [...] Assim, neste banquete não esqueçamos aos exilados políticos que hoje fazem greve de fome por defender seus direitos diminuídos ou violados" (p. 485).

A recusa de regressar tem como objetivo não só não decepcionar aos demais, não parecer covarde, inconsistente, senão que Solzhenitsin quer acentuar a tensão e a pressão sobre o governo soviético. Já discuti anteriormente: diante de uma minoria, a maioria tem a opção gradual entre a ignorância, o compromisso e a exclusão. A ignorância não sendo mais possível, o compromisso tendo fracassado, é preciso recorrer à exclusão. Prefere-se, naturalmente, que esta se realize com discrição, que Solzhenitsin se vá. Sua partida seria outra forma de compromisso, uma via média entre a liberdade e a responsabilidade, e se poderia dizer: "Nós não o excluímos, foi ele quem se foi". Veladamente se insinuará que se aproveitou da glória para fugir, abandonando a posição que defendeu durante anos. A obrigação de fidelidade, a necessidade de comportar-se de modo consistente exige, em troca, que seja expulso diante do mundo inteiro. Ser-lhe-ia concedido um visto com toda felicidade, mas não será Solzhenitsin quem irá pedi-lo, nem quem colabore com o arranjo que lhe propuseram.

O *leitmotiv* da imigração é inevitável num país onde a opinião pública perdeu sempre todas as batalhas [...]. Sem ânimo de acusar a ninguém, há pessoas privadas [...] e não menos privadas são também suas decisões. Há pessoas que tomaram publicamente uma posição assumidamente clara, carregada de muita significação [...] e as decisões dessas pessoas só podem ser privadas nos períodos "tranquilos", num tempo em que a atenção da sociedade está tensa, não possuem tais direitos (p. 366).

A consistência tem o sentido de um ato de coragem dirigido contra aqueles que cedem à tentação de emigrar. Solzhenitsin teve sempre consciência da solidariedade e do exemplo de sua postura. Para ele é sempre preferível, enquanto possível, cair no próprio campo de batalha, afrontar as armadilhas que colocam aos seus companheiros de infortúnio anônimos e que, talvez, o poupem, em consideração a sua privilegiada posição.

Em lugar de evitar os choques com as autoridades, Solzhenitsin os procura para chegar aos limites da audácia, da insubordinação. Recusa, por exemplo, obedecer à ordem da polícia de desocupar a *dacha*[6] de Mstislav Rostropovitch, onde encontrou hospitalidade: "Ir por minha conta a Riazan? Nem a pé, nem com nenhum outro meio de locomoção. Uma sentença do tribunal! Pois não me submeto! *Terão de levar-me arrastado!*"

E projeta, em caso de reiteração, responder à polícia e substituir o processo verbal pelo seguinte texto:

A escravidão foi abolida em nosso país no ano de 1861. Diz-se que a revolução de outubro apagou seus últimos vestígios. Eu, por conseguinte, como cidadão deste país, não sou um servo nem um escravo etc.

O que há de se fazer sempre com esta gente é: levantar a voz ao máximo. Ampliar o espaço, enquanto se encontrem palavras para fazê-lo. Não defender-se a si mesmo, ao próprio grupo, senão estilhaçar todo seu sistema.

---

6. *Dacha:* casa de campo.

O vento da batalha bateu em meu rosto [...] que gozo súbito, e que lástima que eles vão embora e que este maravilhoso papel preparado seja inútil! (p. 331).

Frente ao poder, com todo seu impressionante arsenal, Solzhenitsin enfrenta a batalha e não se retrai, traça para si mesmo uma norma de insubmissão e a esta se atém, aconteça o que acontecer. "Infringe a regra de submissão. Esta é a qualidade suprema de Solzhenitsin: como opositor, como transgressor, como insubmisso ante a autoridade, contra todas as autoridades estabelecidas [...] No meu ver, é incomparável"[7].

6

Quando uma biografia se transforma em história? Como se dá que um indivíduo feito (e em nosso caso refeito) pela biografia comece por sua vez a fazê-la? Ninguém é capaz de responder a estas perguntas. Mas há um momento em que tomamos consciência da passagem inevitável: "Pela primeira vez me parece – escreve Solzhenitsin –, pela primeira vez em minha vida sinto que vou começar a fazer história" (p. 147).

E acontece que a cena política vai mudando progressivamente. Em parte porque, transpassando as fronteiras da União Soviética, chega a toda Europa e à América. Mas só em parte. Também porque o próprio personagem muda. Para compreendê-lo, convém considerar a lógica de sua posição. Enquanto minoritário, deve apresentar uma solução de substituição coerente à que existe, e, enquanto minoritário ativo, deve aderir totalmente a ela, sem a menor reserva, nem a menor dúvida. A criação de conflito só é possível se existe uma solução alternativa, e o comportamento consistente só o é se somado a uma certeza que possa ser provada. Finalmente, o conflito e o comportamento são visíveis e, eu diria, inquestionáveis, difíceis de atribuir-se a um capricho individual, a uma extravagância de caráter, na medida em que a posição de conjunto possui um valor geral, ou seja, certa legitimidade.

---

7. LEFORT, C. "Un homme en trop – Réflexions sur L'archipel du Goulag". *Combats*. Paris, Seuil, 1976, p. 34.

Uma legitimidade que justifica a minoria ante sua própria consciência e ameaça à maioria.

Há uma profunda necessidade psíquica e social de garantir que, se contrariamos as normas, se enfrentamos o poder, isto se produz em função de outras normas, em nome de outro poder. A necessidade psíquica se percebe imediatamente: a necessidade de uma aliança, a possibilidade de não sentir-se só hoje e amanhã. Com uma restrição: Nós nos aliamos com seres "supraordenados" – a história, a natureza, Deus, a classe social etc. – que ao mesmo tempo garantem a permanência desta aliança. Para Solzhenitsin, estas garantias são os milhares de homens e mulheres mortos nos campos de concentração, os milhões de sobreviventes humilhados, os camponeses russos, a literatura russa que ele considera ter sido assassinada pelo regime soviético. Repete muitas vezes e se sente apoiado constantemente por eles, atua como se eles estivessem presentes para julgá-lo e encontra uma força espiritual extraordinária na convicção de saber que eles "caminham" com ele. É um deles, ainda que se sinta fisicamente só ou acompanhado de um exíguo número de amigos fiéis. *El roble y el becerro* é o relato de ma aliança que se estabelece entre um indivíduo real e seres virtuais, entre um homem só e uma coletividade inumerável, entre um ator visível e um coro invisível. Peço desculpas pela ressonância um tanto religiosa do que acabo de dizer: estende-se uma ponte desde o presente até o passado e o futuro, além do acidental, em direção ao essencial e permanente. A ruptura da aliança com sua sociedade, com seus contemporâneos e consigo mesmo, é substituída por uma aliança de ruptura com esta sociedade, com seus contemporâneos e consigo mesmo sob uma destas formas que se ajustam à minoria e a corroboram. É tão verdade que não se pode viver nem atuar sem tal aliança. Quem pensa que isto é possível, deve recordar o que aconteceu a certos movimentos sociais que perseguiram exclusivamente a transgressão, a ruptura, a não solidariedade: o resultado foi a desorientação de tais movimentos, a dispersão das ideias, a desagregação das pessoas.

A necessidade social é evidente: deslegitimar o adversário diante de seus próprios olhos e aos olhos dos que o sustentam. Nesta ótica, o governo soviético aparece como usurpador de uma autoridade imemorável e de um sangrento desvio na história do povo russo: os campos de concentração não são um "erro", nem um "deslize", são a marca de uma espécie de ocupação de um território e de um tempo que só se prolonga pela força. E onde impera a força bruta não existe o direito. E, o que é pior, tudo fica profanado. Leia-se este terrível diálogo onde Tvardovski, ao final de sua argumentação, diz: "É preciso crer em algo, e *para vocês não há nada sagrado*. Há que conceder algo ao poder soviético. Isto acaba na mais pura irracionalidade. Não se pode opor o chicote ao machado". E Solzhenitsin lhe responde: "Então, um machado contra outro" (p. 159). Voltarei sobre esta réplica em um instante.

No fundo da controvérsia se alinha a situação: a minoria se situa fora do marco da maioria. A primeira não pensa mais nos mesmos termos que a segunda, nem leva mais em conta suas exigências, nem vê mais o mundo sob o mesmo ângulo. A incompatibilidade é total. As alternativas vão surgindo no decorrer destes múltiplos diálogos, que são verdadeiros combates. Frente à visão dominante, resumida em três palavras: – soviético, ateu, socialista –, aparece outra visão: russo, crente e nacionalista. Solzhenitsin a assume e proclama, apesar de correr o risco de parecer retrógrado, e tem consciência dela. Nisto há, sem dúvida, algo de violento e que certamente limitou a propagação da mensagem. Mas são as consequências gerais as que aqui importam.

A primeira é dar à sua posição uma coerência e eliminar uma causa de tensão e de incerteza devido à pertinência a duas esferas de valores, devido à necessidade de passar pela perspectiva do adversário, a fim de refletir e definir-se. Liberado da dúvida intelectual, depois de se ter liberado da dúvida social, o sentimento que uma vez descreveu não o abandona:

> Eu não encontro nada comparável a este estado: *o alívio de expressar-se*. Porque é preciso ter-se resignado, ter-se resignado durante meio século e ter calado [...] e logo, levantar-se para alçar a voz [...] não sobre os telhados, não nas praças, senão diante do mundo inteiro [...] para sentir, ao final, o universo aplacado, harmonizado, inundado de um novo espírito. Desde esse momento, nenhuma dúvida, nem febre, nem arrependimentos: a pura luz da alegria. Isto é o que fazia falta! É o que necessitávamos há tempos! E nossa visão de mundo é tão luminosa que a felicidade nos invade, ainda que tenhamos tudo a fazer (p. 163).

Em termos mais prosaicos, esta expressão de um ponto de vista próprio e único caracteriza o que denominei minoria nômica. Em outras palavras, uma minoria que, diferente da minoria anômica, desviante – de pura transgressão, se quisermos – se rebela diante da pressão da maioria, das normas que esta maioria propõe e impõe.

A segunda consequência é a seguinte: a minoria não se considera já como tal. Vê-se sob a figura de uma futura maioria e se contrapõe como rival da maioria presente. Ou da maioria que é representada neste caso pelo poder soviético. Vejamos agora a réplica de Solzhenitsin. Tvardovski o interpela e o adverte: "Você é o chicote e eles são o machado". Responde: "Não, eu não sou chicote, sou diferente deles e mais fraco; sou como eles e, pelos mesmos motivos que eles, um machado". Daí sua assombrosa exclamação: "Machado contra machado". E quando Tvardovski acrescenta: "Mas neste país não há opinião pública", dando a entender que será sempre um homem só, solitário, Solzhenitsin responde: "Você se engana, A.T. Esta opinião pública existe já e está aumentando!" Quer dizer: eu não estou só nem ficarei isolado, o grupo dos rebeldes é numeroso.

Os atos se harmonizam com as intenções. No decorrer dos debates improvisados, quando com sua acusação castiga o governo soviético, vemos como o trata de poder contra poder. Nas circunstâncias normais, intimidado pela polícia, todo cidadão, sobretudo soviético, prefere invocar mais aos santos que a Deus. Solzhenitsin, com originalidade e audácia inauditas, inverte a ordem: se dirige a Deus, antes que aos santos e ouve como Deus lhe contesta. Enviam-lhe cartas anônimas... sabe muito bem que são da polícia. Em vez de dirigir-se às autoridades locais, envia uma carta à KGB. Ainda assim, por ocasião de um assalto, o escritor envia a Andropov, Ministro de Segurança do Estado, uma carta aberta que começa com estas palavras: "Durante muitos anos suportei em silêncio as ilegalidades cometidas por seus agentes" (p. 485) e termina com uma advertência: "Exijo que o Sr. Ministro divulgue publicamente os nomes dos ladrões, que sejam castigados como criminosos e seja dada uma explicação pública do acontecido. Caso contrário, pensarei que quem os enviou foi mesmo o senhor".

Quando as autoridades lhe negam o salvo-conduto interior que deve possuir todo cidadão soviético para viver numa cidade e circular pelo país, dirige-se ao Ministro do Interior e escreve: "O 'regime de passaporte interior' coercitivo, ofensivo, sob o qual não é o ser humano quem escolhe o lugar se sua residência, mas são as autoridades que o fazem por ele, como se o direito de mudar de domicílio de uma cidade a outra e, sobretudo, da aldeia à cidade, fosse um favor, esse regime não existe nem nos países coloniais do mundo atual" (p. 507). "Não obstante, aproveito a ocasião para lembrá-lo que a escravidão está abolida em nosso país há cento e doze anos e, como se diz, a Revolução de Outubro eliminou seus últimos traços" (p. 508).

E eis aqui seu relato e seu comentário. A carta foi selada no dia 21 de agosto, aniversário da invasão da Checoslováquia, e o envio no dia 23, depois de ter concedido a entrevista: "No meu primeiro impulso, tinha pensado em mandar a carta ao Ministério do Interior... para fustigá-lo a respeito do capítulo do *direito de escravidão* (isto não era uma fórmula de efeito: trata-se realmente disto: escravidão. Mas ao considerar o direito de milhões de pessoas à liberdade de viver em seu próprio país e de milhares a emigrar, escandalizei a 'sociedade!')". Deixo de lado, ainda que não devesse, o significado antissemita do comentário. Nisto também Solzhenitsin é fiel a uma determinada tradição russa, igual às das autoridades que combate. Mas não é nem pelo conteúdo humano de suas ideias, nem por seu valor progressista que me interessa o personagem e o julgo exemplar. (O mundo com o qual ele sonha morreu e o destino que propõe é sombrio e opressivo!) Só me interessa a dissidência e a qualifiquei de exemplar. Os extratos da carta que acabo de citar expressam uma clara exigência de ele mesmo ser levado em consideração e de considerar os problemas no mais alto nível. Escreve aos poderosos e exige que lhe respondam. Sem o menor vacilo, sem a menor humildade, sem o menor medo – público –, como se fosse um deles. E, na verdade, não o era, a seus próprios olhos e aos olhos de alguns, credenciados pela outra Rússia, a Rússia do silêncio e dos campos de concentração? Falar de igual para igual faz parte de suas prerrogativas históricas e, sem fugir do termo, de sua missão.

O filósofo Wittgenstein escreveu que a essência do gênio é a coragem. A coragem expressa a essência da ação minoritária. Suscita a admiração e o respeito, mas é imprevisível: não se sabe nem aonde vai chegar, nem quais serão seus efeitos. Além de um determinado princípio, a coragem toma forma de ameaça contra a violência legal das instituições. E Solzhenitsin se excedeu na coragem. Disse coisas que ninguém tinha ousado proferir, converteu-se num exemplo tentador e *ipso facto* perigoso, contagiando a muita gente; chegou a hora de eliminá-lo sem mais demora. A reação das autoridades soviéticas foi muito trivial. Quando uma minoria encontra e enuncia sua legitimidade, deixando assim, de certa maneira, de ser minoria, em sua visão de futuro e sua conduta, ela é excluída da sociedade, esperando-se que suas bases sejam enfraquecidas. Para ser exato: tal minoria é uma sociedade dentro da sociedade. A maioria não concebe tal situação nem a tolera. Isto acontece com muita frequência na história, excluir o que se converteu num corpo estranho, seja mediante *ghetos* invisíveis, seja por leis de exceção, seja por pura e simples expulsão. Em poucas palavras, corta-se a dissidência.

Envolvido na engrenagem inflexível desta lógica, Solzhenitsin é arrestado, levado aos tribunais e preso na mesma prisão que conheceu há vinte anos atrás. O cenário é idêntico, mas ele mudou e seu papel se inverte. Não se apresenta mais como acusado ou preso, senão como acusador e homem livre. Pedem-lhe que assine uma declaração. Ele nega. Pedem-lhe que escreva a um departamento do Ministério e recusa fazê-lo; é a Podgorny que deseja escrever; não quer nenhuma cumplicidade, de nenhuma ordem, nem com o juiz, nem com o carcereiro, nem com a polícia. Voltam-lhe, mas já não deliberadamente, os reflexos do antigo *zek* e se submete, ao menos, ao exame médico, ao interrogatório sobre seu estado civil, ao regulamento da prisão. Quem pode despojar-se de sua velha pele, desta pele que lhe cobriu durante doze anos? Mas a nova pele resiste bem. Conduzem-no, quase em respeito aos ideais que representa, até o avião que partirá para a Alemanha. O poder se cumpriu e também sua lei e Solzhenitsin cumpriu com seu dever, simplesmente com seu dever, considerando a lei nula e inexistente.

7

Quero deter-me em um ponto a modo de conclusão: é a distinção entre desvio e minoria, distinção que, ainda sendo perfeitamente clara, não se admite nem se compreende com facilidade.

Parece, de fato, que, quando se fala de minoria, pensa-se logo no desvio. E o desviante é visto sempre como minoria. A diferença é, contudo, evidente. Consiste em que o desviante se define em relação ao grupo majoritário: transgride ou se afasta, ou contesta, mas sempre está situado dentro do esquema, da visão majoritária. A minoria, pelo contrário, especialmente quando é ativa, possui suas próprias posições, seu referencial, suas ideias, que propõe como um processo de substituição. No *El roble y el becerro*, concretamente, a diferença entre desviante e minoritário é ilustrada pelos personagens centrais: Tvardovski e o narrador, o próprio Solzhenitsin.

Eis aqui, resumidamente, os fatos. Tvardovski é redator chefe da *Novy Mir*, revista não conformista nos limites da legalidade, quer dizer, de fraca ortodoxia, em relativo desacordo com a linha do partido, que publica trabalhos de escritores novos, originais, sempre, contudo, e naturalmente sob o controle do partido, da *Glavlit*, censura que carimba sua marca em todos os textos saídos legalmente das impressoras. Esta censura costuma ser responsável pelo atraso na publicação da *Novy Mir* e às vezes é preciso arrancar algumas folhas na última hora. *Novy Mir* vem a ser, de certa forma, a revista-astúcia da "liberalização", astúcia que resultará frágil e efêmera quando a revista, avançando no tema da liberalização, é liquidada pelas autoridades.

Quem é Tvardovski? Um célebre poeta, filiado ao partido desde 1938, membro do Comitê Central e deputado. Concederam-lhe numerosas recompensas oficiais no decorrer de sua brilhante carreira. Não obstante, pouco a pouco afasta-se da linha ortodoxa do partido e propõe-se a induzi-lo que mude suas atitudes frente aos escritores no que se refere ao tema dos campos de concentração. Não obstante seu mundo e sua maneira de pensar seguem na perspectiva do partido e da sociedade soviética. Mas se afasta do sistema e a consequência é que o sistema se aparta dele. Assim, perde todas as posições privilegiadas que ocupava no aparelho do Estado e, por último, fica marginalizado. O alcoolismo e o câncer comprometem sua saúde e acabam com ele.

Quem é Solzhenitsin? É um *zek*, um homem que vem dos campos de concentração, situado fora de um sistema que o excluiu do modo mais repressivo possível. E, no momento em que inicia sua carreira literária, não obtém nem recompensa oficial, nem prêmio algum. "Do lugar donde fala não é permitido a Solzhenitsin vacilar. Desde *abaixo*, desde a base, aprende o que é a sociedade do Gulag e a sociedade em geral"[8].

Tvardovski trata de mudar o sistema, mas tenta fazê-lo desde dentro, multiplicando os compromissos e pedindo a Solzhenitsin que também o faça, suavizando e emendando seus manuscritos, convencendo-o a não fazer declarações estridentes, a não atacar as autoridades, convidando-o a suportar as intermináveis demoras de publicação, sem recorrer aos canais paralelos (o Samizdat, que Solzhenitsin compreende muito bem que é preciso utilizar, se quiser que o público russo o leia). Tvardovski vê a si mesmo como um desviante (um não conformista) em relação à sociedade soviética, ao poder, e crê que deve atuar sobre o sistema evitando o conflito entre ele e as autoridades, entre ele e os dissidentes. "O Irmão – relata Zinoviev[9], e estou certo que se refere a ele – era considerado como o chefe espiritual de uma *intelligentsia ivaniana* (leia-se soviética) desta época, e obteve uma grande notoriedade no Ocidente". E eis aqui em que termos descreve o mesmo novelista sua febril e constante busca de compromisso, o vai e vem entre uns e outros: "Quando o Irmão tentava persuadir ao Pai da Justiça (leia-se Solzhenitsin) para que escrevesse uma carta ao Número Um (leia-se Kruschev) e solicitando-lhe ajuda, era sincero. Mas quando acrescentava que o Número Um tinha emitido um informe mais favorável sobre o Pai da Justiça, mentia. Quando dizia ao escritoreco que tinha vindo visitá-lo, representando a Secreta (leia-se KGB), mentia. Mas quando o escritoreco o expulsou, tratando-o como um impostor, e o Irmão começou a gritar que o escritoreco seria expulso e não tinha direito a ver publicada nenhuma de suas obras, era sincero. Mentia, ainda, porque se apressou em buscar a seus amigos da Secreta para suplicar-lhes que salvassem a cultura ivaniana porque o escritoreco queria ir embora. O escritoreco é realmente dos nossos – dizia num tom convincente – e disto eu dou fé"[10].

---

8. Ibid., p. 32.

9. ZINOVIEV, A. *Les hauteurs béantes*. Lausanne: L'Age d'Homme, 1977, p. 389.

10. Ibid., p. 388.

Estar no centro e à margem, participar e opor-se, utilizar a linguagem do poder e a da dissidência, com a esperança de fazer com que cada um caminhe a metade do caminho, possuir internamente os valores que se contestam, pensar no próprio pensamento e no oposto, é esgotar-se, equilibrando-se na corda bamba, é esperar avançar, dando um passo adiante e outro atrás.

Solzhenitsin é, objetivamente, um homem marginal e, subjetivamente, vê-se como uma minoria desgarrada da totalidade do sistema. Situa-se fora do grupo majoritário: definitivamente foi excluído desde sua deportação aos campos de concentração. Mas agora continua excluindo-se ao recusar ocupar um posto numa sociedade que exerceu, sobre ele, sua repressão habitual. Sabe que é minoritário, mas não desviante. Porque não se encontra solitário. Está "ligado" à literatura russa, aos camponeses russos, às vítimas dos campos de concentração, sente-se solidário com eles e para eles escreve, para os milhões de mortos, *zeks* e *mujiks*, para todos aqueles cujos sofrimentos não devem ser esquecidos. E à medida que se exclui, à medida que toma consciência de sua posição, define-se como um ser fora de série, que fala em nome da Rússia oprimida, amordaçada, assassinada.

Assim se apresentam diante de nós estes personagens, cujo caráter e biografia são tão opostos e que no livro *Los espacios vacíos* de Zinoviev são apelidados de Irmão e Pai da Justiça. Na turbulenta história de suas relações percorrem juntos uma parte do caminho. É o trecho da rota do desvio, durante o qual estão ligados pessoalmente, abrigam a mesma esperança de criar um lar de criação literária ativa (longe da União dos Escritores), de provocar uma mudança política e, com o passar do tempo, pôr fim às mentiras sobre os campos de concentração, sobre a vida soviética em geral. Se isto exige audácia ou compromisso, eles estão dispostos. Mas se um vai do exterior ao interior do sistema e o outro do interior ao exterior, seu encontro é um equívoco que deverá resultar, inevitavelmente, em separação. Solzhenitsin abandona o que chama "linha de Tvardovski", a posição desviante, para adotar a posição minoritária, sinal que, se há uma relação de passagem do desvio à minoria, há também, na prática, uma separação suficientemente sensível entre ambas, da qual é necessário precaver-se.

Inúmeras vezes tenta trazer Tvardovski a seu ponto de vista, colocando-o fora da sociedade soviética, omitindo seu passado de honras, de comunismo, compartilhando com ele o que chama de "a vingança de ser soviético". Tenta, em suma, transformar este desviante em minoritário ativo. Mas seus caminhos são inexoravelmente divergentes e seus universos paralelos. Para Solzhenitsin a grande tarefa era despertar as consciências, denunciar o poder, libertar a Rússia. Para Tvardovski, a "liberalização", este sinal intermitente da evolução da sociedade soviética, era já um progresso, uma promessa de progresso, e salvar a revista *Novy Mir*, ameaçada pelo partido e a polícia, era uma tarefa essencial, prova de que o sinal ainda piscava.

> Salvar a revista! Um grito ao qual Tvardovski não podia fazer ouvidos surdos. Desde o tempo em que os poemas e os versos escasseavam sob sua caneta, sentia cada vez mais paixão por sua revista: um prodígio de bom gosto, realmente, em meio às calúnias das demais revistas, uma voz ponderada e humana entre ladridos e gritos, o gesto sincero de um liberal entre as caretas cínicas dos atores. Progressivamente, a revista se converteu não só no tema principal senão em *toda a vida* de Tvardovski, que protegia o seu pimpolho com suas costas largas, tomando sobre si todas as lutas, todas as feridas, todos as cusparadas; por sua revista se expunha a humilhações, à perda de seus postos no Comitê Central, de deputado no Soviet supremo, de suas funções de representação, ao cancelamento de diversas listas de homenagens (coisa que o afetou dolorosamente até o último dia), terminava com as amizades, perdia relações das que se orgulhava, flutuava no vazio, cada vez mais enigmático e solitário [...] caído das *altas esferas com todo seu dinamismo, mas sem por isso avistar uma nova terra* (p. 229 – grifado pelo autor no original).

Tvardovski é um espírito atormentado, incendiado pelas tensões resultantes de sua falta de opção clara entre duas alternativas fundamentalmente diferentes. E afogou no álcool a angústia de sua indecisão. Solzhenitsin, ao contrário, ignora tais angústias, tais tensões: escolheu seu verdadeiro caminho. Ainda desejando permanecer fiel a suas opções, Tvardovski se sentia atraído por Solzhenitsin e pela liberdade que este representava. Sua moderada rebelião não o resguarda da repressão. Obrigam-no a se demitir se suas funções de redator chefe da *Novy Mir*. Este fracasso precipita sua decadência e determina sua total ruína. "Mas a solidão de

Triponych (patrimônio de Tvardovski) era acompanhada pela amargura de ter sido traído por todos. Isto era o que mais lhe doía: durante anos tinha se sacrificado por todos, mas agora ninguém queria sacrificar-se por ele; seus colaboradores não abandonam *Novy Mir*, apenas alguns autores escolheram a liberdade. Toda sua inquietude com aquele grupo de redatores marionetes, e suas discussões com eles sobre o que tinha sido um trabalho autêntico, não tiveram outro resultado que exasperá-lo e desencadear o processo pernicioso, cuja causa primeira foram as humilhações sofridas" (p. 281).

Para completar sua tragédia, a sua ruína social veio somar-se o desmoronamento físico. Tvardovski morre de câncer. "Escrevi-lhe uma carta *solicitando sua autorização* para apresentar-lhe em outubro minha novela concluída. Eu sabia que isto o alegraria.

Não chegou a resposta. Soubemos que tinha câncer (e que o haviam ocultado dele). O câncer é a veste de todos aqueles cujo humor ardente choca com as humilhações e a opressão. As pessoas podem viver empilhadas; mas as pessoas que se sentem humilhadas, morrem. Muitos morreram assim entre nós: depois de um fracasso na vida social, em pouco tempo morreram. Existe entre os oncologistas uma teoria segundo a qual as células cancerígenas dormem toda a vida em cada um de nós, mas começam a multiplicar-se quando o *espírito* começa a vacilar. Com todas as farsas de Diafoirus divulgadas pela medicina do Kremlin, Tvardovski precisou de toda sua saúde para prolongar sua vida durante longos meses, ainda que fosse sobre um leito de hospital.

Há muitas maneiras de matar um poeta.
A Tvardovski, mataram-no quando lhe tiraram a revista *Novy Mir* (p. 320).

Solzhenitsin atribui assim o alcoolismo, no começo, e o câncer e a morte, a seguir, ao desvio e à indecisão de Tvardovski, a esta incapacidade de dar o passo decisivo e converter-se em dissidente aberto e ativo. E através de Tvardovski, Solzhenitsin desaprova a todos os exilados internos que não ousaram manifestar-se e assumir uma posição firme frente ao regime soviético, que não ousaram ir até ao final da ruptura. A morte social era o preço do desvio, enquanto que a morte física é o risco da dissidência. Ruína de um lado, destruição de outro: a morte é sempre a medida de todas as coisas.

8

A influência real de Solzhenitsin não pode ser medida nem mediante pesquisas, nem pela difusão de seus livros. Os grandes criadores de arquétipos que escrevem o relato de uma época para todas as épocas são raros e seu empreendimento é definitivo. Solzhenitsin é um desses criadores, porque *Gulag* é um arquétipo de nossa história contemporânea. De qualquer modo, não era minha intenção considerar estes aspectos como provas da análise que levei a cabo na presente obra. Escreveu-se muito sobre o autor. Principalmente desde o ponto de vista político e filosófico, para fundamentar a crítica contra Marx e a União Soviética, ou para defender e ilustrar os valores de nossa sociedade. Ressaltou-se, naturalmente, o sentido de sua resistência, de sua dissidência. Mas ignorou-se totalmente sua prática, quero dizer, sua vida e *seu fazer*, o modo como soube resistir e agir como dissidente. A obscura tarefa de elucidar estas questões está reservada às ciências sociais, cuja missão seria, em nossa visão de trabalho, interessar-se pelos aspectos menos espetaculares, mas essenciais, da vida de um indivíduo ou de um grupo; e explicá-los rigorosamente. Procurei fazer isso, com um pouco de brevidade, em relação à importância e à complexidade do texto. Investigando no livro *El roble y el becerro* numerosos elementos da psicologia das minorias ativas, cuja teoria propus nas páginas precedentes, ensaiei uma leitura que os clarificasse e confirmasse. É essa uma leitura diferente, em outro nível, mais autêntica? Esta é minha convicção, mas não me corresponde decidir.

Ao escrever estas linhas compreendi o que antes só tinha vislumbrado: a grande distância que separa o fenômeno do desvio, do fenômeno da minoria, até que ponto difere a psicologia do primeiro da psicologia do segundo, e também que a passagem de um a outro representa o passo da biografia à história, do estado de objeto ao estado de sujeito social. É o que muitos não compreendem ou entendem mal, com a consequente confusão. Contra esta confusão e a partir desta confusão nasceu, de certa forma, na União Soviética a dissidência, carregada de esperança e de desejos de uma multidão de pessoas, às quais é aberto o campo da palavra e da ação e a perspectiva de renovação. Deixo a cada um de vocês que descubram, por conta própria, a moral da história que relatei. Há, contudo, uma moral com um sentido claro e evidente: "de tanto dar com a cabeça na árvore, o bezerro vai se transformando num touro"[11].

---

11. Moscovici faz um trocadilho com o título do livro *El roble y el becerro"*. Em português, diríamos: "Água mole em pedra dura, tanto bate até que fura".

REFERÊNCIAS

ABELSON, R.P. & LESSER, G.S. (1964). Apud COHEN, A.R. (org.). *Attitudes Change and Social Influence*. Nova York: Basic Books.

ALLEN, V.L. (1974). *Social Support for Non-conformity*. Madison [Mimeo.].

ALLEN, V.L. & LEVINE, J.M. (1971). "Social pressure and personal preference". *Journal of Experimental Social Psychology*, 7, p. 122-124.

_____ (1968). "Social support, dissent and conformity". *Socio-metry*, 31, p. 138-149.

ARCHER, J. (1968). *The Unpopular Ones*. Nova York: Crowell-Collier.

ARONSON, E. (1972). *The Social Animal*. São Francisco: Freeman & Co.

ARONSON, E. & LINDER, D. (1965). "Gain and loss of esteem as determinants of interpersonal attractiveness". *Journal of Experimental Social Psychology*, 1, p. 156-171.

ASCH, S.E. (1959). A perspective on social psychology. In: KOCH, S. (org.). *Psychology*: A study of a science. Vol. 3. Nova York: McGraw-Hill, p. 363-384.

_____ (1956). "Studies on independence and conformity: a minority of one against a unanimous majority". *Psychological Monographs*, 70 (416).

_____ (1955). "Opinions and social pressure". *Scientific American*, 193, p. 31-35.

_____ (1952). *Social Psychology*. Nova York: Prentice-Hall.

BACK, K.W. & DAVIS, K.E. (1965). "Some personal and situational factors relevant to the consistency and prediction of conforming behaviors". *Sociometry*, 28, p. 227-240.

BANDURA, A. & WALTERS, R.H. (1963). *Social Learning and Personality Development*. Nova York: Holt, Rinehart & Winston.

BASS, B.M. (1961). Some observations about a general theory of leadership and interpersonal behavior. In: PETRULLO, L. & BASS, B.M. (orgs.). *Leadership and Interpersonal Behavior*. Nova York: Holt, Rinehart and Winston.

BIENER, L. (1971). *The effect of message repetition on attitudes change*: a model of informational social influence. [s.l.].: Columbia University Press [Tese de doutorado].

BIENER, L. et al. (1974). *The Effect of Minority Status on the Power to Influence*. Los Angeles [Mimeo.].

BRAMEL, D. (1972). Attrait et hostilité interpersonnels. In: MOSCOVICI, S. (org.). *Introduction à la psychologie sociale*. Vol. I. Paris: Larousse, p. 193-236.

BREHM, J. & COHEN, A.R. (1962). *Explorations in Cognitive Dissonance*. Nova York: Wiley.

BREHM, J. & LIPSHER, D. (1959). "Communicator-communicatee discrepancy and perceived communicator trustworthiness". *Journal of Personalty*, 27, p. 352-361.

BRODBECK, M. (1956). "The role of small groups in mediating the effects of propaganda". *Journal of Abnormal and Social Psychology*, 52, p. 367-370.

BURDICK, H.A. & BURNES, A.Y. (1958). "A test of 'strain toward symmetry' theories". *Journal of Abnormal and Social Psychology*, 57, p. 367-370.

BYRNE, D. & CLOSE, G.L. (1967). "Effective arousal and attraction". *Journal of Personality and Social Psychology*, n. 638.

CHURCHMAN, C.W. (1961). *Predictions and Optimal Decisions*. Nova York: Prentice-Hall.

CICOUREL, A.V. (1973). *Cognitive Sociology*: Language and Meaning in Social Interaction. Londres: Penguin.

COCH, L. & FRENCH JR., J.R.P. (1948). "Overcoming resistance to change". *Human Relations*, 1, p. 512-532.

COHEN, A.R. (1964). *Attitude Change and Social Influence.* Nova York: Basic Books.

CRUTCHFIELD, R.S. (1955). "Conformity and character". *American Psychologist*, 10, p. 195-198.

DE MONCHAUX, C. & SHIMMIN, S. (1955). "Some problems of method in experimental group psychology". *Human Relations*, 8, p. 58-60.

DEUTSCH, M. & GERARD, H.B. (1955). "A study of normative and informational social influence upon individual judgment". *Journal of Abnormal and Social Psychology*, 51, p. 629-636.

DITTES, J.E. (1959). "Effect of changes in self-esteem upon impulsiveness and deliberation in making judgments". *Journal of Abnormal and Social Psychology*, 58, p. 348-356.

DI VESTA, F.J. (s.d.). "Effect of confidence and motivation on susceptibility to informational social influence". *Journal of Abnormal and Social Psychology*, 59, p. 204-209.

DI VESTA, F.J. & COX, L. (1960). "Some dispositional correlates of conformity behavior". *Journal of Social Psychology*, 52, p. 259-268.

EISINGER, R. & MILLS, J. (1968). "Perception of the sincerity and competence of a communicator as a function of the extremity of hisposition". *Journal of Experimental Social Psychology*, 4, p. 224-232.

EMERSON, R. (1954). "Deviation and rejection: an experimental replication". *American Sociological Review*, 19, p. 688-693.

FAUCHEUX, C. & MOSCOVICI, S. (1967). "Le style de comportement d'une minorité et son influence sur les réponses d'une majorité". *Bulletin du Cerp*, 16, p. 337-360.

FESTINGER, L. (1957). *Theory of Cognitive Dissonance.* Evanston: Row, Peterson.

_____ (1954). "A theory of social comparison processes". *Human Relations*, 7, p. 117-140.

_____ (1950). "Informal social communication". *Psychological Review*, 57, p. 217-282.

FESTINGER, L. et al. (1952). "The influence process in the presence of extreme deviates". *Human Relations*, 5, p. 327-346.

FOURIEZOS, N.T.; HUTT, M.L. & GUETZKOW, H. (1950). "Measurement of self-oriented needs in discussion groups". *Journal of Abnormal and Social Psychology*, 45, p. 682-690.

FREEDMAN, J.L. & DOOB, A.N. (1968). *Deviancy*: the Psychology of Being Different. Nova York/Londres: Academic Press.

FRENCH, J.R.P. (1956). "A formal theory of social power". *Psychological Review*, 63, p. 181-194.

FRENCH, J.R.P. & RAVEN, B.H. (1959). The bases of social power. In: CARTWRIGHT, D. (org.). *Studies in Social Power*. Ann Arbor: University of Michigan Press, p. 118-149.

GERARD, H.B. & GREENBAUM, C.W. (1962). "Attitude toward an agent of uncertainty reduction". *Journal of Personality*, 30, p. 485-495.

GOLDBERG, L.R. & RORER, L.G. (1966). "Use of two different response modes and repeated testings to predict social conformity". *Journal of Abnormal and Social Psychology*, 3, p. 28-37.

GORDON, B.F. (1966). "Influence and social comparison as motives for affiliation". *Journal of Experimental Social Psychology*, 1, p. 55-65.

GORE, P.M. & ROTTER, J.B. (1963). "A personality correlate of social action". *Journal of Personality*, 31, p. 58-64.

GRAHAM, D. (1962). "Experimental studies of social influence in simple judgment situations". *Journal of Social Psychology*, 65, p. 245-269.

GURNEE, E. (1937). "A comparison of collective and individual judgment of fact". *Journal of Experimental Psychology*, 21, p. 106-112.

HAIN, J.D. & BLAKE, R.R. (1956). "Stimulus and background factors in petition signing". *Southwest Social Science Quarterly*, 36, p. 385-390.

HARDY, K.R. (1957). "Determinants of conformity and attitude change". *Journal of Abnormal and Social Psychology*, 54, p. 287-294.

HARE, A.P. (1965). *Handbook of Small Group Research*. Nova York: Free Press of Glencoe.

HARE, A.P. & BALES, R.F. (1965). "Seating position and small group interaction". *Sociometry*, 28, p. 480-486.

HARVEY, O.J. & CONSALVI, C. (1960). "Status and conformity to pressure in informal groups". *Journal of Abnormal and Social Psychology*, 60, p. 182-187.

HEIDER, F. (1958). *The Psychology of Interpersonal Relations*. Nova York: John Wiley.

HEWGILL, M.A. & MILLER, G.R. (1965). "Source credibility and response to fear-arousing communication". *Speech Monographs*, 32, p. 95-101.

HIRSCHMAN, A.O. (1970). *Exit Voice and Loyalti*. Cambridge: Harvard University Press.

HOCHBAUM, G.H. (1954). "The relation between the group member's self-confidence and their reaction to group pressure to uniformity". *American Sociological Review*, 19, p. 678-687.

HOLLANDER, E.P. (1967). *Principles and Methods of Social Psychology*. Nova York: Oxford University Press.

_____ (1964). *Leaders, Groups, and Influence*. Nova York: Oxford University Press.

_____ (1960). "Competence and conformity in the accentance of influence". *Journal of Abnormal and Social Psychology*, 61, p. 360-365.

_____ (1958). "Conformity, status and idiosyncrasy credit". *Psychological Review*, 65, p. 117-127.

HOMANS, G.G. (1961). *Social Behavior, its Elementary Forms*. Nova York: Harcourt/Brace/World.

HOVLAND, C.; JANIS, I.L. & KELLEY, H.H. (1953). *Communication and Persuasion*. New Haven: Yale University Press.

HOVLAND, C.; LUMSDAINE, A.A. & SHEFFIELD, F.D. (1949). *Experiments on Mass Communication*. Princeton: Princeton University Press.

JACKSON, J.M. & SALTZENSTEIN, M.D. (1958). "The effect of person-group relationships on conformity processes". *Journal of Abnormal and Social Psychology*, 57, p. 17-24.

JONES, E.E. (1965). "Conformity as a tactic of ingratiation". *Science*, 149, p. 144-150.

_____ (1961). *The Life and Work of Sigmund Freud*. Nova York: Basic Books.

JONES, E.E.; BELL, L. & ARONSON, E. (1971). The reciprocation of attraction from similar and dissimilar others: a study in person perception and evaluation. In: McCLINTHOCK, C.G. (org.). *Experimental Social Psychology*. Nova York: Holt/Rinehart/Winston, p. 142-183.

KELLEY, H.H. (1967). Attribution theory in social psychology. In: LEVINE, L. (org.). *Nebraska Symposium Motivation*. Lincoln: University of Nebraska Press.

KELLEY, H.H. & LAMB, T.W. (1957). "Certainty of judgment and resistance to social influence". *Journal of Abnormal and Social Psychology*, 55, p. 137-139.

KELLEY, H.H. & SHAPIRO, M.M. (1954). "An experiment on conformity to group norms where conformity is detrimental to group achievement". *American Sociological Review*, 19, p. 667-677.

KELLEY, H.H. & THIBAUT, J.W. (1968). Group problem-solving. In: LINDZEY, G. & ARONSON, E. (orgs.). *Handbook of Social Psychology*. Reading, Mass.: Addison-Wesley.

KIESLER, C.A. (1969). Group pressure and conformity. In: MILLS, J. (org.). *Experimental Social Psychology*. Nova York: Macmillan, p. 235-306.

KIESLER, C.A. & KIESLER, S.B. (1969). *Conformity*, Reading, Mass., Addison-Wesley.

KIESLER, C.A. & PALLAK, M.S. (1975). "Minority influence: the effect of majority reactionaries and defectors, and minority and majority compromisers, upon majority opinion and attraction". *European Journal of Social Psychology*, 5 (2), p. 237-256.

KUHN, T. (1962). *The Structure of Scientific Revolutions*. Chicago: University of Chicago Press.

LAGE, E. (1973). *Innovation et influence minoritaire*. Paris: Université de Paris VII [Mimeo.].

LAKCHINE, V. (1977) *Réponse à Solzhenitsin*. Paris: Albin Michel.

LEFORT, C. (1976). "Un homme en trop – Réflexions sur 'L'Archipel du Goulag". *Combats*. Paris: Seuil, p. 34.

LEMAINE, G. (1974). "Social diferentiation and social originality". *European Journal of Social Psychology*, 4 (1), p. 17-52.

_____ (1966). "Inégalité, comparaison, incomparabilité: esquisse d'une théorie de l'originalité sociale". *Bulletin de Psychologie*, 20, p. 24-32.

LEVINGER, G. (1959). The development of perceptions and behavior in newly formed social power relationships. In: CARTHWRICHT, D. (org.). *Studies in Social Power*. Ann Arbor: University of Michigan, p. 83-98.

LEWIN, K. (1948). *Resolving Social Conflicts*. Nova York: Harper.

LINSKOLD, S. & TEDESCHI, J.T. (1970). *Threatening and conciliatory influence attempts as a function of source's perception of own competence in conflict situation*. [s.l.]: State University of New York at Albany [Mimeo].

LINTON, H. & GRAHAM, E. (1959). Personality correlates of persuasibility. In: HOVLAND, E. & JANIS, I. (orgs.). *Personality and Persuasibility*. New Haven: Yale University Press.

LIPPIT, R. et al. (1952). "The dynamics of power". *Human Relations*, 5, p. 37-64.

McCLINTHOCK, C.G. & GERARD, H.B. (1967). *Foundations of Social Psychology*. Nova York: John Wiley.

McGINNIES, E. (1970). *Social Behavior, Functional Analysis*. Nova York: Houghton-Mifflin.

MANN, R.D. (1959). "A review of the relationships between personality and performance in small groups". *Psychological Bulletin*, 56, p. 241-270.

MAUSNER, B. (1954). "The effect of prior reinforcement on the interaction of observer pairs". *Journal of Abnormal and Social Psychonology*, 49, p. 65-68.

MEDVEDEV, Z.A. (1974). *Ten years after Denissovitch*. Nova York: Vintage Books [Diez años de la vida de A. Solzhenitsin. Madri: Taurus, 1974].

MEUNIER, C. & RULE, B.G. (1967). "Anxiety, confidence and conformity". *Journal of Personality*, 35, p. 498-504.

MILGRAM, S. (1965). "Liberation effects of group pressure", *Journal of Personality and Social Psychology*, 1, p. 127-134.

_____ (1956). "Group pressure and action against a person". *Journal of Abnormal and Social Psychology*, 25, p. 115-129.

_____ (s.d.). *Obedience to Authority*. Nova York: Harper & Row.

MILLMAN, S. (1968). "Anxiety, comprehension and susceptibility to social influence". *Journal of Personality and Social Psychology*, 9, p. 251-256.

MILLS, J. & JELLISON, J.M. (1967). "Effect of opinion change of how desirable the communication is to the audience the communicator addressed". *Journal of Personality and Social Psychology*, 6, p. 98-101.

MOELLER, G. & APPLEZWEIG, M.M. (1957). "A motivational factor in conformity". *Journal of Abnormal and Social Psychology*, 55, p. 114-120.

MOSCOVICI, S. (1968). *Essai sur l'histoire humaine de la nature*. Paris: Flammarion.

MOSCOVICI, S. & FAUCHEUX, C. (1972). Social influence, conformity bias, and the study of active minorities. In: BERKOWITZ, L. (org.). *Advances in Experimental Social Psychology*. Vol. 6. Nova York/Londres: Academic Press, p. 149-202.

MOSCOVICI, S. & LAGE, E. (1975). "Comparaison de l'influence majoritaire et de l'influence minoritaire dans un groupe". *European Journal of Social Psychology*.

MOSCOVICI, S.; LAGE, E. & NAFFRECHOUX, M. (1969). "Influence of a consistent minority on the responses of a majority in a color perception task". *Sociometry*, 32, p. 365-379.

MOUTON, J.S.; BLAKE, R.R. & OLMSTEAD, J.A. (1956). "The relationship between frequency of yielding and the disclosure of personal identity". *Journal of Personality*, 24 (3), p. 339-347.

MUGNY, G. (1974a). *Importance de la consistence dans l'influence de communications minoritaires "incongruentes" sur des jugements opinions*. Genebra [Mimeo.].

_____ (1974b). *Notes sur le style de comportement rigide*. Genebra [Mimeo.].

_____ (1974c). *Majorité et minorité*: le niveau de leur influence. Genebra [Mimeo.].

_____ (1973). *Négociation et influence minoritaire*. [s.l.]: Université de Genève [Mimeo.].

MUGNY, G.; HUMBERT, B. & ZUBEL, R. (1973). "Le style d'interaction comme facteur de l'influence sociale". *Bulletin de Psychologie*, 26, p. 789-793.

MULDER, M. (1960). "The power variable in communication experiments". *Human Relations*, 13, p. 241-257.

MYERS, M.T. & GOLDBERG, A.A. (1970). "Group credibility and opinion change". *Journal of Communication*, 20, p. 174-179.

NEMETH, C. (org.). *Social Psychology*: classic and contemporary integrations. Chicago, Rand McNally College Publishing Company, p. 217-250.

NEMETH, C. & ENDICOTT, J. (1974). *The midpoint as an anchor*: another look at discrepancy of position and attitude change [Mimeo.].

NEMETH, C. & NEVE, P. (1971). "Studies in social influence – I: Those absent are in the right: convergence and polarization of answers in the course of a social interaction". *European Journal of Social Psychology*, 1 (2), p. 201-213.

NEMETH, C.; SWEDLUND, M. & KANKI, B. (1974). "Patterning of the minority's responses and their influence on the majority". *European Journal of Social Psychology*, 4/1, p. 53-64.

NEMETH, C. & WACHTLER, J. (1973a). *Five angry men*: the deviate as a source of influence in a simulated jury trial [Mimeo.].

NEMETH, C. & WACHTLER, J. (1973b). "Consistency and modification of judgment". *Journal of Experimental Social Psychology*, 9, p. 65-79.

NEWCOMB, T.M.; TURNER, R.H. & CONVERSE, P.E. (1964). *Social Psychology*. Nova York: Holt, Rinehart & Winston.

NORD, W.R. (1969). "Social exchange theory: an integrative approach to social conformity". *Psychological Bulletin*, 71, p. 174-208.

NUNNALLY, J. & HUSSEK, T.R. (1958). "The phony language examination: an approach to the measurement of response bias". *Educational and Psychological Measurement*, 18, p. 275-282.

PAICHELER, G. (1974). *Normes et changement d'attitudes*: de la modification des attitudes envers les femmes. Paris: Université de Paris VII [Mimeo.].

PAICHELER, G. & BOUCHET, Y. (1973). "Attitude polarization, familiarization, and group process". *European Journal of Social Psychology*, 3 (1), p. 83-90.

POWELL, F.A. & MILLER, G.R. (1967). "Social approval and disapproval cues in anxiety – arousing communications". *Speech Monographs*, 34, p. 152-159.

RAVEN, B.H. (1959). "Social influence on opinions and the communication of related content". *Journal of Abnormal and Social Psychology*, 58, p. 119-128.

RICATEAU, P. (1971). "Processus de categorization d'autrui et les mécanismes d'influence". *Bulletin de Psychologie*, 24, p. 909-919.

RIECKEN, H.W. (1952). "Some problems of consensus and development". *Rural Sociology*, 17, p. 245-252.

ROMMETWEIT, R. (1954). *Social Norms and Roles*. Oslo: Oslo University Press.

ROSENBERG, L.A. (1963). "Conformity as a function of confidence in self and confidence in partner". *Human Relations*, 16, p. 131-141.

ROSENTHAL, D. & COFER, C.N. (1948). "The effect on group performance of an indifferent and neglectful attitude shown by one group member". *Journal of Experiment Psychology*, 38, p. 568-577.

ROSNER, S. (1957). "Consistency in response to group pressure". *Journal of Abnormal and Social Psychology*, 55, p. 145-146.

SAMELSON, F. (1957). "Conforming behavior under two conditions of conflict in the cognitive field". *Journal of Abnormal and Social Psychology*, 55, p. 181-187.

SCHACHTER, S. (1951). "Deviation, rejection, and communication". *Journal of Abnormal and Social Psychology*, 46, p. 190-207.

SECORD, P.F. & BACKMAN, C.W. (1964). *Social Psychology.* Nova York: McGraw-Hill.

SHAW, M.E. (1963). "Some effects of varying amounts of information exclusively possessed by a group member upon his behavior to the group". *Journal of Genetic Psychology*, 68, p. 71-79.

SHERIF, M. & HOVAND, C.I. (1961). *Social Judgment.* New Haven: Yale University Press.

SHERIF, M. & SHERIF, C. (1969). *Social Psychology.* Nova York: Harper & Row.

SHRAUGER, J.S. & JONES, S.C. (1968). "Social validation and interpersonal evaluations". *Journal of Experimental Social Psychology*, 4, p. 315-323.

SIGALL, H. (1970). "The effect of competition and consensual validation on a communicator's liking for the audience". *Journal of Personality and Social Psychology*, 16, p. 251-258.

SINGER, J.E. & SCHOKLEY, V.C. (1965). "Ability and affiliation". *Journal of Personality and Social Psychology*, 1, p. 95-100.

SMITH, C.E. (1936). "A study of the automatic excitation resulting from the interaction of individual opinions and group opinion". *Journal of Abnormal and Social Psychology*, 30, p. 138-164.

SMITH, K.H. & RICHARDS, B. (1967). "Effects of a rational appeal and of anxiety on conformity behavior". *Journal of Personality and Social Psychology*, 5, p. 122-126.

SMITH, R.J. (1967). "Exploration in non-conformity". *Journal of Social Psychology*, 71, p. 133-150.

SOLZHENITSIN, A. (1975) *Le chêne et le veau.* Paris: Du Seuil.

SPERLING, H.G. (1952). Apud ASCH, S.E. *Social Psychology.* Nova York: Prentice Hall.

STEINER, I.D. (1966). Personality and the resolution of interpersonal disagreements. In: MAHER, B.A. (org.). *Progress in Experimental Personality Research.* Vol. 3. Nova York/Londres: Academic Press.

STRICKLAND, B.R. (1965). "The prediction of social action from a dimension of internal-external control". *Journal of Social Psychology*, 66, p. 353-358.

STRICKLAND, B.R. & CROWNE, D.P. (1962). "Conformity under conditions of simulated group pressure as a function of the need for social approval". *Journal of Social Psychology*, 68, p. 171-181.

STRODTBECK, F.L. & HOOK, L.H. (1961). "The social dimensions of a twelveman jury table". *Sociometry*, 24, p. 397-415.

TAJFEL, H. (1972). La categorization sociale. In: MOSCOVICI, S. (org.). *Introduction à la psychologie sociale*. Vol. 1. Paris: Larousse, p. 272-303.

TAYLOR, H.F. (1969). *Balance in Small Groups*. Nova York: Van Nostrand-Reinhold Company.

THIBAUT, J. & STRICKLAND, L.M. (1956). "Psychological set and social conformity". *Journal of Personality*, 25, p. 115-129.

TORRANCE, E.P. (1959). "The influence of experienced members of small groups on the behavior of the inexperienced". *Journal of Social Psychology*, 49, p. 249-257.

VEROFF, J. (1957). "Development and validation of a projective measure of power motivation". *Journal of Abnormal and Social Psychology*, 54, p. 1-8.

WAHRMAN, R. & PUGH, M.D. (1972). "Competence and conformity: Another Look at Hollander's Study". *Sociometry*, 35, p. 376-386.

WALSTER, E. & ABRAHAMS, D. (1972). Interpersonal attraction and social influence. In: TEDESCHI, J.T. (org.). *The Social Influence Processes*. Chicago: Aldine Atherton, p. 197-238.

WALSTER, E.; ARONSON, E. & ABRAHAMS, D. (1966). "On increasing the persuasiveness of a low prestige communicator". *Journal of Experimental Social Psychology*, 2, p. 325-342.

ZILLER, R.C. & BEHRINGER, R.D. (1960). "Assimilation of the knowledge newcomer under conditions of group success and failure". *Journal of Abnormal and Social Psychology*, 60, p. 288-291.

ZIMBARDO, P.G. (1960). "Involvement and communication discrepancy as determinants of opinion conformity". *Journal of Abnormal and Social Psychology*, 60, p. 86-94.

ZINOVIEV, A. (1977) *Les hauteurs béantes*. Lausanne: L'Age d'Homme, p. 389.

Referências complementares

a) Livros

ACKERMANN, A. (1970). *Psicología aplicada*. 4. ed. Madri: Morata, 152 p.

ADORNO, T. (1979). *Sociología*. Madri: Taurus, 251 p.

AGUIRRE, R. (1979). *Socialismo, nacionalismo, cristianismo*. Bilbao: Desclee de Brouwer, 150 p.

ANDER, E. (1980). *La rebelión juvenil*. Madri: Marsiega, 108 p.

ANDRÉS ORIZO, F. (1979). *Factores sócio-culturales y comportamientos económicos*. Madri: Fundación Juan March, 50 p.

ANÔNIMAS E COLECTIVAS (1980a). *Científico y sociedad*: responsabilidades mutuas. Madri: ORG/Ofic/Junta de Energía Nuclear, 200 p.

_____ (1980b). *Convivencia social*. Barcelona: Marín, 576 p. [Obra completa].

_____ (1980c). *Libertades personales y convivencia social*. Madri: Karpos, 230 p.

_____ (1980d). *Los regímenes políticos*. Barcelona: Salvat, 144 p.

_____ (1980e). *Métodos de investigación en las relaciones sociales*. Madri: Rialp, 832 p.

_____ (1979). *Las utopias*. Barcelona: Salvat, 144 p.

ARANGUREN, J.L. (1980). *Nuestra sociedad* – Introducción a la Sociología II. Zaragoza: Luis-Vives, 560 p.

ARONSON, E. (1979). *Introducción a la psicología social*. Madri: Alianza, 344 p.

BALLESTERO PAREJA, E. (1980). *Encuentro de las ciencias sociales*. Madri: Alianza, 144 p.

BASABE BARCALÁ, J. (1979). *Principios de personología dinámica*. Bilbao: Desclee de Brouwer, 260 p.

BECK, W. (1967). *Psicología social*: fundamentos y estructuras. Madri: Morata, 294 p.

BELTRÁN, M. (1979). *Ciencia y sociología*. Madri: C.I.S., 420 p.

BLINKERT, B. (1980). *Diccionario Rioduero* – Sociología. Madri: Católica, 280 p.

COLL, E. (1980). *Familia y sociedad* – Métodos Vivientes. [s.l.]: [s.e.], 128 p.

CURTIS, J.H. (1979). *Psicología social*. Barcelona, Martínez Roca, 480 p.

DURKHEIM, E. (1978). *Las reglas del método sociológico*. Traducción de L. ECHEVARRÍA. 2. ed. Madri: Morata, 149 p.

ETZIONI, A. (1980). *Sociedad activa. Una teoría de los procesos sociales y políticos*. Madri: Aguilar, 822 p.

EYSENCK, H.J. (1962). *Las fronteras del conocimiento*. Traducción de A. ALVAREZ VILLAR. Madri: Morata, 168 p.

FREUD, S. (1980). *Psicología de las masas*. Madri: Alianza, 208 p.

FRIEDL, G.A. (1980). *Política social comparada*. Madri: Edialsa, 112 p.

GALICH, M. (1976). *Del pánico al ataque*. Madri: Universitaria, 288 p.

GARCÍA FERRANDO, M. (1980). *Sobre el método* – Problemas de investigación empírica en Sociología. Madri: C.I.S., 232 p.

GOERLITZ AXEL (1980). *Diccionario de Ciencias Políticas*. Madri: Alianza, 632 p.

GOULDNER, A. (1980). *El futuro de los intelectuales y el ascenso de la nueva clase*. Madri: Alianza, 136 p.

GRAUMANN, C.F. (1971). *Motivación* – Vol. I: Fundamentos de psicologia. Madri: Morata, 183 p.

GREIMAS ALGIRDAS, J. (1980). *Semiótica y ciencias sociales*. Madri: Frágua, 244 p.

GRISEZ, J. (1977). *Métodos de la psicología social*. Madri: Morata, 174 p.

GUIL BLANES, F. (1979. *Sociología de la educación* – Estructuras sociales y educación. Zaragoza: Luis-Vives, 336 p.

HERRERA DE LERA, F. (1979). *La crisis del movimiento juvenil en las sociedades capitalistas*. Madri: Torre, 296 p.

HOSPERS-MONROE, J. (1978). *La conducta humana*. Madri: Tecnos, 872 p.

KESSELMAN, H. (1980). *Psicología dinámica grupal*. Madri: Fundamentos, 300 p.

KORDA, M. (1979). *El poder*. Barcelona: Pomaine, 300 p.

LACROIX, J. (1980). *Filosofía de la culpabilidad*. Barcelona: Herder, 192 p.

LAPASSADE, G. (1980). *Socioanálisis y potencial humano*. Barcelona, Gedisa, 246 p.

LECLERCQ, J. (1961). *Del derecho natural a la sociología*. Madri: Morata, 248 p.

LEWIN, K. (1973). *Dinámica de la personalidad*. 2. ed. Madri: Morata, 291 p.

LLUVIA FERNÁNDEZ, J. (1979). *La lucha antinuclear*. São Sebastião: [s.e.], 256 p.

MAISONNEUVE, J. (1974). *Introducción a la psicosociología*. Madri: Morata, 248 p.

MATZA, D. (1979). *Desviarse* – El proceso de desviación. Madri: Alfaguara, 176 p.

MAYNTZ, R. (1980). *Introducción a los métodos de la sociología empírica*. Madri: Alianza, 312 p.

MEDINA ECHEVARRIA, L. (1976). *Sociología latinoamericana*. São José, Costa Rica: Educa, 180 p.

MEVES, C. (1980). *La agresividad necesaria*. Barcelona: Sal Terrae, 200 p.

MILGRAM, S. (1979). *Obediencia a la autoridad*. Bilbao: Desclee de Brouwer, 210 p.

MILL, J. (1980). *Capítulos sobre el socialismo y otros escritos*. Madri: Aguilar, 240 p.

MILLS, C. (1974). *Introducción al pensamiento sociológico*. São José, Costa Rica: [s.e.], 352 p.

MONNEROT, J. (1980). *Sociología de la Revolución*. 2 vols. Madri: CES, 1.272 p. [Obra completa].

MUGNY, G. (1980). *Psicología social experimental*. Barcelona: Hispano Europea, 500 p.

MULLER, J.M. (1980). *Estrategia de la acción no-violenta*. Barcelona: Hogar del Libro, 240 p.

MUSITA OCHOA, G. (1980). *Comunicación interpersonal, comunicación de masas*. Valencia: Nau, 320 p.

NIETZSCHE, F. (1980). *La voluntad de poderío*. Madri: Edaf, 552 p.

ORAISON, M. (1979). *Psicología de nuestras relaciones con los demás*. Bilbao: El Mensajero, 164 p.

PARETO, V. (1980). *Forma y equilibrio sociales*. Madri: Alianza, 336 p.

PÉREZ DÍAZ, V. (1980). *Introducción a la sociología*. Madri: Alianza, 176 p.

PIAGET, J. (1979). *Tendencias de la investigación en las Ciencias Sociales*. Madri: Alianza, 640 p.

QUINTANA LÓPEZ, P. (1980). *Introducción al problema de la desviación social*. Madri: Paraninfo, 256 p.

ROSITI, F. (1980). *Historia y Teoría de la Cultura de Masas*. Barcelona: Gili, 368 p.

SALAZAR, R.J. (1979). *Psicología Social*. México: Trillas, 432 p.

SÁNCHEZ AGESTA, L. (1979). *Principios de Teoría Política*. Madri: Nacional, 600 p.

SBANDI, P. (1980). *Psicología de grupos*. Barcelona: Herder, 280 p.

SCHAFF, A. (1979). *La alienación como fenómeno social*. Barcelona, Esp. Critica, 368 p.

SERRANO MATILLA, S. (1980). *La estructura social*. Badalona, Esp..: [s.e.], 93 p.

SHAW, E. (1980). *Dinámica de grupo*. Barcelona, Herder, 520 p.

STARK, W. (1963). *Sociología del conocimiento*. Madri: Morata, 488 p.

THERBORN, G. (1980). *Ciencia, clase y sociedad*. Madri: Siglo XXI, 480 p.

_____ (1979). *¿Cómo domina la clase dominante?* Madri: Siglo XXI, 368 p.

TIBALDI, E. (1980). *Anti-ecología*. Barcelona, Anagrama, 128 p.

VÁZQUEZ MONTALBÁN, M. (1980). *Historia de la comunicación social*. Barcelona, Bruguera, 256 p.

WALLACE, W. (1980). *La lógica de la ciencia en la sociología*. Madri: Alianza, 136 p.

ZAZZO, R. (1980). *Actitudes y conciencia* – Vol. 2: *Teoría y práctica en Psicología*. Madri: Marfil, 528 p.

b) Artigos

BELTRÁN LLERA, J. (1978). "Estructura y evolución del comportamiento social". *Revista Española de Pedagogía*, 139, jan.-mar., p. 3-22.

_____ (1977). "Estructura y evolución del comportamiento moral". *Revista Española de Pedagogía*, ano XXXV, n. 137, jul.-set., p. 234-275.

CHADWICK-JONES, J.K. (1977). "Críticas contemporáneas a la Psicología Social". *Revista de Psicología General y Aplicada*, ano XXXII, vol. 32, n. 147, jul.-ago., p. 613-645.

COSTA, M. (1977). "El orden y la vida humana". *Revista del Instituto de Investigaciones Educativas*, ano III, n. 12, jul., p. 21-29.

DETERÁN, M. (1977). "Enseñanza y opinión pública". *Escuela Española*, ano XXXVII, nov., p. 32.

DIUMENGE, L. (1978). "La moral de los jóvenes: de la obediencia a la obstinación". *Educadores*, vol. XX, n. 99, set.-out., p. 589-606.

FERNÁNDEZ PELLITERO, M. (1977). "Educación para una agresividad constructiva". *Revista del Instituto de la Juventud*, n. 69, fev., p. 69-78.

MARTÍNEZ GARCÍA, F. (1977). "¿Conflicto generacional o conflicto autoevolutivo en la existencia del hombre actual?" *Aula Abierta*, 20, dez., p. 18-22.

PARIENTE, F. (1978). "Indisciplinados y agresivos". *Padres y Maestros*, 59, mar., p. 26-28.

PETISCO LUCAS, P. & RUANE HERNÁNDEZ, A. (1978). "Desarrollo psicosocial". *Revista de Psicología General y Aplicada*, 154, set.-out., p. 835-844.

QUINTANA CABANAS, J.M. (1977). "Pedagogía Social y Sociología de la Educación". *Perspectivas Pedagógicas*, vol. X, ano X, n. 39, p. 303-313.

RODRÍGUEZ GONZÁLEZ, A. (1977). "Psicología Social: perspectivas después de una crisis". *Revista de Psicología General y Aplicada*, ano XXXII, vol. 32, n. 48, set.-out., p. 849-861.

SÁNCHEZ MARTÍN, E. (1978). "Una experiencia inevitable: la incomunicación". *Comunidad Educativa*, 80, dez., p. 28-32.

ZAMARRIEGO, T. (1977). "Libertad de enseñanza en la Europa democrática". *Razón y Fe*, 951, abr., p. 383-395.

ÍNDICE

Sumário, 5

Apresentação da edição brasileira, 7

**Parte I – Consenso, controle e conformidade – A
influência social a partir da perspectiva funcionalista,** 11

1 Dependência e controle social, 13

1ª proposição: A influência social em um grupo está
desigualmente repartida e é exercida de modo unilateral, 13

2ª proposição: A influência social tem a função de manter e
reforçar o controle social, 17

3ª proposição: As relações de dependência determinam a
direção e a importância da influência social exercida em um
grupo, 20

2 As pressões em direção à conformidade, 28

4ª proposição: As formas adotadas nos processos de
influência são determinadas por estados de incerteza e pela
necessidade de reduzi-la, 28

5ª proposição: O consenso buscado através da troca de
influência se fundamenta na norma de objetividade, 35

6ª proposição: Todos os processos de influência são
considerados a partir do ângulo preferencial do conformismo
e se supõe que o conformismo seja a única base de suas
características essenciais, 41

3 O confronto entre a lógica das teorias e a lógica dos fatos, 48

1 Por que certos aspectos da realidade foram excluídos de
nosso campo de pesquisa?, 48

2 A incerteza merece ocupar sua posição central no modelo teórico? 58

3 É legítimo seguir usando aleatoriamente o conceito de poder e o conceito de influência? 64

Observações finais, 69

Parte II – Conflito, inovação e reconhecimento social – A influência social do ponto de vista genético, 71

4 Minorias, maiorias e normas sociais, 73

1ª proposição: Cada membro do grupo, independentemente de sua posição, é uma fonte e um receptor potencial de influência, 73

5 O ponto crucial da mudança: o conflito, 100

2ª proposição: A mudança social, assim como o controle social, constitui um objetivo da influência, 100

3ª proposição: Os processos de influência estão diretamente vinculados à produção e à reabsorção de conflitos, 104

6 Os estilos de comportamento,116

4ª proposição: Quando um indivíduo, ou um subgrupo, influencia um grupo, o principal fator de êxito é o estilo de comportamento,116

7 Normas sociais e influência social, 162

5ª proposição: O processo de influência é determinado pelas normas de objetividade, normas de preferência e normas de originalidade, 162

8 Conformar, normatizar, inovar, 177

6ª proposição: As modalidades de influência incluem, além da conformidade, a normatização e a inovação, 177

9 Minorias desviantes e reações das maiorias, 210

1 A desvantagem de ser diferente, 210

2 Os malvistos e os admirados, 212

3 A busca de reconhecimento social, 220

4 Relações de critério único e relações de duplo critério, 229

Conclusões, 235

Apêndice – A dissidência de um só, 239

Referências, 267

Referências complementares, 279
    a) Livros, 279
    b) Artigos, 283

PSICOLOGIA SOCIAL

Confira outros títulos da coleção em

livrariavozes.com.br/colecoes/psicologia-social

ou pelo Qr Code

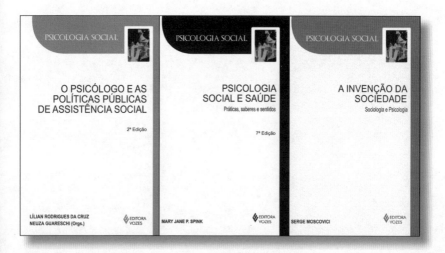